把中国资本市场建设成
国际金融中心，
是我一生的梦想……

吴晓求

吴晓求◎著

THE THEORETICAL LOGIC
OF CHINA'S CAPITAL MARKET

中国资本市场的
理论逻辑（第六卷）

吴晓求访谈集　　2009—2020.03

中国金融出版社

责任编辑：王效端　王　君
责任校对：孙　蕊
责任印制：陈晓川

图书在版编目（CIP）数据

中国资本市场的理论逻辑. 第六卷，吴晓求访谈集：2009~2020.03/吴晓求著.
—北京：中国金融出版社，2020.12

ISBN 978-7-5220-0812-7

Ⅰ.①中…　Ⅱ.①吴…　Ⅲ.①资本市场—中国—文集　Ⅳ.①F832.5-53

中国版本图书馆CIP数据核字（2020）第175532号

中国资本市场的理论逻辑. 第六卷，吴晓求访谈集：2009—2020.03
ZHONGGUO ZIBEN SHICHANG DE LILUN LUOJI. DI-LIU JUAN，WU XIAOQIU
FANGTANJI：2009—2020.03

出版
发行　中国金融出版社

社址　北京市丰台区益泽路2号
市场开发部　（010）66024766，63805472，63439533（传真）
网上书店　http://www.chinafph.com
　　　　　　（010）66024766，63372837（传真）
读者服务部　（010）66070833，62568380
邮编　100071
经销　新华书店
印刷　保利达印务有限公司
尺寸　170毫米×240毫米
印张　25.5
插页　1
字数　375千
版次　2021年3月第1版
印次　2021年3月第1次印刷
定价　82.00元
ISBN 978-7-5220-0812-7
如出现印装错误本社负责调换　联系电话（010）63263947

编选说明

一、本文集共六卷，主要收录作者 2007 年 1 月至 2020 年 3 月期间发表的学术论文、评论性文章、论坛演讲和专业访谈，共计 225 篇。其中，学术论文 21 篇，评论性文章 50 篇，演讲 101 篇（其中有一篇演讲稿作为总序收入），访谈 52 篇，附录 1 篇（纪念性文字）。在专业学术期刊发表的，具有中英文摘要、关键词、注释和参考文献等元素的均归入学术论文类，其余纳入评论性文章系列。在收录的 21 篇学术论文中，其中 1 篇虽未在学术期刊上发表，但由于其学术性较强且篇幅较长，在作了必要的格式统一后归入学术论文类。本文集收录的所有论文、演讲、访谈均已公开发表或在网络媒体转载，评论性文章中的绝大部分也已公开发表，只有很少几篇，由于某些原因没有公开发表。

二、与以往大体一样，在 2007 年 1 月以来的 13 年时间里，作者思考和研究的重点仍然在资本市场。稍有不同的是，这期间，研究资本市场主要是从金融结构及其变革的角度展开的。金融结构、金融体系、金融功能和金融脱媒，成为这一时期作者研究资本市场的主要理论视角和常用词。无论是学术论文还是演讲、访谈，大体都在说明或论证资本市场是现代金融体系形成的逻辑基础，以及在中国发展资本市场的战略价值。这一理论思路既是以往学术理论研究的延续和深化，更预示着过去朦胧的理论感悟似已日渐清晰。正是基于这一特点，作者把本文集定名为《中国资本市场的理论逻辑》（以下简称《理论逻辑》）。

三、2007年1月至2020年3月，中国金融发生了巨大变化，这些变化推动了中国金融的跨越式发展。这期间，中国金融发生的最深刻的变化，就是基于技术创新而引发的金融业态的变革，其中互联网金融最引人注目。作者在重点研究资本市场的同时，在这一时期的一个时间段，相对集中地研究了互联网金融。在《理论逻辑》中，与互联网金融相关的论文、演讲和访谈有近20篇。在这近20篇文稿中，对互联网金融的思考和研究，不是基于案例分析，而是寻找互联网金融生存的内在逻辑，是基于"市场脱媒"之后金融的第二次脱媒的视角。

四、在这13年中，除资本市场、互联网金融外，《理论逻辑》收录的文稿内容主要侧重于金融结构、金融风险、金融危机、金融监管和宏观经济研究。这一时期，由于作者曾在不同时间段分别兼任过中国人民大学研究生院常务副院长、教育学院院长等职务，继而发表了若干篇有关高等教育特别是研究生教育的论文和演讲，在此，也一并收录其中。这是作者学术生涯中非专业研究的重要历史记载。

五、为使《理论逻辑》具有专业性、时效性和阅读感，文稿按照"吴晓求论文集""吴晓求评论集""吴晓求演讲集""吴晓求访谈集"顺序编排。每一集文稿的编排顺序按由近及远的原则。第一卷"吴晓求论文集"，第二卷"吴晓求评论集"，第三卷至第五卷"吴晓求演讲集"，第六卷"吴晓求访谈集"。为便于阅读和查找文稿信息，在每一卷最后以附录形式附上了本文集其他各卷的目录。

六、《理论逻辑》与13年前由中国金融出版社出版的《梦想之路——吴晓求资本市场研究文集》具有时间和思想上的承接关系。不同的是，由于时间跨度大，《理论逻辑》研究内容更为复杂，研究范围更加广阔，篇幅也更大。

七、《理论逻辑》中的论文，大多数是作者独立完成的，也有几篇是与他人合作完成的。在合作者中，既有我的同事，也有我不同时期指导的博士生或博士后。在这几篇合作的论文中，有他们的智慧和辛劳。在大多数我独立完成的论文中，我当年指导的博士生在资料的收集和数据整理中，亦做了重要贡献。他们的名字，我在作者题记和论文注释中都一一做了说明。

八、按照忠实于历史和不改变原意的原则，对收入《理论逻辑》的文稿，作者重点审读了"吴晓求演讲集"和"吴晓求访谈集"的内容，并对演讲（讲座、发言）速记稿、访谈稿的文字做了必要的规范和技术性处理。在收录的101篇演讲稿中（包括作为总序的那篇演讲稿），除在两个严肃而重要场合的发言、讲座照稿讲外，其余99篇演讲（讲座、发言）稿均是无稿或脱稿演讲后的速记稿，故内容口语化特征比较明显。在收入的101篇演讲（讲座、发言）稿中，均删去了开篇时的"尊敬的……"等称呼词和客套语。"吴晓求访谈集"中52篇访谈稿的文字均由访谈主持人或记者整理。收入本文集时，作者做了必要的文字校正，有关情况在《作者题记》中已有说明。

九、由于作者在某一时期相对集中地研究某一问题，故在同一时期的学术论文、评论性文章、演讲和访谈内容中，有时会有一些重复和重叠的内容。为保证内容的连贯性和真实性，作者在编辑时，未作删除。

十、文稿的收集和选取是一项非常艰难而复杂的工作。《理论逻辑》的整理工作起始于 2019 年 5 月，耗时一年。由于文稿时间跨度太长，原始文稿收集很困难，阅读和文字校正工作更困难，作者曾一度有放弃整理的想法。新冠肺炎疫情，让我有较多时间审读和校正这些文稿。中国人民大学中国资本市场研究院赵振玲女士以及中国人民大学财政金融学院刘庭竹博士、2018 级博士生方明浩、2017 级博士生孙思栋为本文集原始文稿的收集、筛选、整理、分类、复印、文字录入和技术性校对等工作，付出了辛劳和心智。他们收集到这期间作者的文稿、演讲、访谈多达 400 多篇，作者删去了近 200 篇内容重复、文字不规范的文稿。他们卓有成效的工作是本文集得以出版的重要基础。非常感谢赵振玲女士等所作出的卓越贡献。

十一、《理论逻辑》所有文字稿形成的时间（2007 年 1 月至 2020 年 3 月），是作者一生中最繁忙、最快乐和学术生命最旺盛的时期。白天忙于学校有关行政管理工作，晚上和节假日则进行学术研究和论文写作。中国人民大学宽松而自由的学术环境，中国人民大学金融与证券研究所（中国人民大学中国资本市场研究院的前身）严谨而具有合作精神的学术团队，中国人民大学不同时期学校主要领导的信任和包容，以及同事、家人和不同时间节点的学术助手的支持和帮助，是作者学术研究得以持续的重要保障。

十二、《理论逻辑》的出版，得到了中国金融出版社的大力支持，中国金融出版社组织了得力而高效的编辑力量。

吴晓求

2020 年 5 月 3 日

于北京郊区

作者简历

姓名：吴晓求（吴晓球）（Wu Xiaoqiu）

性别：男

民族：汉

出生年月：1959 年 2 月 2 日

祖籍：江西省余江县

学历：

1983 年 7 月　毕业于江西财经大学　获经济学学士学位

1986 年 7 月　毕业于中国人民大学　获经济学硕士学位

1990 年 7 月　毕业于中国人民大学　获经济学博士学位

现任教职及职务：

中国人民大学　金融学一级教授

中国人民大学　学术委员会副主任

中国人民大学　学位委员会副主席

中国人民大学　中国资本市场研究院院长

教育部　中美人文交流研究中心主任

曾任职务：

中国人民大学　经济研究所宏观室主任（1987.7—1994.10）

中国人民大学　金融与证券研究所所长（1996.12—2020.1）

中国人民大学　财政金融学院副院长（1997.5—2002.1）

中国人民大学　研究生院副院长（2002.8—2006.7）

中国人民大学　校长助理、研究生院常务副院长（2006.7—2016.7）

中国人民大学　副校长（2016.7—2020.9）

曾任教职：

中国人民大学助教（1986.9—1988.6）

中国人民大学讲师（1988.6—1990.10）

中国人民大学副教授（1990.10—1993.6）

中国人民大学教授（1993.6—2006.7）

教育部长江学者特聘教授（2006—2009）

中国人民大学金融学学科博士生导师（1995 年 10 月至今）

中国人民大学二级教授（2006.7—2016.12）

学术奖励：

教育部跨世纪优秀人才（2000）

全国高等学校优秀青年教师奖（2001）

北京市第六届哲学社会科学优秀著作一等奖（2000）

北京市第七届哲学社会科学优秀著作二等奖（2002）

中国资本市场十大年度人物（2003）

首届十大中华经济英才（2004）

北京市第八届哲学社会科学优秀著作二等奖（2004）

中国证券业年度人物（2005）

北京市第十届哲学社会科学优秀成果二等奖（2008）

北京市第十二届哲学社会科学优秀成果二等奖（2012）

北京市第十四届哲学社会科学优秀成果二等奖（2016）

北京市第十五届哲学社会科学优秀成果一等奖（2019）

第八届高等学校科学研究优秀成果三等奖（人文社会科学）（2020）

专业：金融学

研究方向：证券投资理论与方法；资本市场

学术兼职：

国务院学位委员会应用经济学学科评议组召集人

全国金融专业学位研究生教育指导委员会副主任委员

全国金融学（本科）教学指导委员会副主任委员

中国教育发展战略学会高等教育专业委员会理事长

中国专业学位案例专家咨询委员会副主任委员

国家社会科学基金委员会管理科学部评审委员

国家生态环境保护专家委员会委员

中国金融学会常务理事

中国现代金融学会副会长

北京市学位委员会委员

代表性论著（论文及短文除外）：

著作（中文，含合著）

《紧运行论——中国经济运行的实证分析》（中国人民大学出版社，1991）

《社会主义经济运行分析——从供求角度所作的考察》（中国人民大学出版社，1992）

《中国资本市场分析要义》（中国人民大学出版社，2006）

《市场主导与银行主导：金融体系在中国的一种比较研究》（中国人民大学出版社，2006）

《变革与崛起——探寻中国金融崛起之路》（中国金融出版社，2011）

《中国资本市场 2011—2020——关于未来 10 年发展战略的研究》（中国金融出版社，2012）

《中国资本市场制度变革研究》（中国人民大学出版社，2013）

《互联网金融——逻辑与结构》（中国人民大学出版社，2015）

《股市危机——历史与逻辑》（中国金融出版社，2016）

《中国金融监管改革：现实动因与理论逻辑》（中国金融出版社，2018）

《现代金融体系导论》（中国金融出版社，2019）

著作（外文，含合著）

Internet Finance：Logic and Structure（McGraw-Hill，2017）

Chinese Securities Companies：An Analysis of Economic Growth，Financial Structure Transformation，and Future Development（Wiley，2014）

《互联网金融——逻辑与结构》被翻译成印地文和哈萨克语出版。

文集

《经济学的沉思——我的社会经济观》（经济科学出版社，1998）

《资本市场解释》（中国金融出版社，2002）

《梦想之路——吴晓求资本市场研究文集》（中国金融出版社，2007）

《思与辩——中国资本市场论坛 20 年主题研究集》（中国人民大学出版社，2016）

演讲集

《处在十字路口的中国资本市场——吴晓求演讲访谈录》（中国金融出版社，2002）

教材（主编）

《21 世纪证券系列教材》（13 分册）（中国人民大学出版社，2002）

《金融理论与政策》，全国金融专业学位（金融硕士）教材（中国人民大学出版社，2013）

《证券投资学（第五版）》，"十二五"普通高等教育本科国家级规划教材（中国人民大学出版社，2020）

中国资本市场研究报告（主笔，起始于1997年）

1997：《'97中国证券市场展望》（中国人民大学出版社，1997年3月）

1998：《'98中国证券市场展望》（中国人民大学出版社，1998年3月）

1999：《建立公正的市场秩序与投资者利益保护》（中国人民大学出版社，1999年3月）

2000：《中国资本市场：未来10年》（中国财政经济出版社，2000年4月）

2001：《中国资本市场：创新与可持续发展》（中国人民大学出版社，2001年3月）

2002：《中国金融大趋势：银证合作》（中国人民大学出版社，2002年4月）

2003：《中国上市公司：资本结构与公司治理》（中国人民大学出版社，2003年4月）

2004：《中国资本市场：股权分裂与流动性变革》（中国人民大学出版社，2004年4月）

2005：《市场主导型金融体系：中国的战略选择》（中国人民大学出版社，2005年4月）

2006：《股权分置改革后的中国资本市场》（中国人民大学出版社，2006年4月）

2007：《中国资本市场：从制度变革到战略转型》（中国人民大学出版社，2007年4月）

2008：《中国资本市场：全球视野与跨越式发展》（中国人民大学出版社，2008年5月）

2009：《金融危机启示录》（中国人民大学出版社，2009年4月）

2010：《全球金融变革中的中国金融与资本市场》（中国人民大学出版社，2010 年 6 月）

2011：《中国创业板市场：成长与风险》（中国人民大学出版社，2011 年 3 月）

2012：《中国证券公司：现状与未来》（中国人民大学出版社，2012 年 5 月）

2013：《中国资本市场研究报告（2013）——中国资本市场：制度变革与政策调整》（北京大学出版社，2013 年 6 月）

2014：《中国资本市场研究报告（2014）——互联网金融：理论与现实》（北京大学出版社，2014 年 9 月）

2015：《中国资本市场研究报告（2015）——中国资本市场：开放与国际化》（中国人民大学出版社，2015 年 9 月）

2016：《中国资本市场研究报告（2016）——股市危机与政府干预：让历史告诉未来》（中国人民大学出版社，2016 年 7 月）

2017：《中国资本市场研究报告（2017）——中国金融监管改革：比较与选择》（中国人民大学出版社，2017 年 10 月）

2018：《中国资本市场研究报告（2018）——中国债券市场：功能转型与结构改革》（中国人民大学出版社，2018 年 8 月）

2019：《中国资本市场研究报告（2019）——现代金融体系：中国的探索》（中国人民大学出版社，2019 年 7 月）

总序：大道至简 [①]

40年来，中国发生了翻天覆地的变化。在庆祝改革开放40周年纪念大会上，习近平总书记代表中共中央对40年改革开放的伟大成就进行了系统总结。习总书记在讲话中特别强调的这三点，我印象非常深刻：

1. 党的十一届三中全会彻底结束了以阶级斗争为纲的思想路线、政治路线。

2. 改革开放是中国共产党的伟大觉醒。

3. 党的十一届三中全会所确定的改革开放政策是中国人民和中华民族的伟大飞跃。

总结改革开放40年，核心是总结哪些理论和经验要继承下去。中国在短短40年取得如此大的成就，一定有非常宝贵的经验，这些经验一定要传承下去。

第一，解放思想。没有思想解放，就没有这40年的改革开放。党的十一届三中全会是一个思想解放的盛会，因而是历史性的、里程碑式的大会。思想解放是中华民族巨大活力的源泉。一个民族如

---

① 本文是作者2018年12月20日在新浪财经、央广经济之声联合主办的"2018新浪金麒麟论坛"上所作的主题演讲。作者将其作为本文集的总序收入其中。

果思想被禁锢了，这个民族就没有了希望。思想解放能引发出无穷的创造力。在今天，解放思想仍然特别重要。

第二，改革开放。改革就是要走社会主义市场经济道路，开放就是要让我们的市场经济规则与文明社会以及被证明了的非常成功的国际规则相对接。融入国际社会、吸取现代文明是改革开放的重要目标。

第三，尊重市场经济规律。改革开放 40 年来，我们非常谨慎地处理政府与市场的关系。在经济活动中，只要尊重了市场经济规律，经济活动和经济发展就能找到正确的方向。哪一天不尊重市场经济规律，哪一天我们的经济就会出问题、走弯路。这句话看起来像套话，实际上，在政策制定和实施中，是有很多案例可以分析的。有时候，我们经济稍微好一点，日子稍微好一些，就开始骄傲了，以为人能有巨大的作用。实质不然。我们任何时候都要尊重市场经济规律。

第四，尊重人才，特别是要尊重创造财富的企业和企业家。如果你不尊重人才，不尊重知识，不尊重创造财富的企业家，经济发展就会失去动力。有一段时间，我们对是否要发展民营经济还在质疑。我非常疑惑。作为经济学者，我认为，这个问题在 20 世纪 80 年代就已经解决了。为什么到今天，这种认识还会沉渣泛起？这有深刻的思想和体制原因。

我认为，这四个方面是我们要深刻总结的，要特别传承的。

我喜欢"大道至简"。在这里，所谓的"大道"，指的是通过改革开放来建设社会主义现代化国家。到 2035 年，我们要建设成社会主义现代化国家，到 2050 年，要建设成社会主义现代化强国。这就是我们要走的"大道"。面对这样一个"大道"，我们要"至简"，也就是要尊重常识，不要背离常识。我们不要刚刚进入小康，就骄傲自满，甚至还有一点自以为是。

过去 40 年来，我们虚心向发达国家学习，这是一条重要的经验。我们人均 GDP 还不到 1 万美元，还没有达到发达国家最低门槛，未来的路还很漫长，未来我们面对的问题会更复杂，还是要非常谦虚地向发达国家学习，包括管理经验和科学技术。

在这里，"至简"指的就是尊重常识。

第一，思想不能被禁锢。思想一旦被禁锢，我们民族的活力就会消失，国家和社会的进步就会失去源源不断的动力。一个民族的伟大，首先在于思想的伟大。思想之所以可以伟大，是因为没有禁锢，是因为这种思想始终在思考人类未来的命运，在思考国家和民族的前途。

在面对复杂问题时，我们要善于找到一个恰当的解决办法。世界是多样的，从来就没有现成的解决问题的办法，没有现成的经验可抄。面对当前复杂的内外部情况，我们必须根据新问题，不断去思考，找到好的办法。所以，解放思想、实事求是仍然是未来我们所必须坚守的正确的思想路线。这是过去 40 年来最重要的经验。

第二，坚定不移地走社会主义市场经济道路。我们没有其他的道路可走，我们决不能回到计划经济时代，那种经济制度已经被实践证明了，是一个没有效率、扼杀主体积极性的制度。走社会主义市场经济道路，市场化是基本方向。

第三，坚持走开放的道路。习近平总书记在 2018 博鳌亚洲论坛上说："开放给了中国第二次生命，开放给了中国人巨大的自信。"这个自信，是理性自信，不是盲目自信，不是自以为是。开放给了中国经济巨大的活力，中国经济最具有实质性成长的是 2001 年加入世界贸易组织（WTO）之后。一方面，我们的企业参与国际竞争；另一方面，开放拓展了视野，形成了一个符合 WTO 精神的社会主义市场经济体制及其规则体系。开放是一个接口，它让我们找到改革的方向。什么是改革的方向？就是符合全球化趋势、国际化规则，这是我们规则接口的方向。过去 40 年特别是加入 WTO 之后因为我们走了这条方向正确的道路，所以，中国经济腾飞了。开放永远要坚持下去。

第四，要毫不动摇地发展国有经济和民营经济，要始终坚持两个毫不动摇。当前，特别要强调的是，要毫不动摇地支持民营经济的发展，因为在这一点上，有些人是动摇的、怀疑的。20 世纪 80 年代已经解决了这种理论认识问题，也写进了《宪法》。尊重民营经济的发展，其本质就是要正确处理好政府与市场的关系。

这就是 "大道至简"。只要我们坚守这些基本原则，我们就能够找到解决未来复杂问题的思路和方法。

目录

≫≫≫ 2016年的访谈

≫≫≫ 2015年的访谈

>>> 2011年的访谈

>>> 2010年的访谈

2020 年的访谈

投资的真谛

——《观视频》记者的访谈

【作者题记】

这是 2020 年 3 月 19 日《观视频》记者才娜对作者的一次长达 2 小时的访谈，也是作者所经历过的时间最长的一次访谈。访谈时间正好在美国 10 个交易日四次熔断结束的次日，让我们见证了全球股票市场史上的奇迹和历史。访谈内容就从这个历史事件开始。收录时，删去了有关作者个人成长历史的访谈内容。

记者：我的采访就从近期美国股市的惊人下跌开始吧。

吴晓求：现在大家都非常关心全球股市会不会发生新一轮金融危机。应该说，我们见证了历史。这个历史未来会不会重现，现在还很难说，但的确是史无前例的。美国股市在 10 天之内出现了 4 次熔断，从其最高峰时期的 29 000 多点，到昨天（3 月 18 日）收盘，曾经破了 19 000 点，也就是说，这 10 天下跌超过了 10 000 点，这是极其罕见的。10 天之内出现 4 次熔断，同时还有 3 天大幅度反弹，美国市场出现了巨大动荡。从下跌幅度看，美国市场的确出现了危机。出现这么严重的市场危机，有其深刻的原因。

特朗普总统上任以来，一直着力维护美国股票市场的上涨。这次危机爆发前，特朗普总统上任 38 个月上涨了 10 000 点，到今天已经把他 38 个月维护股票市场上涨的结果完全对冲掉了，又回到起点了，甚至比起点还要略低一点。美国经济虽然在这期间有一些复苏，但总体上看，没有像股票市场所表现得那么强劲。到这次大幅度下跌之前，美国股票市场已经是全球最大的资产泡沫市场，只要借助一个特殊事件，像人们说的"黑天鹅"事件，就会出现大幅度的下跌，何况这次新冠肺炎疫情能量比一般意义上的"黑天鹅"事件影响大得多，所以，就出现了令人恐怖的如此大幅度下跌。全球新冠肺炎疫情的暴发是超级"黑天鹅"事件，摧垮了这个市场。虽然美联储使出了罕见的历史性的救市措施，但效果甚微。从目前的一些指标看，现在还不确定全面金融危机的时代已经来临，但我们似乎看到了金融危机的影子，似乎听见了金融危机的脚步声。

股市危机和金融危机既有联系又有差别。在一些国家，特别是发达国家，股市危机和金融危机通常会分开来。例如，2000 年纳斯达克市场危机以及 1987 年"黑色星期一"的美国股市危机，并没有引起全面的金融危机和经济危机。在一些发展中国家，股市危机可能会引发局部乃至于全面的金融危机。从目前看，这次市场的剧烈波动，让我们听到了金融危机的脚步声。之所以不能把股市危机和金融危机画等号，是因为我们还要观察一下这样一种大动荡的股市危机，会不会引起市场流动性的严重短缺，会不会出现债券市场全面违约以及银行体系的流动性危机，这些都有待于观察。如果说，股市危机带来了债务市场的违约危机和金融体系的流动性危机，那么，全面的金融危机就已经到来了。

从目前情况看，市场流动性风险在急剧上升。这次美国市场的大动荡与之前的高杠杆以及市场大幅度下跌过程中流动性恐慌有密切的关系。投资者都希望在这个时候保有足够的流动性，对一些风险资产都有抛售的心态，尤其是人们对新冠肺炎疫情的预期并不乐观，因为全球疫情还在蔓延。在中国，新冠肺炎疫情正在得到有效控制，但是，中国以外的其他国家和地区还在蔓延，人们对此有一种恐慌，对未来的预期比较悲观，这是市场进入大动荡状态的主要因素。所以，我的看法是股市危机已经出现，流动性紧张已经出现，市场流动性危机随时爆发。再这么发展下去，债务市场的违约风险会大大增长。是否进一步恶化到金融危机和经济危机的程度，取决于全球对疫情的控制能力以及疫情蔓延的时间。

记者： 您刚才说我们已经听到了金融危机的脚步声。我想问，这个脚步声会不会走到屋里边来？进到我们国内市场来？

吴晓求： 刚才我说了国际金融危机的脚步声越来越近了，我们已经听到了脚步声。这种脚步会不会迈进中国，全面的金融危机会不会到中国来？我想不会。因为我们不具备内外部因素。就外部变量而言，在中国，新冠肺炎疫情最严重的时候在春节期间，那个时候，的确中国的市场受此影响出现了大幅度下跌。但是，我们在一个不太长的时期内采取了果断措施，疫情得到了有效控制。虽然，现在输入性疫情已经来临，但是肯定不会比春节期间严重。中国企业也正在慢慢复工，虽然第一季度中国经济非常不好，但是如果我们对输入性疫情采取了有效措施，2020 年后第三季度的经济可能会有所好转。中国市场虽然现在也处在相对低迷状态，市场流动性也有一些问题，但从目前情况看，出现系统性金融风险或者说金融危机的概率是很低的。股市的风险正在慢慢收敛。所谓收敛，就是波动的幅度在收窄。对我们来说，稳定预期、增强信心变得非常重要。

记者： 刚才您说，从股市大动荡到系统性风险，还要观察一些指标，流动性、债务违约什么的，我想问一下，观察期要有多久，我们才能确定是过去了还是没过去？

吴晓求： 这一次美国市场的波动不像以前有一个较长的过程。这次 10 个交易日的下跌速度非常快，波动的幅度非常大。如果进一步恶化，时间再延长，发生国际金融危机的概率就会大幅度提高。

记者： 还有一个问题，虽然您说对中国市场会带来重大影响，但就目前中国股市而言，A 股已经跌得很厉害了，这个时候，我想问一下您，对个人投资者而言，在这个阶段是观望，还是应该在一个恰当时机抛售？您对大家有建议吗？现在似乎很恐慌。

吴晓求： 对中国来说，现在的恐慌与春节期间以及春节之后开盘的那几天的恐慌是不一样的。这次恐慌主要受到外围市场的影响。美国市场以及全球疫情的蔓延给人们带来很大的悲观。这几天中国 A 股的恐慌主要是由外部因素引起的。最恐慌的时候，也是接近于最安全的时候。怕就怕在黎明前的那一刻你牺牲了，黎明前的那一刻我们不能牺牲了。

如果你只是用自己的闲余资金来投资，我认为，只要你还能正常生活，就没有必要那么恐慌。我相信，现在中国的 A 股，已经是黎明前的黑暗了，我们即将告别这个黑暗。人们犯错误通常都是在这个时候，在市场上涨的时候，即使犯错误也是小错误。所以，这个时候是最困难的时候、最复杂的时候，也是最考验人们的时候。我是坚定信心，中国的事情坏也坏不到哪里去。从基本面来看，中国的新冠肺炎疫情得到了有效的控制，这一点毋庸置疑。中国经济的竞争力和市场化能力，并没有受到很大的伤害。当然现在经济的确没有那么乐观了，我们要大幅度调低经济指标。要根据实际情况，做实事求是的目标调整。消费的确有影响，进出口贸易由于全球新冠肺炎疫情的蔓延，已经有严重的影响，几乎停摆了。现在我们还没有大规模复工，投资也许在后三季度会有所增长。投资投什么？需要研究。中国经济的长期增长，软肋在哪里？成长的基础在哪里？投资必须围绕着这些基础，比如说，要加大与公共卫生安全相关的一些基础设施的投资。这次疫情给我们一个深刻的教训，就是公共卫生安全的基础设施非常薄弱。中国经济虽然有 40 多年的快速增长，但是在一些重大基础设施方面的投资是不够的。把这些综合因素捋一捋，你就会得出经济坏不到哪里去，市场也坏不到哪里去的结论。当然，如果你是杠杆融资，人家逼你平仓，那没有办法。

记者： 有很多股民听到您说现在是黎明前的黑暗，可能还会问一句，是说现在是黎明前的三更天还是黎明前的五更天？还要多久才能到黎明呢？

吴晓求： 就中国市场来说，它应该不会更恶劣下去。现在已经是最危机的时候，或者说在最危机的附近，我们不会再恶化到哪里去。或许从技术层面看，说指数今天是最低。那不一定，谁也无法预测，指数的最低点在哪里，但是我们知道它的确接近黎明前了。

记者：对即将进入股市的人，以及还没有炒过股又想炒股的人，您有什么建议吗？

吴晓求：我不是投资咨询专家。我是一个研究者或者说大学教授。我只是说，在我的理论研究中，财富的增长是要靠投资来完成的，从来没有一个人的财富增长可以离开投资。投资是财富成长的唯一途径，除非你继承了前辈的财富。贪污、受贿，那是违法行为。在正常情况下财富的成长，只能靠投资，但投资有风险。如果投资没有风险，又能带来财富的增长，这不符合常理，不符合金融的基本规律。所以说，如果要想财富的增长高于银行存款和固定收益债券，那就只有投资了。但投资前要想到，必须承担与收益相匹配的风险，这在证券投资学、金融学的教学中，都是基本概念。所以，要想财富有一个相对快的增长，投资是唯一途径。对多数人而言，投资办企业不太现实。这里说的投资主要指证券投资、金融投资。金融投资投什么？什么时候投好？我的理解是，黎明前黑暗的时候投资最好。如果你现在进去投资有损失不要起诉我。我只是说一些基本的原理，只是说最坏的时候投资一定是比较好的。当然也有更多人是等危机过后再投资，这是更稳健的。危机过后去投资，对大多数人来说可能更合适。刚才说的黎明前去投资那只适合少数人，那是冒险家的行为。冒险家为什么有时候财富成长的速度比较快呢？是因为他在这个时候来了，这时的投资有巨大的风险溢价。

记者：您能否将刚才说的作简单概括，比如说有没有一句箴言？

吴晓求：一句话就是，财富的增长只有通过投资才能完成，或者说，只有投资才能让财富更快增长。

记者：这话听起来有点鼓励大家入市的意味。

吴晓求：这是真理，也是事实。只有投资才能让财富更快增长。

记者：网上经常有这样的一句话，说美股是长牛短熊、A股是短牛长熊，您如何评价这样的说法？

吴晓求：对。从已有的事实来看，的确如此。美股从2008年金融危机后，大约10年，从2009年下半年道琼斯指数9 000多点起步到这次大跌前29 800多点，大概涨了2万点。2008年国际金融危机时期，道琼斯指数曾经跌到过6 700点，跌破7 000点。美国市场的确是10年的牛市。中国市场的上涨不要说10年，1年都很难。中国市场上涨半年、8个月，就开始漫长的下跌和低迷。这涉及两个基本问题：

中国和美国对金融特别是资本市场的理解不一样。美国政府政策的重心在发展资本市场，政策的着力点在于维护资本市场的稳定和发展。虽然美联储的货币政策目标也会考虑就业、经济增长，但它更关注股票市场指数的变动。这是因为美国金融体系的核心和基础是资本市场。资本市场对美国经济乃至于全球市场都有巨大的辐射力。所以，美国把资本市场看成是最重要的，其重要性远远超过银行体系。在中国，虽然也强调发展资本市场，建立现代金融体系，但是，在社会大多数人看来，并不认为资本市场在中国金融体系中有重大作用。他们认为，银行体系的作用是最大的，所以政策特别关注银行体系的稳定性。

从中国现实看，从金融体系安全性看，银行体系的稳定是非常非常重要的。从一个长期趋势来看，我们究竟是要推动资本市场的发展，还是维持一个强大的银行体系，这是两种完全不同的改革目标。我是强调要大力发展资本市场。所以，从宏观理念看，资本市场在中国现在还不是特别重要。所以政策的重心，没有把资本市场放在特别重要的位置。

记者：能进一步谈一下这个问题吗？

吴晓求：在中国，大多数人都不认为投资于股票市场是一种财富管理模式，更倾向于认为其是一种投机模式。在美国，居民财富的基础资产有一个相对高的比例是股票市场的资产。中国居民基础资产在股票市场上的比例较低。在中国，居民部门很重要的资产主要有两类：一是房子，二是银行储蓄。现在买保险的人在增加，股票类的资产最多排在第四位，非常靠后。为什么靠后？因为他们对这个市场不太相信，认为市场没有成长的基础，没有财富管理的功能。为什么没有？是因为长期以来我们对资本市场的理解以及相应的政策有较大偏差。比如说我们选择什么样的企业上市就有偏差。2020年3月1日新《证券法》实施，正在试图解决这个问题。科创板的设立和注册制的推行，意味着发展资本市场的正确理念正在逐步形成。在过去相当长时期里，我们没有理解为什么要发展资本市场。由于这些因素，中国市场牛短熊长的特征很明显。美国市场虽然长牛短熊，但短熊一旦来临，就是非常大的动荡。

记者： 中国和美国在银行体系和资本市场发展上，为什么会有这么大的差别？

吴晓求： 这是学界长期以来都在研究的问题。从金融文化角度看，中国人是有比较强烈的忧虑感的，都会采取相应的措施来防范未来的不确定性。中国人很少把未来的收入先消费掉，大多数人很节俭，要把一部分剩余收入存入银行，防患于未然。中国人无论是高收入群体还是低收入阶层，都会想办法把一部分钱存起来。存到哪里？存到银行去。如果多数人都是这种思维，你就会发现，商业银行在中国有成长的文化基因，有很好的文化土壤。这些剩余收入存到银行里利息不高，中国银行业有源源不断的成本廉价的资金流，推动了中国商业银行体系的发达。在全球市值排名前10位的金融机构中中国占有4席，都是商业银行。美国可不一样。美国人去借钱消费，没钱就去借，有了钱就投资，投资意识相对强一些。中国的风险管理意识很强，有忧患意识，这是一个文化习惯。这是其一。

其二，对金融的理解也不一样，我们更多人认为金融就是银行，在美国人看来金融就是市场。我在我们国家金融学界是少数派。我认为，金融或者现代金融的核心是市场，而不是机构，为此就必须推动资本市场的发展。这其中有一个基本理论即脱媒理论。一个国家人均收入达到一定水平后，这个一定水平肯定要比人均 GDP 10 000 美元低。达到一定水平之后，人们都有一个诉求，现期收入扣去现期消费之后的剩余部分，是要寻找投资渠道的。随着收入的增长，越来越多的人不愿意把新增收入放在银行，他们希望这部分收入变成存量资产，并有较好的价值成长，这就需要金融体系提供一系列能超越无风险收益率的资产，供其投资和配置。这就是脱媒的趋势。在中国，脱媒的力量是存在的，但受到了文化和政策的约束。脱媒是什么意思？就是资本市场的发展。资本市场发展要求有多元化的成长性资产，你不能把没有成长性的资产拿到市场上去。这就要求调整上市公司的标准和结构。我们过去常常是把那些没有什么成长性的大企业弄上市，像腾讯、阿里巴巴、京东这些后工业化时代的新兴企业不在这个市场上。这些企业，在当时是达不到上市标准的。我们让大量的煤炭企业、钢铁企业、水泥企业上市了。这类企业有成长性吗？没有成长性。这是一个非常复杂的国情因素，当然，也有法律的约束。但是，我还是相信，中国金融的未来在大力发展资本市场，我们不能再复制传统。我不认为，越来越强大的商业银行是中国金融的未来，越来越强大的资本市场才是中国金融的未来。

记者：现在财富 500 强中，工商银行排前十。我想问的问题是，美国每年上市和退市的企业大体是平衡的，中国退市的上市公司特别少，退市比 IPO 还难，您能讲一下这个现象吗？

吴晓求：在中国，退市受到一些特定因素的约束。退市会受到地方政府无形的阻力。第一个是维护社会稳定的因素。有些退市企业，由于信息披露不完整而退市的或者虚假信息披露、操纵市场、内幕交易、欺诈上市等违法行为最后退市了。在这之前，由于信息披露不透明，如果退市了，投资者的损失怎么办？在这种条件下，企业退市的责任或损失，不能完全由投资者来承担，那是不公平，这是第一。

第二，还有一个维护稳定的原因。上市企业有几万个股东，都是中小散户，他们要找说法。

第三，地方政府也不愿意。一年在一个地方三家上市公司退市，人们会认为这是地方政府工作出了问题。地方政府在工作报告中都会说，今年有多少家上市公司上市，融资了多少，从来不会说有多少家上市公司退市，市值减少了多少。这也是一个重要原因。

这三个原因叠加起来，就会发现退市挺难的。但是，上市都有积极性，那是增量利益。退市是存量利益的损失。实际上，这是有问题的。企业完全没有价值还在市场上交易，扭曲了市场的定价功能。这样的市场当然也就没有财富管理的功能。大家买它干什么？这从根本上扭曲了市场的功能。所以，退市是必须要大力推进的，但前提是我们要做好前面几个方面的工作，特别要做好信息披露，加强监管，要让这些投资者觉得我买了这家企业的股票是自主决策的，是会承担相应的市场风险的。

中国和美国的市场，上市公司市值排行前10名，有重大差异。10年前，美国市场市值排名前10名的都是传统产业中的企业。10年后的今天，像苹果、微软、谷歌、脸书（Facebook）等新兴产业中的企业已经占据前10位。在中国，你会发现，传统产业在10年前和10年后的今天，排位基本上没有什么变化。这反映出中国在上市政策方面，是有重大缺陷的。理论上说，中国的上市公司现在应该有一些高科技企业排在前10位，在前10位中至少应有三五家，但是没有出现。这一方面可能是那些有实力的企业、未来有成长性的企业已经到海外上市去了，另外有一些比如说像华为这样的企业又不上市。如果华为在A股上市了，其市值肯定排在第一位，大大超过工商银行，也会大大超过茅台，它一定是中国市值最大的公司。任正非先生在访谈中说，他不想让华为上市，因为华为要有战略目标，上市后受短期目标影响很大，做不出伟大的企业。实际上，能不能做成一个伟大的企业，与上市不上市没有必然关系。

记者： 刚才您提到了很多公司，像阿里巴巴、百度等都去境外上市了。我有个问题，我们怎么留住中国的好企业在境内上市？

吴晓求： 我们意识到这个问题的严重性了。把中国资本市场建设成全球新的金融中心，这是我们国家金融改革的战略目标。这个金融中心的资产应该是全球投资者都要配置的资产，而且要让越来越多的投资者配置我们这个市场的资产。这就涉及上市公司的成长性。我们必须调整上市政策。建设国际金融中心，就要让好的企业上市。什么是好的企业？标准是什么？是历史上辉煌的企业是好的企业，还是今天非常辉煌的企业是好的企业？或者是未来有成长性的企业是好的企业？这里面有个标准问题。我们过去通常把好的企业理解成历史上辉煌或今天辉煌，所以就让它们上市了。有时我们把好的企业也理解成在国民经济中起重要作用的企业。实际上，在市场上，所谓好的企业，是指未来有成长性的企业，投资者买了这些股票后财富才会增长，我把这样的企业称为好的企业。所以，在资本市场中，好的企业的观测点是未来而不是过去，也不是今天。正是基于这样一个认识，我们开设了科创板。我为什么对科创板持支持的态度？是因为它改变了中国资本市场的定位，改变了什么是好的企业这样一种观念。

科创板有两点重要变化：一是上市标准不一定要盈利；二是改变了发行制度，采取注册制，与之相匹配的是定价的高度市场化。这就是科创板设立的深远意义。

记者： 科创板投资者进入的门槛以后会放开吗？

吴晓求： 科创板企业的不确定性是很大的。与过去核准制条件下的企业特别是主板上那些大企业相比，不确定性明显增大。所以，从这个意义上说，要求进入这个市场的投资者要有相对强的风险承担能力，所以有一个投资者门槛。投资门槛的设立，本质上是对小投资者加以保护的一个制度安排。不要把它理解成一个歧视性规则，不是这样的。当然如果我们能做到彻底、透明的信息披露，保证市场的透明度，我认为，没有这个门槛也可以。从制度本身看，这是一个善意。

记者： 刚才您反复强调，我们要建立全球新的金融中心，所以要如何如何。您之前也谈过一个观点，国与国之间经济的竞争一开始是产业，但最终还是金融能力的竞争。我们为什么一定要建立国际金融中心？

吴晓求：中国现在是个大国，未来将会是一个全球性的大国，甚至是全球性强国。几百年来，世界强国的金融，都是国际金融中心。一个国家为什么是世界性大国或者世界性强国？很多人都用经济规模、人均 GDP、国际贸易规模以及军事力量的标准去评判，也有人会用在联合国是不是常任理事国来评判。这些都是评价全球性大国的重要标志。但是，从经济意义上说，还有一个重要指标通常会被忽略掉，那就是金融的力量。金融力量体现在两个方面：一是所在国的货币在国际货币体系中是不是有影响力。如果货币本币在全球没有影响力，从金融角度看，我不认为这个国家是个全球性大国，更遑论是全球性强国。本币的国际化是非常重要的指标。二是金融市场或者说资本市场在全球的影响力，外国投资者能不能、会不会到你的市场上来投资，以及投资的规模和比例。如果外国投资者愿意到你这个国家来投资，而且投资的比重还不低，就说明这个国家是稳定的，这个国家法治是完善的，这个国家是有契约精神的，这个国家是有良好信用的。外国投资者的投资达到一定比例后，你的金融市场就已经是全球金融中心了。

从一个金融学教授角度看，中国的崛起，很重要的标志就看中国的金融未来能不能成为国际金融中心。这是一个综合性指标。这个指标体现的是国家的法律制度和法治精神，体现的是履约能力和未来信心。所以，我特别强调构建国际金融中心的战略意义。人民币国际化是建设国际金融中心的基本前提，如果人民币没有国际化，国际金融中心是不可能建成的。站在这样一个综合角度看，中国建设全球新的金融中心，对我们来说是个极大的挑战，是全面的挑战。这比我们加入 WTO 所遇到的挑战要大得多，前面的路要漫长得多，碰到的困难要大得多。我们要翻山越岭，要过雪山草地。与此同时，对我们内部的改革，国家治理改革的要求也是很高的。如果目标实现了，将极大地推动中国社会和国家治理的现代化。

记者：哪个山头最难爬过去？

吴晓求：契约精神、履约能力和法治水平，这些我们都必须跨过去。

记者： 我们现在是法律不完善，还是执行力不强？有哪些问题？

吴晓求： 我们国家经过 40 多年的改革开放，法律体系进一步完善，法治理念深入人心。但是，法治能力有待于进一步提高。一个国家的法治精神非常重要，因为只有这样，国际社会才会相信你，外国投资者才会来。法制、契约精神和透明度是金融市场的基石。看看英国，你别看它的国土面积在减少，与过去相比，国际影响相对下降了，从一个日不落帝国，变成了一个经济实力不算很强、国土面积比较小的国家，但是，英国的金融市场仍然是全球性的国际金融中心，它并没有因为国家整体实力的相对下降而衰落。这是因为，英国有好的契约精神和完善的法律。金融的本质是契约、法律和透明度，离开了这三个元素，金融就没有未来。金融是一个国家气质的表现。

记者： 境外投资者在中国债券股票市场占比与 2016 年相比，有变化吗？

吴晓求： 一点点变化。

记者： 2016 年大概是 2%。

吴晓求： 是的，现在是 3.5% 左右。

记者： 这个比重的变化会给我们带来风险吗？外资把我们好的股票全都买了，有没有什么风险？

吴晓求： 中国市场现在外资占比不会超过 4%，这个指标是很低的，至少不是一个金融市场开放国家的标准。世界上没有一个国际金融中心外国投资者只占 3%。我认为，境外资本在中国市场上的投资比例会慢慢地增加，未来至少应该达到 15%。如果达到 15% 的比例，如果制度和规则上完全开放了，那么中国资本市场可能已经是国际金融中心了。这几年境外投资者占比有一定的提高，从 2016 年的 2% 到现在 3.5%，与沪港通、深港通有关系，同时也与我们最近取消了 QFII 和 RQFII 的额度限制有关系。这些都是中国金融对外开放正确的方向。这些政策一出台，境外投资者在中国市场的投资比例有所提高。市场是开放的，无论是本国投资者还是境外投资者，都可以根据市场价值的判断来投资，因而是公平的。我乐观地预期境外投资者比重将不断地提高。

记者：我想了解一下像美国市场，对外资投资有上限的要求吗？不能超过多少？

吴晓求：在美国市场上，外国投资者占比大体上在 15% 左右。因为美国市场本土资本的力量非常强大。它与伦敦市场和东京市场不同。伦敦市场和东京市场外国投资者占比都超过了 40%。美国经济非常强大，本国资本非常强大，本国投资者占据了绝对的主导地位。实际上，中国未来的发展模式，从金融市场角度看，从投资者结构看，可能会与美国市场有点类似。中国也是一个本土资本非常强大的国家。中国经济发展外资很重要，但对其依赖性不是很高，国内资本是中国经济发展的主体力量。所以，从这个意义上说，中国市场未来的结构，境外投资者不太可能占到 40%，是因为中国是一个资本强大的国家，资本规模非常大。市场结构可能与美国接近，比如说境外投资者占到 15%。

金融体系的进步，基础的力量来自经济增长和居民收入的提高。一个国家特别是大国，经济发展了，人民收入水平提高了，客观上会有一种脱媒的需求。刚才我已经提到了，在经济相对落后的时候，比如说我们改革开放之前或者说改革开放之初，人均 GDP 大概也就只有一两百美元或三四百美元这样的水平。这个水平实际上意味着人们的生活还处在贫困状态。投资是富裕之后的事情。为什么呢？因为只有富裕了，才有投资能力，生活都不能保证，是没有能力投资的。只有等到有较多剩余之后，才会有投资的欲望。

中国已经从人均 GDP 一二百美元的时代，发展到今天的一万美元。一万美元和一二百美元完全不是一个概念。这时，会有越来越多的人有闲余资金，也会有不少富人，他们想投资。投资有两种：一是投资企业和不动产，二是投资金融资产，主要是证券类的金融资产。后者就要求有一个发达而透明的资本市场。就基本趋势来说，金融性投资是投资的基本方向。

顺应投资的基本趋势，金融体系必须提供相匹配的金融资产。这就要求发展金融市场特别是包括股票市场、债券市场在内的资本市场。

记者： 刚才您多次提到金融脱媒。什么是脱媒？

吴晓求： 所谓脱媒，是指企业通过市场绕开传统金融机构特别是商业银行完成其融资的过程。我们把这个称为金融的脱媒，金融脱媒也被称为金融的去中介化。

记者： 还是想问问核准制与注册制的区别。

吴晓求： 核准制和注册制的本质区别，主要有三点：

第一，发行定价的市场化程度不同。在核准制条件下，发行定价有一个先验性定价，认为20倍到25倍的市盈率的发行价是合理的，这是先验性的。在实践中，无论这个企业是传统产业还是新兴产业，都做这样一个定价。在注册制条件下，发行定价高度市场化了，定价可能是40倍也可能是60倍市盈率。定价机制完全不同。

第二，审核主体不同。不要以为审核主体的不同，只是形式上的变化，实际上是实质的变化。核准制主要是由证监会股票发行审核委员会（以下简称发审会）来进行审核批准。早期我也担任过发审委的委员。在注册制条件下，交易所有一个上市审核委员会，由他们来核准。核准主体的不同，完成了审核主体与监管主体的分离。过去既是审核主体又是监管主体，责任不清。一旦出现了欺诈发行，在过去的制度安排中是没有办法对审核主体进行处罚的，因为它和监管主体融为一体。所以，那时出现了欺诈发行，只会处罚券商、会计师事务所等中介机构，当然更会处罚上市公司。

第三，审核的重点以及对后续责任的处罚不同。在注册制条件下，关注的重心甚至唯一的关注点是信息披露。在核准制条件下，当然也审核信息披露，还要审核企业未来的成长性，要对未来成长性承诺进行审核。虽然出发点是好的，想替投资者把关，但实际上谁也不知道企业未来怎样。在注册制条件下，除了信息披露以外，企业是否有成长性，由投资者自己判断。同时，对市场的违法行为，包括拟上市公司的虚假信息披露、欺诈上市以及内幕交易的处罚机制完全不同。现在我们建立了集团诉讼制度，这对市场的违法行为会形成严重的威慑作用。过去的处罚标准是 50 万元，根据新《证券法》规定，处罚上限有了大幅度提升，同时还建立了集团诉讼制度。集团诉讼制度对重大违法行为有巨大的威慑力。

记者：您觉得注册制的过渡期有多长？

吴晓求：现在注册制是在科创板实施。现在全球市场不好，中国的市场也不好，这个时候我们不会全面推行注册制。一旦市场稳定下来，全面推行注册制只是个时间问题。除科创板外，主板、中小板和创业板，未来都会全面推行注册制的。

记者：您觉得在全力推行过程中会遇到什么样的困难？

吴晓求：如果科创板做得很好，这个困难会变得相对小一些。以前我也有一些忧虑，因为注册制是以信用和契约精神为基础的。人说话要讲信用，一旦说了就要履约。如果没有契约精神和足够的信用能力，全面推行注册制的确会有巨大风险。我们已经意识到这些问题。对解决这些问题，我是有信心的。过去我们对知识产权的保护是不力的，加入 WTO 后，我们逐步树立了知识产权保护的理念。今天，中国对知识产权的保护，虽然我不能说十全十美，但的确有了巨大进步。观念的进步需要时间。

记者：还有一个问题，就是如果全面实行的话，有人说可能就是垃圾股的末日了。一些指数基金和白马股将迎来春天，您怎么评价？

吴晓求：垃圾股本来就应该有末日。改革的目的就是要让垃圾股迎来末日，要让那些未来有很好成长性的企业，特别是富有创新能力的企业发展起来，这是我们改革的目标。

记者：注册制之后，曾经在美国有很多散户当年就赔的不行。如果注册制全面推行，中国会不会也是一地鸡毛这种情况？

吴晓求：这是大家担忧的。未来市场的发展一定是散户的比例越来越小。这里暗含了一个前提，就是机构投资者会有很大的发展。中国机构投资者现在的信誉不好。为什么中国散户投资者比例比较高？是因为机构投资者没有信誉，经常出现一些老鼠仓、内幕交易，这严重损害了作为社会财富管理机构的基本信用。中国个人投资者对这些机构投资者为什么不信任？为什么私募有时候比公募信用高？是因为公募经常会出现内幕交易的行为。美国市场早期散户投资也比较多，现在散户投资者很少，主要是机构投资者的信用建立起来了，大家相信它，而且也有比较好的收益。未来中国要强化机构投资者的信用，要提高专业能力。现在主要是对机构投资者缺乏基本的信任。

记者：美国市场主力是机构投资者，这个是一个好的现象吧？

吴晓求：这是个趋势。

记者：还是跟刚才垃圾股相关的问题。现在有一些上市公司前两年业绩还行，然后就不行了。

吴晓求：你说不行是指什么？是业绩不行还是股价不行？

记者：主要是股价。上市之后股价很高，慢慢地股价就长期下跌。

吴晓求：注册制之后这种现象会减少，因为注册制的发行定价是市场化的。在核准制条件下，上市之后通常都有几个涨停板，多的可以有 10 个，甚至更多涨停。接下来就开始漫长的下跌。这与制度设计有关系。你会发现，注册制之后，这种现象减少了很多。第二天上市可能也会涨，但也可能下跌，甚至跌破发行价。在核准制条件下，从来没有出现过这种情况。现在开始出现上市当日跌破发行价的现象。这是市场成熟的表现，是制度的力量。

记者：注册制之后打新股也就没有什么意义了？

吴晓求：注册制意味着打新基金时代的结束。打新基金是一个扭曲的金融现象。为什么还有打新基金？因为上市有很高的溢价。过去打新基金的年化收益率都在10%甚至更高，这个是一个非常奇怪的现象，是一种制度扭曲后的套利。注册制导致打新基金时代的结束，是中国金融和资本市场的重大进步。

记者：刚才讲了这么多，您能帮我们总结一下吗？有人说从核准制到注册制，映射的是证监会审核权力的变化。我想问一下，作为监管者最重要的职责是什么？

吴晓求：监管者的唯一职责就是保持市场透明度。监管的重心就是信息披露的质量和有效性。除此之外，监管者没有其他的职责，既没有保证今年有多少家公司上市，也没有维护指数稳定或上涨的责任。过去，有人总以为，中国证监会有救市的责任。实际上，中国证监会没有救市的责任，中国证监会更不应该有市值管理的理念。市值多少与监管者毫无关系。监管者就是要保持市场的透明度，市场透明度是市场公平公正实现的基础。没有市场的透明，就谈不上什么公平公正。我们为什么要把公开性放在"三公"原则的首位？就是因为信息的公开透明是市场的生命线。

记者：您曾经说，金融要服务于实体经济，企业在不同的周期，需要不同的金融制度。您能讲一下中国现在是什么情况？比如说发达国家像美国、日本，金融对企业是怎么服务的？

吴晓求：金融的生命力来源于实体经济。没有一个有竞争力的实体经济，没有一个持续稳定增长的实体经济，说金融能够发达起来，我不相信，那一定是泡沫化的金融。自我演绎的金融，是没有出路的，迟早会出现金融危机。所以，金融的天职就是要服务于实体经济。服务实体经济不能简单而狭隘地认为，银行要为那些开不了工、流动性短缺的企业进行融资贷款。我们有时候说，金融要服务于实体经济，就以为银行有天生的义务要为企业提供贷款。不是这样的。金融为实体经济服务，除了要为适当的企业提供贷款之外，很重要的还有三个方面。

第一，必须为那些从正规渠道、从大银行贷不到款的小微企业提供融资服务，这个非常重要。我们通常忽略了这一条。让大银行如工商银行、农业银行、中国银行和建设银行都去为小微企业贷款，可以做一些，但难以覆盖。因为它们有管理跨度和信用甄别的约束。这些企业可能连资产负债表都没有，无法给它们进行信用甄别。金融机构都是商业化的，必须对贷款资产负责任，必须控制信用风险。当企业信用都无法甄别时，也就没办法去进行所谓的贷款服务。这就需要改革创新，需要通过改革，通过金融科技来识别传统金融机构难以识别的信用风险。信用得到识别后，这类企业才可能得到贷款。金融活动的基础是信用识别。当传统金融没有办法进行信用识别时就必须进行创新。比如阿里小贷，网上客户要贷款，它在几秒钟内就能完成，是因为它能观察到这些商户的交易活动是否正常，5万元、10万元的贷款，就能迅速完成，客户也能按期还本付息。如果让这些网上小电商到工商银行、建设银行要贷款，怎么可能呢？所以需要组织创新，需要科技的力量。这是金融要服务于实体经济的重要内涵。

第二，除了贷款服务外，还必须提供便捷的支付服务。支付是金融的重要核心功能。疫情期间，大家都不能出门，如果没有第三方支付，交易就没办法完成。为消费者提供便捷的支付服务，也是金融服务于实体经济的重要内容。

第三，财富管理。老百姓收入提高了，也要进行财富管理。钱不多，每月剩余1 000元，如何让这1 000元增值，也是金融必须考虑的。这就要为他们提供一种恰当的财富管理机制。财富管理并不只是富人的事。商业银行的私人银行部门槛是100万美元或600万元人民币，中国有多少人能做到？很多中低收入阶层每个月可能只有一点剩余，他们希望这些剩余能年复一年累积在一起，存量资产价值有增长。金融要为他们创造一种机制，为他们的财富管理提供服务。

所以，金融要为实体经济服务，是全方位的。这就要求我们必须推进改革，才能实现金融更好地为实体经济服务。如果我们能做到这些，金融的普惠性就实现了。

为什么要有普惠性金融？过去的金融是没有普惠性的，贷款只为大企业服务，财富管理只为富人服务。我们要不断延伸金融服务的客户，延伸到中低收入阶层，延伸到小微企业。只有延伸到他们，这个国家金融的普惠性才能实现。普惠性金融或者说金融的普惠性是金融的一种理想、一种境界。

记者：刚才您讲到小微企业，举了阿里的例子，国外有没有好的成功的案例？他们怎么为小微企业服务？

吴晓求：发达国家金融的自由化、市场化程度比较高，信用记录也比较完备，所以，小微企业融资贷款相对完善。中国的金融体系，特别是银行体系都喜欢大而全，区域性金融机构都有一个理想，都想跨地区经营，做大做强。本来村镇银行初始目的就要为当地居民提供小额贷款，但是他们在这方面做得不够好，这与他们的金融理念有关系。

记者：还有一个问题刚才您说支付服务也要便捷，但我想问，现在比如说去欧洲旅游的时候，其第三方支付不发达，要用信用卡或现金，能说欧洲国家金融不发达吗？

吴晓求：在这方面，发达国家是落后的。发达国家还处在工业化时期卡支付时代。我们国家从支付上看，已经进入后工业化和信息化时代，这是中国金融的巨大进步。我非常不喜欢卡支付，不方便，安全性也不比第三方支付好。卡的保管就成问题。我曾经有几乎所有中国大中型商业银行的信用卡，但基本上都没用，也经常丢，经常找不到卡，使用和还款很麻烦。后来基本不要了。现在拿一部手机到哪里都可以支付，这是最大的进步。便捷、安全、低成本，是金融创新评价的重要标准。第三方支付就有这个特点。中国金融可圈可点的就在支付的变革上。

记者：它们的支付没有我们这样便捷，能说他们的金融没有我们发达吗？

吴晓求：它们在支付业态上是落后的。它们在其他方面或许是先进的，但在支付业态上是落后的。

记者： 专业的问题问完了。因为网上对您的评价比如说您是中国证券理论的奠基人，还包括您是三届证监会主席的智囊。就在这一段的经历里，您能跟我们分享一下骄傲的时刻吗？

吴晓求： 第一，我过去不是、现在也不是、未来更不会是任何人的智囊。我是中国人民大学的一位教师、一位金融学教授，网上说的其他的都不是。我现在还是人民大学的副校长，也许再过一段时间也不是了。我不是谁的智囊。

第二，说我是中国证券理论的奠基人，对此我非常恐慌，也不能接受，会折寿的。最多只能说，我是比较早地研究中国资本市场的学者之一，这个称号我能接受。我现在仍然孜孜不倦地研究中国资本市场，快30年了。至于什么奠基人，等到了90岁的时候再说。在中国，有个现象，70岁之前，称之为著名××家，80岁就成大师了，90岁就成泰斗了。就看你活多久。

记者： 我希望过30年还能再见到您。

吴晓求： 一定能。90岁的时候说什么都可以。

记者： 2020年是A股的三十而立之年，您应该说亲自见证了它的成长，在未来您更关注哪个方面的发展？

吴晓求： 更关心中国资本市场的开放。中国资本市场、中国金融最重要的是开放，没有开放就没有中国金融的现代化。习近平总书记在党的十九大报告中专门提到，中国要构建现代金融体系。现代金融体系一定是开放的金融体系，一定是具有国际金融中心功能的金融体系。所以，我特别关注的是中国金融的开放，特别是资本市场的开放。开放是改革的重要组成部分，开放也是最重要的改革。我特别关心上海、深圳加起来之后的中国资本市场何时能成为全球新的国际金融中心。

记者： 如果用一个字来形容中国资本市场，您想怎么形容？

吴晓求： 新或者旺。

记者： 两个字来形容中国股市？

吴晓求： 开放。

记者： 四个字形容中国股市？

吴晓求： 改革开放。

记者： 我们这个节目会播给年轻人看，对现在的年轻人您想问他们什么问题？因为他们由我代表问了您很多问题，您有想问他们的问题吗？

吴晓求： 两句话：第一句话，关心国家的未来。第二句话，关心自己财富的成长。

市场现在不要有过度悲观的预期

——《网易财经》记者访谈

【作者题记】

这是作者 2020 年 3 月 13 日接受《网易财经》记者罗铮的访谈。在这之前，美股已有两次"熔断"，之后 5 个交易日又出现了两次"熔断"，美股在连续 10 个交易日内出现了四次"熔断"，创造了新的历史纪录。此次访谈是作者在连续出现两次"熔断"之后对市场作出的一个判断。

记者：美股以后大幅震荡的概率有多大？

吴晓求：我认为，美股一周出现两次熔断创造了历史，以后大幅震荡的概率应该比较大。全球市场的未来变动，要看全球疫情的发展，这一点非常重要。美股从 29 000 多点跌到 21 000 多点，这样一个大幅度的下跌，从技术层面看，它的确已经进入了一个相对危机的状态。也就是说，它的牛市已经结束。美股十年上涨，已然是全世界最大的泡沫。去泡沫化需要一个发酵的过程。一个"黑天鹅"事件，就会挺不住了。

新冠肺炎疫情在全球的蔓延的确比"黑天鹅"事件大得多，再加上这期间原油的下跌。当然，原油的下跌有一些影响，但没有像疫情这么大的作用。基于以上原因，美股下跌是必然的，谁也阻挡不了。如果未来美国的疫情还会更严重，美股进一步下跌的概率就非常大。

记者: 这是否意味着国际金融危机的开始?

吴晓求: 这一次和上一次的国际金融危机不同。2008年国际金融危机完全是一种结构性的,它是由美国次贷危机引起的,基础资产出现了重大风险且资产信息不透明,基础面发生了重大变化。

这次美国经济的基本面应该没有发生特别重大的变化,金融市场的基本面也没发生重大变化,它都是外部变量影响巨大所致,所以从单纯的市场下跌幅度看,说其10年牛市结束、进入一个危机状态是可以的。但它不是全面的金融危机,因为这次下跌还没引起其他次生灾害,没引起其他危机的出现(如银行流动性危机、债务违约、货币大幅度贬值、经济严重衰退这些指标都还没出现)。

记者: A股受市场震荡的影响有多大?

吴晓求: 因为新冠肺炎疫情在中国发生得比较早,在春节期间就已经暴发了,所以A股在春节后开盘,应该说受新冠肺炎疫情、经济景气度以及复工率不高等因素的影响,在春节之后的第一个交易日和第二个交易日已经得到了充分的释放。所以自身疫情对市场震荡的影响,事实上已经慢慢消化得差不多了,况且中国的新冠肺炎疫情控制应该说比较好,疫情正慢慢走向结束。

虽然中国市场这次受到的外部影响没有像自身疫情对自身股市的影响那么大,但是相对还是比较大的。股票市场非常重要的一点就是心理预期,大多数人的心理预期,觉得风险来临时,市场就会下跌,所以近期震荡主要是由外部引起的。

记者: 值得关注的避险资产有哪些?

吴晓求: 黄金当然是一个避险资产,但黄金这次也难免受到一些影响,特别是黄金的上市公司,只不过它受到的影响相对较小。当然,与新冠疫情有关的医药行业,还有一些高科技行业应该说还是会比较好的。

实际上,就中国的市场来说,如果外部的疫情不发生特别大的变化,中国市场应该进入了一个风险不是特别大的区间了,现在主要是受心理影响非常大。

记者： 原油价格的未来趋势如何？

吴晓求： 我认为，从长久趋势看，原油价格不可能长期低于30美元，这只是一个非常短期的市场表现。原油价格最后还是会趋向于找到一个合理的定位。

原油价格的下跌，实际上对经济和股票市场的影响是结构性的。有些行业由于成本降低了，表现还是相当好的。与原油有关的上市公司如中石油、中石化，当然会有一些影响，尤其是油企肯定会受影响。而对于以原油为原材料的企业，这实际上是一种相对积极的因素。我们不能把股市这样下跌完全归结于原油价格。

当然原油价格大幅度下跌也是基于全球经济短期的、相对悲观的预期，因为经济比较悲观，对石油消费预期会比较悲观。所以，原油价格大幅度下跌主要还是起源于经济相对悲观的预期。

记者： 市场悲观预期蔓延，您对此有什么建议？

吴晓求： 海外市场现在的确处于一个风声鹤唳的阶段。对中国市场来说，我总觉得，中国经济的基本面并没有因为这次新冠肺炎疫情的暴发出现大问题。经济基本面的长期趋势没有发生本质变化，市场深受外部环境的影响。

在中国，新冠肺炎疫情正在慢慢结束，这应该是一个基本的判断。所以，新冠肺炎疫情结束后，中国经济应该会很快复苏起来。政策层面，现在也是全力支持经济发展、企业复工，同时也会考虑企业流动性、市场流动性需求。所以，我认为市场现在不要有过度悲观的预期。

实际上，危机的影响对市场来说是双重的：对有些人来说，它的确是风险；对有些人来说，它是机会。市场每一次危机都会带来投资机会。当然，新冠肺炎疫情这样的危机对我们的影响太大，还是不要的好。但是股票市场的大幅波动所带来的影响，实际上是双重的。所以，反应过分激烈，也会造成不应有的损失。

30 年了，我们对资本市场的理解仍很肤浅

——《第一财经》记者的访谈

【作者题记】

　　这是 2020 年 2 月 29 日《第一财经》发表的作者此前接受记者韩瑛珂的访谈，主要谈新《证券法》的作用和意义。

　　历时四年多、历经全国人大常委会四次审议修订后的新《证券法》于 2020 年 3 月 1 日起正式施行，这将是中国资本市场在市场化、法治化道路上迈出的坚实一步。2020 年是中国资本市场的"而立之年"，尽管年初我们经历了新中国历史上传播速度最快、感染范围最广、防控难度最大的新冠肺炎疫情，但这并没有影响证券监管系统积极落实新《证券法》施行的各项准备工作和出台相关配套政策的进度。中国金融证券研究专家、中国人民大学副校长、中国资本市场研究院院长吴晓求教授对此又是如何理解的？

　　记者：《证券法》的修订和通过，是不是在提升中国资本市场功能方面是一个积极的改善？

　　吴晓求： 新《证券法》对中国资本市场的发展、改革和国际化都具有深

远影响。这种深远影响，主要体现在以下几个方面。

第一，对资本市场的战略定位有了新的认识。

第二，已经意识到资本市场或者证券市场是财富管理的重要机制，而不简单是一个融资的市场化延伸，也就是说重视财富管理的功能。

第三，新《证券法》把发行制度完全市场化了，这充分体现了市场是资源配置决定性力量这样一个基本判断。

第四，对上市公司的标准做了重大调整，适应了后工业化时期产业结构和产业业态变化的趋势。

第五，明确了监管的重点，对上市公司的信息披露做了更多的要求，强调监管的重点主要是透明度监管或信息披露监管。

第六，违规违法的处罚机制有了重大修改，彰显了法律的威严。特别是对欺诈上市、虚假信息披露，处罚标准做了重大调整，建立了集团诉讼制度。

从这些方面可以看出，我们已经开始向国际化资本市场迈出了重要一步。

记者：对中国资本市场有什么影响？

吴晓求：从长期看，有利于中国资本市场的发展。这次修法，体现了资本市场的本来要求。现在我们已经找到了发展资本市场的正确方向。在过去相当长时期里，我们都在兜圈子，没有方向感，现在应该说找到了如何发展中国资本市场的正确方向，所以从长期看，有利于中国资本市场的发展。

现在，在中国市场上，境外投资者占比只有 3.5% 左右，如果我们要把中国资本市场建设成国际金融中心，这个国际金融中心主要是人民币计价资产的交易中心和财富管理中心，如果我们朝这个目标走的话，中国资本市场上的境外投资者比重就不能停留在这个比例上，至少要达到 15%。当然，前提是上市公司要有成长性、市场要有预期，这就必须改变股票发行制度，必须改变上市公司的结构和标准，真正把中国资本市场培育成一个财富管理的市场。

我们过去对资本市场的认识，在理论上是很肤浅的，因为总是认为资本市场就是商业银行或者金融机构融资功能市场化的延伸，没有把它解读成为财富管理的市场。如果是财富管理的市场，就要求资产要有成长性，否则就不可能实现财富管理的功能。

什么样的企业有成长性？未来有发展空间的企业，才有成长性。至于说历史上多么辉煌不重要，历史可以不辉煌，但未来一定要有成长性趋势，要有预期。

制度改革和《证券法》的修订，从长期看，给中国资本市场发展提供了重要保障。

2019 年的访谈

如何理解中国资本市场的
发展和变化

——《新京报》记者的访谈

【作者题记】

这是作者 2019 年 11 月 26 日接受《新京报》记者的访谈。访谈内容涉及投资者教育、创业板、互联网金融、中国金融的开放与安全等重要话题。收入时，做了文字上的校正。

对上市公司的教育，应该摆在头等重要的位置

《新京报》：我们注意到上证指数在 2009 年 10 月 16 日收盘是 2 976.63 点，而 2019 年 10 月 17 日该数据为 2 977.33 点，10 年间上证指数上涨了 1 个点。您是如何理解中国资本市场的发展变化的？

吴晓求：从 20 世纪 90 年代，中国资本市场发展至今，我认为，存在四个观念上的误区。

第一个误区：如何理解资本市场的核心功能？我们误认为，资本市场的核心功能是融资，但实质上却是财富管理。它们如同一枚硬币的方面，正面最主要的是财富管理，只有财富管理发挥出了核心作用，融资功能自然而然就会强大起来，硬币的背面是融资功能。资本市场究竟是一个融资的市场

还是一个财富管理的市场？在我看来，这是关于资本市场理解上的第一个误区，我们的理解刚好是相反的。

第二个误区：这个市场上最应该教育的是谁？或者说这个市场上究竟应保护谁的利益？这是一个非常重要的问题。我们误认为，这个市场最应该教育的是投资者，所以才有"投资者教育"。但实际上，这个市场最应该教育的是融资者或上市公司及中介机构，甚至我们的监管部门也要不断学习再学习。这个市场最应保护的是投资者利益，而不是融资者利益。虽然我们的口号是把投资者利益保护放在首位，但事实并不是这样。

在资本市场上，投资者没有义务去救谁。投资者的目标是"只要我的投资回报具有成长性、稳定性就好了"。投资者利益保护的重点并不是天天搞投资者教育，投资者是聪明的，他们知道到底什么是风险。所谓投资者利益保护的核心，是投资的资产要有成长性，市场是透明的，政策是稳定而连续的。

真正需要教育的主要是上市公司。作为融资者，给投资者提供相应的回报，是天经地义的。所以，对上市公司的教育，应该摆在头等重要的位置。

实际上，很多上市公司没有特别大的压力，他们很少会有"我拿了投资者的钱，我的投资回报至少要比公司债高"的概念。某种程度上，他们把这些投资资金看成是廉价的、无成本的。历史的经验已经说明，任何漠视投资者回报的市场都是没有成长性的，都是难以为继的。事实上，资本市场的股权融资成本是昂贵的。理论上，它的收益率是要超过债券的。在美国市场上，从平均差来看，股票收益率要比债券收益率高出6个百分点左右。因为股票风险比债券风险高，所以有风险溢价。我们这里不是。无论是IPO还是增发融资，融资者心中没有这个概念。只有上市公司心中有了这个概念，才会有上市的敬畏心。资产创造不出可以与之相匹配的成长性和利润，凭什么拿投资者这些钱呢？

第三个误区：什么是资本市场的风险？我们误认为，资本市场的风险是由股票价格上涨引起的，而不认为价格的下跌是风险。恰恰相反，股票价格的下跌才会带来真正的市场风险，非泡沫状态下的股价上涨是市场保持良好预期的重要表现。现实中，在股票价格上涨过程中，我们通常保持高度的警惕，股票价格下跌时，却以为风险释放了。这个理解是不正确的。在美国市场上，股票价格上涨时，很少看到美联储"出手"。对于股市的泡沫，美联储会提示股市有风险，但是理性的判断权还是交给投资者自己。美联储本身不会去管控市场的上涨。因此，你会发现，现在道琼斯指数高达 28 000 点左右，但美联储没有什么动作。假设跌到 25 000 点以下，美联储很可能会出台救市政策。他们把市场价格的下跌看成风险。

第四个误区：应该让什么样的企业上市？这个误区是，把上市公司的重要性、历史辉煌性、今天的财务状况，置于特别重要的甚至是决定性的地位。实则不然，上市公司被重视的不是地位的重要性。理论上讲，投资者关注的是成长性，即自己所投公司的未来。但我们在制定上市公司的选择标准上，往往把重要性及当前的财务状况放在优先考虑的位置。正是因为这种误区的存在，一个较长时期，我们在选择上市公司时，会有一些所有制歧视，这都是此种误区的重要表现。

中国资本市场之所以发展不够好，与我们众多理论上的误解以及不正确的认识有着密切关系。

科创板在回归理性，一个重要标志是部分股票破发

《新京报》：2019 年 7 月 22 日是我国资本市场一个重要时刻，科创板正式开通运行。至今 4 个多月过去了，您如何看待科创板的运行情况？

吴晓求：注册制与科创板的方向，是没有错的。运行至今，我对注册制基础上的科创板，是肯定的。在科创板开市的几天中，有点泡沫化，现在正在回归理性。回归理性的一个重要标志就是，部分股票跌破发行价。

注册制基础上的科创板，发行价格的市场化是核心。"破发"是正常的市场行为，是科创板回归理性的重要体现。

《新京报》：如何才能振兴股市并使之成为顶住经济下行压力的一剂良药，使我们的资本市场成为今天过剩流动性的"池子"？

吴晓求：当前，经济下行的压力比较大。我从不认为，资本市场的低迷是资金缺乏导致的。在我看来，市场低迷是信心缺失和预期不明的重要表现。

在资本市场上，投资者是聪明的。当他们发现市场信心不足时，往往会选择不投资或减少投资。无论是固定资产投资还是金融资产投资，都是信心的一种表现，而信心是基于政策和未来预期的判断。这就是原因所在。

要从根本上解决这个问题，"该怎么办"很重要。我认为，首先要回到正确理解"发展资本市场的重要性"这个问题上来。然而，这个"重要性"不能简单等同于融资的重要性。

正如"振兴股市，顶住经济下行压力"这句话，就存在理解上的错位。因为"顶住压力"，很多人会认为，要加大资本市场的融资，向企业注入更多的资金，才能"顶住压力"。实际上，资本市场不应把融资看得过重，如果看得太过重要，市场的规则就会向融资者倾斜。监管方似乎在融资标准和规模上就可以"做文章"，初衷是想让企业尽可能从这个市场上融到资。注册制基础上的科创板，有些人会理解为"注册制就是融资标准的下降"。这完全是一种误解，不要以为注册制是没有标准的。注册制的标准是很高的，对企业未来的成长性有着很高的要求。注册制的灵魂是信息的充分披露、市场化定价和责权明晰而对称的外部约束机制。

从功能上看，资本市场本质上并不只是融资的市场，它更是财富管理的市场，从更大层面上看，它还是一个分散风险的市场。出发点不同、思考的维度就会不一样。如果你从"个人、机构财富管理的平台"的视角来看我们的资本市场，就会思考，这个平台、这个资产池中的资产是否有价值、是否有"注水"。如果"注水"了，这个资产池中资产质量就会下降。只有当你把它看成一个财富管理市场时，你才会主动地确保这个资产池中的资产是有质量的，而不会"注水"。

我们看到，传统商业银行融资能力是相当强大的，是以万亿元来计的。而资本市场只是千亿元的量级，两者并不在一个数量级上。但是，为什么资本市场在现代金融体系中处在基础和核心的地位？原因就在于资本市场具有传统商业银行所不具备的、不可替代的功能，即财富管理、分散风险的功能。理论上，当一个国家的人均GDP超过5 000美元或是8 000美元的时候，人们对资本市场的投资比重会迅速提升。正基于此，这个国家的资本市场才能繁荣发展起来。越是富裕的国家，资本市场往往越是集聚了大量的社会财富。你很少看到国外的百亿美元、千亿美元富翁把钱都存到银行，在他们个人财富中，投资的比重非常高。

投资，对一个国家的法律体系、社会环境、法治能力等诸多方面，都会提出很高的要求。但是，当社会体系的信息透明度不够、法治水平不高、法律体系不完善、政策连续性不够好时，你会发现，无论是实体投资还是金融投资，都很难发展起来。因此，对于投资，我们可以理解为是一种社会信心的函数，这也是我特别强调要加强金融基础设施建设的原因。

不把窗户打开，中国金融会缺乏新鲜空气和竞争力

《新京报》：中国金融正在由单一信用风险，过渡到信用和市场等多元风险并存的时代。我们该以怎样的思考视角来面对这种变化？中国会出现危机意义上的货币贬值吗？

吴晓求：中国金融安全需要"三维度"的思考视角。要加强中国金融基础设施的建设，进一步推动中国金融的市场化改革和对外开放。我认为，这三者结合在一起，中国金融的发展之路才能既保持安全又具有竞争力。

首先，必须重视中国金融的基础设施建设。我们需要站在新历史条件下，基于市场化、科技重构金融以及国际化的基本趋势，加快金融的基础设施建设。这主要包括：一是完善现有的法律体系；二是制定一系列基于技术进步的宏观及微观审慎监管准则；三是科技重构金融之后，信息系统的建设需要进一步提升；四是发展完善金融中介体系。

管控中国金融风险，加强与金融安全相关的基础设施建设非常重要，我们在这方面比较薄弱。

其次，要大力推动中国金融的市场化改革。我的观点是，改革才是解决风险的最好办法。改革的目的，是要构建一个有弹性的现代金融体系。所谓

有弹性，即当风险来的时候，金融系统有着很好的免疫力和风险分散能力。金融改革的重要目标，是不让金融风险积累起来成为存量化的风险，而是要让风险流量化。现代金融最重要的功能就是组合风险、分散风险，而这只有通过金融的结构性改革才能完成。

最后，加快中国金融对外开放。中国金融开放的战略目标是要建设国际金融中心。不能因为可能有外部风险输入，就不开放。这如同打开窗户一样，蚊子苍蝇有可能会飞进来，但是新鲜空气对我们来说更重要。不把窗户打开，中国金融就会缺乏新鲜空气和竞争力。在中国金融全面"打开窗户"之后，需要高度重视国际金融风险如何传递到中国市场，这对我们来说，是一个非常重要的任务。因此，从现在开始就要研究：金融开放之后，是否会出现东南亚一些国家曾经历的金融危机？还是可能会像日本那样，开放后虽然会有波动，但是金融风险是收敛的？

我们要着力推动中国金融体系的开放，要把上海建设成 21 世纪全球新的金融交易中心、把深圳建设成全球新的金融资产培育中心。这两个"金融中心"，对中国来讲极具战略价值。为此，我们必须做好金融基础设施建设。同时，还要推进人民币的国际化。这些都是当前中国金融开放面临的重要任务。

同时，我也确信，如果我们把金融的基础设施做好、持续推进中国金融的市场化改革和对外开放，我不认为中国金融会出现大的问题，也不认为中国会出现危机意义上的货币贬值。虽然人民币在国际化过程中会有波动，但这是正常的，不会出现危机状态的人民币汇率波动，也不会出现市场流动性危机。

《新京报》：现在很多人都在思考，从互联网金融到金融科技的变化。您认为，我们现在正在感受的是一个阶段性的现象，还是一个本质性变化？

吴晓求：一种新技术的到来，初期难免都会有泡沫。人们过高估计它所能带来的短期价值，但技术本身又必经一个探索的过程，这期间会出现很多问题。因此，人们有时会失望于这些问题和这种探索，接下来人们往往又会陷入过低估计新技术所具有的长期价值。我们现在正经历着这样的过程。

或许，过了这一潮之后，当社会建立起足够大的数据共享平台、配套很好的金融基础设施，同时，从业者本身也对互联网金融有了重新的认识，那就意味着历史将开启新的时代，翻开新的一页。

中国不会出现全面性金融危机

——《经济》杂志、经济网和
《搜狐财经》记者的访谈

【作者题记】

  这是作者 2019 年 8 月接受《经济》杂志、经济网和《搜狐财经》记者的联合访问，系《搜狐财经》联合《经济》杂志"致敬建国 70 年"系列访谈——"致知 100 人"第 17 期。"我们这一代人最大的特点就是不断学习，当时对来自国外的先进理论、经验、方法、思想如饥似渴，汲取养料。"作者在访谈中告诉《经济》杂志、经济网和《搜狐财经》记者，这一代人有一个共同的使命，就是把中国建设成一个现代化国家、一个开放的国家、一个法制的国家。同时作者还认为，中国作为世界第二大经济体，人民币理应成为国际货币体系中的重要一员，中国金融市场也应该成为新的国际金融中心，未来应该继续坚定推进改革开放，建立一种能吸收风险、分散风险、处置风险、有弹性的现代金融体系，这是中国金融改革最重要的任务。

发展资本市场是我国的金融战略，而非实用主义

  《搜狐财经》&《经济》杂志：当前中国经济已经由高速发展向高质量发

展逐步过渡，为适应经济发展的需要，中国资本市场应如何调整？

吴晓求：中国经济已经告别了高速增长，不太可能也不需要再进入两位数的增长阶段。对中国来说，6%~6.5% 是一个很好的增速，随着经济规模的扩大，5.5%、5% 也是完全有可能的。

在这一大背景下，很多人认为在中国发展资本市场非常困难，甚至持悲观态度。与欧美国家相比，的确要难得多，在很长一段时间里，我们不理解为什么要在中国发展资本市场，仅仅是从融资渠道角度来理解。实际上，资本市场对于中国经济增长、产业转型、金融改革非常重要，没有资本市场的现代化，就没有金融的现代化，中国经济的持续稳定增长就难以保障，产业升级换代也会变得缓慢。从这个角度来说，发展资本市场是中国的一种金融战略，而非实用主义。

中国发展资本市场遇到了很多障碍：

一是观念障碍。资本市场是现代金融的枢纽和基石，只有理解了这一点，才会认真发展资本市场。资本市场的特征是成长性，过去我们一味强调重要性，强调资本市场中上市公司的重要性，但是投资者投的是成长性，而非重要性，他们要获得与风险相匹配的收益。投什么样的企业能够得到这种收益？一定是成长型企业，而不是成熟型、重要型企业，当然重要型企业同时又具备成长性是没有问题的，但如果仅仅是重要而缺乏成长性是不符合资本市场特性的，只有理解了资本市场的这一特性和战略定位，才能适时调整上市标准。

我之所以对注册制和科创板期望很高，是因为其符合资本市场的本来含义。科创板注重企业的成长性和未来，一家企业过去的成绩会体现在定价中，但是过去成绩好并不意味着未来也辉煌，上市后可能会出现衰退，除非像华为一样，具备极强的创新再生能力，但是目前很多企业并不具备这种能力。当年阿里巴巴和腾讯也并非很重要的企业，但是具有成长性，上市后市值增长很快，因此我们应该调整上市公司标准。

二是法律约束。中国是一个大陆法系国家，但是资本市场瞬息万变，每天都有新问题出现，如何应对和防范是我们遇到的实际问题。例如，在中国几乎找不到投资者因上市公司信息披露欺诈索赔的案例，而在英美法系国家就非常普遍。此外，我们的法律有时还会演变成一种地方保护机制，同一种行为在不同地区，评判的结果可能完全不同。要解决法律层面的约束需要有很长的过程。

三是社会的透明度文化。资本市场的生命力来自透明度，没有透明度就没有资本市场，说白了就是要讲真话，必须如实、全面、完整、及时地披露信息，以保证市场的公平。

基于以上三方面的障碍，与一般国家相比，中国发展资本市场要困难得多。不过现在情况正在逐步好转，相关部门也理解了资本市场的战略价值，也在推进深度改革，比如加强信息披露、调整上市标准、制定严厉处罚机制等。

与此同时，还应加强法律对投资者权益的保障力度，资本市场最忌讳的就是政策多变。政策一旦多变，投资者就无法形成预期，市场秩序就会混乱。建立一个相对稳定的市场预期，是未来我们努力的方向。

中国不会出现全面金融危机

《搜狐财经》&《经济》杂志： 改革开放以来，我国金融资产规模急剧上升，达到 360 万亿元，金融资产的增长速度远比经济增长速度快，经济货币化率由 1978 年的 0.318 上升到现在的 2.1。但中国并未出现系统性的金融危机，其中有哪些中国经验可以总结？

吴晓求： 中国 40 年经济增长是一个奇迹。GDP 规模从 1978 年的 3 650 亿元增长到 2018 年的超过 90 万亿元，除去物价上涨因素，这种增长仍然是一个奇迹，让处于饥饿状态的国家走向富强，走向现代化。

取得如此重要成就的原因之一，就是金融的贡献。

一方面，在处理金融与实体经济关系时，我们没有完全照搬发达国家的做法，而是有很多创造性。1978 年 M_2 的规模只有 700 亿元左右，现在已经超过 180 万亿元，这说明我国货币供应、货币存量的增长速度比经济增速要快得多，但是 40 年来中国经济并没有出现恶性的通货膨胀，也没有出现全局意义上的金融危机，这是一个谜，而这个谜的关键就在于很好地处理了金融与实体经济的关系。

另一方面，货币政策和央行也发挥了决定性作用。对一个国家而言，宏观经济政策一般是由财政政策和货币政策组成并综合发挥作用的。综观中国40年的经济发展，财政政策对宏观经济的主动调节作用比较微小，真正起决定性作用的是货币政策，甚至形成了"独轮车"效应。此外，央行的逆周期调节效果也十分明显，在控制金融体系稳定的同时，不断创新货币工具，恰当运用金融杠杆推动经济增长，确保我国在货币规模较大的情况下，不会出现系统性金融危机。

《搜狐财经》&《经济》杂志：有观点认为，在未来2~3年市场再次发生危机的概率很高，中国是否存在这种风险？

吴晓求：我不认为未来两三年中国会出现金融危机，从金融危机发生的逻辑过程和节点看，得不出这个结论。

金融危机主要由四种情况引发：

一是货币危机，即一个国家的货币出现大幅度贬值，货币信用基础遭到严重破坏。例如，历史上俄罗斯卢布、泰国铢，就出现过严重的货币危机。而人民币一般不会出现这种情况，因为中国经济基础非常扎实，特别是经过40多年的改革开放，市场化能力很强。一个国家的货币既是这个国家长期竞争力的体现，也是这个国家信用的表现。我认为，至少在一个比较长的时期里，货币危机不会出现在中国。

二是银行危机，也就是说老百姓把钱存到银行后，出现流动性危机，到期不能兑付。中国的商业银行特别是大型商业银行，如工商银行、农业银行、中国银行、建设银行、交通银行和招商银行等，各项指标都非常好，比较稳健，这得益于我们严格执行了《巴塞尔协议Ⅲ》，有的甚至高于《巴塞尔协议Ⅲ》的要求，因此在相当长的时间里，我国银行系统不会出现流动性危机，但中小商业银行存在的风险较高，应给予足够关注。

三是债务违约危机，即发行的债券不能按时进行本息兑付。这方面我们的确存在结构性问题，一些地方政府债、公司债存在到期不能兑付的风险，主要原因在于过去经济高速增长，债务发行时预期比较乐观，转入中速增长后，企业内外部环境发生了很大的变化，导致部分公司债无法按时兑付。地方政府债也存在规模较大不能兑付的风险，但是国债没有问题，金融债整体上也没有风险。从这个意义上讲，虽然债务市场有部分违约危机，但不会形成全面金融危机。

四是股市危机。其实中国的股市危机早在 2015 年就已经出现了，究其原因，杠杆融资是最主要的导火索，虚假信息披露、舆论导向也是重要诱因。未来不能肯定中国不会发生股市危机，因为股市波动是正常的，但只要控制在一定范围内就不会出现大问题。

目前，互联网金融等新的金融业态也出现了部分爆雷现象，虽然规模相对较小，但是我们也要高度重视，避免中国金融的信用受到破坏。

综合来看，四种风险都还没有达到危机状态，未来中国可能会出现一些结构性金融风险，但不会出现全面性金融危机。

金融体系开放才是真的开放

《搜狐财经》&《经济》杂志：您曾讲过，构建全球金融中心对中国而言是比加入世界贸易组织（WTO）意义更大的事，如何理解中国构建全球金融中心的意义？我国的优势是什么？

吴晓求：中国金融体系现代化的核心是市场化和国际化，中国金融市场特别是资本市场，在未来应该成为全球性的金融中心，且是以人民币计价资产为特征的交易中心，这个意义要比 2001 年加入 WTO 更大。加入 WTO 标志着中国经济全面融入国际经济体系，参与国际分工与竞争，中国的经济市场也得到了极大拓展，竞争力不断提高。

然而，WTO 层面上的开放并不是最终意义上的开放，金融体系的开放才是全面的、深层次的开放。推动人民币国际化是中国金融开放的前提，但是迄今为止，这个目标还没有完成，人民币没有完成完全可自由交易改革。虽然我们也在通过 QFII（合格的境外机构投资者）、RQFII（人民币合格境外机构投资者）、深港通、沪港通等途径，尝试与国际金融市场进行有限度的联系，但是"堤坝"还是存在，我们只不过是在堤坝下建了几个渠道，流量很小。

中国是世界第二大经济体，中国金融市场应该成为新的国际金融中心，人民币也应该成为国际货币体系中的重要一员。人民币一旦实现完全自由交易，成为重要的结算性和储备性货币，中国金融市场的开放就是题中之义，资本市场上的股票、债券等也将成为全球投资者的重要配置资产。国际金融中心的建设，将极大推进中国社会法治化的进程，也会大幅度提高市场的契约精神和履约能力，让社会更加透明。当然在这个过程中，我们也会遇到前所未有的障碍，这个障碍比加入WTO还要大，应该做好充分准备。

金融改革与普惠性金融

——《经济参考报》记者的访谈

【作者题记】

这是作者 2019 年 6 月 28 日参加由新华社经济参考报社、平安普惠等举办的"2019 普惠金融高峰论坛"期间，接受《经济参考报》记者浦奕安的访谈。由浦奕安作文字整理。

推动金融供给侧结构性改革

记者：您怎样理解普惠金融？

吴晓求：普惠金融是中国金融改革的一个重要方向。普惠金融的核心实际上就是让各类型企业和群体在中国金融体系的架构下，都能够获得与其需求相匹配的金融服务。

记者：为了实现普惠金融的目标，非常重要的一点是推动金融供给侧结构性改革。对此，您怎么看？

吴晓求：只有相应的金融业态，才能够服务于不同业态的企业。传统金融机构特别是大型商业银行，有责任关心、关注中小微企业的金融需求，也应该通过改革去为更多人提供财富管理，包括支付的便捷服务、合规的互联网金融服务等，这些都是传统金融机构在新业态下所须达到的要求。

就融资来说，大的金融机构通过一些必要的政策安排和引导，也可以为中小微企业服务。但因其服务半径比较大，以及这些中小微企业的财务数据、资信评级等基础材料不完备，在改善普惠金融服务方面，的确会遇到一些困难，因为无论是大的商业银行还是小的金融机构，都是商业型的机构，首先是不能亏损，且必须要控制风险。

因此，普惠金融更重要的是要推动金融的供给侧结构性改革，要推广金融科技，使得新的金融业态能够更好地甄别小微企业的风险，从而为它们提供相应的贷款。

提高金融科技水平

记者：从金融业的实践看，科技赋能金融是有效的，通过科学技术能够开发出传统金融机构没有照顾到的长尾市场。但科技对传统金融机构的赋能也是有限的，科技赋能不能解决一切问题。从这个角度分析，普惠金融离不开金融科技的扶持，如何从普惠金融与金融科技融合的层面去理解？

吴晓求：提高金融科技水平是很重要的。

金融服务有三个最基础的工作：第一是资源配置，也就是俗称的融资；第二是支付清算；第三是财富管理。

普惠金融有为全社会提供便捷、安全、低成本的支付服务的责任与义务。在第三方支付出现之前，支付清算主要通过商业银行来完成，包括通过信用卡、支票、汇票等形式的票据来完成支付。这些传统方式相对来说是比较慢的，普惠性金融的金融体系应该创造快捷的、安全的、低成本的支付方式。随着金融科技的发展，一些成熟的第三方支付平台为老百姓日常消费和支出提供了极大便利。

财富管理的便捷和灵活，也是普惠金融的重要内容。比如对每个月购买500元、1 000元理财产品的人，金融体系需要提供一种与其需求相匹配的财富管理，这就需要金融创新。

总之，普惠性金融的实现，第一要靠改革，第二要靠高科技，第三要靠关键的转型。

解决信息对称性问题

记者： 此次普惠金融高峰论坛的主办方中国建设银行提出了"三大战略"：普惠金融、住房租赁、金融科技。中国建设银行行长刘桂平表示，普惠金融其本质是通过数字化技术和市场化运营，提高金融体系的协同性和包容性，从而去实现金融服务于普罗社会大众。您刚刚也提到了一些案例，包括 BAT（百度、阿里巴巴、腾讯）在内的金融科技公司开发了一些普惠金融的产品，您觉得下一步大型商业银行与互联网公司的融合发展会呈现一个怎样的趋势？

吴晓求： 高科技或者说科技对金融的渗透趋势，呈现为金融科技。比如说互联网、大数据、云计算、区块链，这些都属于金融科技的底层技术，因为传统金融领域没有，我们必须把这些元素植入传统金融体系，这样整个运行平台和跑道就发生了变化，所以金融科技的核心是应用。

为什么要注入金融科技？主要是解决金融活动中长期以来解决不了的一个问题，即信息的对称性问题。必须解决信息透明和对称性，才可以进行有效的定价。从而，金融的效力、风险相应降低，效率就会提高。这是普惠金融与金融科技融合的根本所在。

中小微企业"融资贵"尚难解

记者： 自 2018 年末开始，国家出台了大量政策鼓励发展普惠金融，解决中小企业融资难、融资贵问题，您认为当前成效如何？是否达到预期？

吴晓求： 融资难的问题通过结构性的改革以及金融科技的植入会逐步缓解，但是融资贵的问题比较难解决。目前的方案就是金融的结构性改革，加上金融科技的渗透，可以拉长金融的服务链条。

金融供给侧改革的核心问题是现在金融供给的效率偏低，与需求错位，供给能力较弱。供给侧改革就是要满足人们日益多样化的金融需求，包括融资需求、支付需求、财富管理需求，也要满足投资者多元化的资产需求。所以，必须要推进融资供给的多样性，让企业融资者可以自由选择融资工具，达到一种财务的平衡，从而把握风险和成本平衡。同时，投资者也可以自由地组合资产，根据风险偏好来组合资产，资产有很好的流动性和透明度。实际上，供给侧改革就是要实现融资工具的多样化、资产的多元化、机制的市场化。

普惠金融当然不能赚大钱

记者：一些银行表示"做普惠金融不赚钱"，对此，您如何评价？未来能否得到改善？

吴晓求：普惠金融当然不能赚大钱。因为毕竟没有规模效应，做一笔5万元的贷款和一笔5 000万元的贷款，银行的人力成本差不多，但规模需求完全不同。从目前看，金融机构贷款给没有信息和大数据平台以外的小微企业，其风险还是有点大。相关机构必须加强风险管控，加强风险识别，加强对贷款企业的信用甄别。

中国智慧与经验是对人类文明的重要贡献

——与亚欧基金总干事卡斯顿·沃奈克先生的对话（摘要）

【作者题记】

这是作者 4 月 27 日在"重阳论坛"上与亚欧基金总干事卡斯顿·沃奈克先生就"中国发展与亚欧时代"的话题进行了一次长时间对话，由中国人民大学重阳金融研究院院长王文研究员主持。关于此次对话的完整内容收录在《吴晓求：对话国外知名专家》一书中。

谢谢沃奈克先生给我们带来的内容非常丰富、视角非常多元的一个演讲，给了我很多的启发。他讲的都是国际重大问题。

中国崛起给国际格局带来新变化

首先他讲了亚欧的关系，包括亚欧高峰论坛的历史渊源，也谈到了中国的"一带一路"倡议和亚欧的关系。特别谈到了全球几十年来重要的变化，这样的变化透视着未来世界将会发生新的历史性的变化。他谈到如何接纳包括中国游客在内的新的文化问题，其中还特别谈到如何理解"一带一路"倡议，"一带一路"倡议的可持续性。他还谈到了一个特别敏感的话题，就是欧洲人如何看待"16+1"合作，当然也谈到了美国基于美国优先的考虑所采取的一些令人不解的措施，包括退出《巴黎气候协定》，退出《跨太平洋伙伴关系协定》（TPP），退出美国和苏联所签订的《中导条约》等。

现在世界正在发生重大的变化，当然有科技的因素。科技使这个世界变得非常快速，使这个地球变得非常小，相互的联系非常紧密，相互的依存度在不断加深。与此同时，第二次世界大战后一些新兴国家特别是中国的崛起，的确也推动了全球格局的变化。这个变化意味着过去业已形成的秩序需要进行一些调整，这也是很多人所不适应的。实际上这个世界随着时间的推移，格局都在不断地发生变化，谁也别想指望原来的格局能保存100年、200年甚至更长时间，那是不现实的。你看一看100多年前，19世纪中叶之前，英国在全球就具有巨大的影响力，到了19世纪末美国的崛起，才导致了整个全球的格局发生了重大变化，特别是两次世界大战加速了这种格局的变化。第二次世界大战之后，由于美国的主导，特别是确立了联合国以及IMF、世界银行以及之后的WTO这些全球性的组织和规则，实际上也带来了全球经济的繁荣，这维持了70年的历史。到了今天，亚洲的兴起的确改变了全球的版图。

20世纪七八十年代日本经济的发展，在一定意义上带来了亚洲的发展，改变了世界对亚洲的看法。但因为日本的经济模式和欧美是非常接近的，所以那个变化并不是特别剧烈，并没有带来今天这么大的一种价值冲突，以至于很多人都不适应。如今，中国经过40年的改革开放，经济规模达到了90万亿元人民币，大概是13.5万亿美元，而且每年仍然在以6%左右的速度增长。中国有深厚的历史渊源，有自己的文化传统、价值体系和制度安排，所以中国的崛起对全球的影响，远远比当年日本的崛起对全球的影响力要大得多。

中国智慧与经验是对人类文明的重要贡献

从一定意义上说，现在说亚洲的崛起，在很大程度上指的是中国。30年前，很大程度上指的是日本。我想这就是全球重要的变化。中国作为一个全球性的大国，理应为世界作出自己的贡献。中华文化是源远流长的，两千多年前我们有孔子、老子、孟子这些先哲，同时在欧洲特别是在古希腊时期，也诞生了亚里士多德等一大批同时代的哲学家。我想即使过了两千年，中华文化的特质也是继承下来了。中国对世界所做的贡献中，文化和智慧是非常重要的，我们不仅仅是贡献中国经济发展的模式和经验。中国人的智慧以及文化是有非常大的可取性的，它体现了人类文明的精华。我们提倡的是共享与和谐，本质意义上，中国人是非常厌恶战争的，不喜欢采取武力的手段掠夺他人的东西。我认为讲究和谐是中国文化非常重要的特征。在中国的哲学流派中有一个和合学，张立文教授是中国和合学的代表性人物，我们刚刚授予他荣誉一级教授。这个时代注入中国的元素，我个人认为对世界是非常有益的，因为中国不是一个弱肉强食的民族，值得很多人理解。

另外，中国从古至今是强调包容的，因为只有包容才会繁荣，包容是繁荣很重要的原因。包容是可以吸收世界上各个文明体系的积极的因素，中国人最善于学习，知道什么东西是好的，什么是不好的。中国经济这40年发展能取得如此的成就，和它的包容和学习有密切的关系。昨天我接待了亚投行的副行长兼首席投资官，是一个印度人，他问我一个问题，中国为什么这40年来能取得如此难以理解的成绩？40年前的中国是非常贫穷落后的，比印度还要贫穷和落后。我们只经过短短40年，让一个占世界人口1/5的国家，迈向中高收入的国家，也许我们会用三四年的时间进入到高收入国家。我同他讲，中国人有极强的学习能力，同时又极其勤奋。我们的领导邓小平同志在40年前党的十一届三中全会作出了重大的改革开放的决定，解放思想、实事求是，把中华民族从一个精神枷锁中解放出来，所以爆发出无与伦比的创造力。

除了文化，我们的科技，我们的经济对世界的贡献也越来越大。中国经济对全球的贡献力已经在全球排名第一位了。中国经济发展的模式和道路，对那些还处在落后状态的国家，我认为是有借鉴意义的，实际上很多相对落后的国家学习中国就能找到发展经济的路子。首先，这个国家要安定、要和平，这个国家如果是战乱的，一切都无从谈起。其次，中国走市场化的道路，走竞争的道路，我们过去实行的苏联的模式完全不适合于中国，所以我们走社会主义市场经济的道路。

中国搞完全自由市场经济是没有出路的

沃奈克先生说很多欧洲国家不太认同中国市场经济地位，我觉得这要放在一个特定的条件下看，可能中国的市场经济政府的作用比一些传统的市场经济国家是要大的。原因是中国这么大的国家，如果政府不进行必要的引导，如果放任自流一定会带来灾难和混乱的。我们的国家发展市场经济没有经验。1978 年前中国实行的是计划经济。一方面我们当然要学欧洲、美国和日本这样的发达国家，另一方面我们也不全部照搬。中国人有一个特点，把世界上好的东西跟我们的国情结合在一起进行加工改造，就成了适合中国的东西。

我经常会跟外国朋友讲，中国这样一个国家搞完全自由市场经济是没有出路的，会带来灾难的。所以说这 40 年改革开放的成就和我们正确地处理好政府和市场的关系有密切的关系。我本人也不希望政府这个有形的手伸得太长，市场经济有它的基本规则，比如说竞争中心的原则，但在一些重大和需要协调问题出现的时候，政府是需要规划和协调的。

实际上，虽然市场经济在不同的国家基本的精神是一样的，在市场经济面前没有歧视，任何市场经济的主体不应该受到歧视，在中国无论是民营经济，还是国有经济，还是外资经济，都是不能受到歧视的，应该是同质的；但它们之间又有一些差异。我想这个世界上大国之间很难说有一个完全一样的模式，只要体现出特质就是公平竞争，我认为这就是市场经济。实际上在一个特定的时期，我们对外资是采取超国民待遇的，到了今天我们仍然给予它特别优惠的待遇。

中国在知识产权保护方面有巨大进展

当然我们在很多方面需要改进，比如说如何进一步保护知识产权，中国在知识产权的保护方面，自从我们加入WTO之后，我认为取得了特别大的进展。说实话，在2001年之前我也认为我们对知识产权缺乏保护，严重侵害了知识产权，知识产权的侵害会严重地影响社会的进步，对发明者来说是一种伤害。所以中国政府在2001年加入WTO的时候，开始逐渐地改善保护知识产权的环境和法律。

过去的18年，我个人认为中国在知识产权保护方面获得了巨大进展。虽然可能在某些极个别的领域里，还有这样那样的侵权，但总体上看，我认为中国政府对知识产权的保护非常厉害，包括我们学校，如果要侵占知识产权，谁要有抄袭、剽窃、窃取，他在人民大学是当不了教授的，这一辈子就完了。我们知识产权有对专利技术的保护，也有对知识包括文献的保护，实际上现在在中国知识界这种抄袭、剽窃、窃取的现象大幅度下降了。要看到中国的进步。中国在知识产权方面还要有新的更严厉的法律保护。

"16+1"：没有丝毫要分裂欧洲的意思

刚才沃奈克先生谈到了一个特别有意思的话题就是"16+1"，就是中国和中东欧国家的对话。去年我和王文一起去希腊和意大利访问，在希腊、在意大利也有一些著名的学者专门问到我这个问题，如何看待"16+1"，是不是中国拿了一把尖刀想把欧洲分成两半。我说第一，中国还真没这种想法，也不会有这种想法，中国人本质是喜欢一个和谐的、稳定的欧洲，中国特别希望有一个稳定的欧元区，我们采取了很多的措施维护欧元的稳定。中国对欧洲是怀有特别好的情感。为什么会有"16+1"？我代表民间学者想说的是，中东欧的国家的经济体量非常小，一个南斯拉夫就变成了六七个国家，如果每一个都来谈是挺多的，所以经常把它们都邀请在一起一块儿谈，因为它们又靠得很近，有共同的诉求。16个国家面临的特别大的问题是基础设施很差，中国需要帮助他们改善基础设施。西欧是发达国家，为什么和德国和法国是一对一呢，从一定意义上我们还需要得到德国和法国的帮助，需要更多地向他们学习，从16国来说更多的是要帮助他们改善基础设施，货物的运转效率会大幅度提升，应该说这是造福于欧洲。我还是想说中国人没有那么大的野心，中国人把自己的事做好就很了不起了，14 亿人口刚刚完成了小康，按照我们习近平总书记的说法，要到 2035 年把中国建设成现代化的国家，到 2050 年建成现代化的强国，这是我们最重要的工作，把自己的事情做好，中国人把自己的事情做好就是对全球和人类最大的贡献。

西方对中国猜忌，是因为不认同我们的政治构架

一个大国的崛起，在一定的时候会带来其他国家的猜忌，也会有一点点不安，不安的时候是因为不了解这个国家，不了解是非常重要的因素。当然也有正在崛起中的国家或者是已经崛起的国家向别人说明的太少，我们要表达自己的善意。

好像日本当年处于全球第二位的时候，没有这么大的不安，为什么中国现在会引起这么大的不安呢？有时候我在想，有一句话始终都不提，可能西方觉得中国的政治体制引起了他们的不安。实际上，中国人探索和发展国家道路的时候，实行了这样一套政治架构，我认为是符合中国国情的。很多西方朋友对中国的担忧，与其说是对经济规模的担忧或是对市场经济地位的不认同的担忧，不如说他们认为中国这么强大是基于与他们不同的政治架构。为什么美国那么强大反而没有多少人担忧，是因为他们的架构和价值的诉求是一样的，甚至包括宗教都是一样的。

这些年来，我们不断地改革一些观念，到目前为止，我认为中国道路是比较成功的。如果中国没有这套政治架构，中国是会混乱的。我们在民国时期，军阀混战和割据就是典型，这样的中国是不可能发展的。我想说不要担忧，因为这个政治架构符合中国的情况，中国共产党最重要的目标是推动中国的发展，这是它的核心使命。很多外国朋友理解不了这个东西，他把我们的政治架构和苏联时代的政治架构相提并论，给人们造成了很大的恐惧。可以看出全世界最安全的国家应该是中国，一个社会的安宁和安全就是这个社会的标志，所以我经常说，你们到中国来看看，你们晚上去走一走，没有人会对你造成人身威胁。

中国还应继续向发达国家学习

刚才我的确对中国的成就讲得比较多，但是我们一定要认识到我们和发达国家还是有巨大的差距，且不说经济上我们人均 GDP 只有 1 万美元，德国应该是人均 GDP 在 5 万美元以上，我认为我们在几个方面是需要向发达国家学习或者说是要进步的。

第一，我们一定要提高人民的素养。有时候我们发展得太快了，有些人的钱来得太快了，也来得太多了，有非常浓重的"暴发户"的味道。我们物质上丰富了，内心修炼是不够的。我们的游客到世界各地带来那么坏的影响，所以我想文明素养要大幅度提升，一定不要以为有了钱就有了一切，钱是次要的，精神内涵是主要的。一个国家不是因为多么有钱，而是因为有道德的力量和精神的力量，这是最重要的。有钱却没有道德的力量和精神的修炼，人家会唾弃他的。

第二，我认为要大幅度地提升社会的法治水平。中国要迈向现代化，法治是非常重要的。什么意思呢？就是要让外国人也好，本国人也好，有一个稳定的预期。一个完善的法治是社会稳定的重器。中国的法治取得特别大的进展，还要大幅度地提升法治水平，法治水平的核心是社会的透明度，一个现代社会透明度变得特别重要。

第三，我们还要谦虚地向其他有先进文化、有很好经验的国家学习。除了中国模式以外还有他国的模式，把他国的模式拿进来，就能让中国模式更加丰富。中国模式、中国道路、中国经验一定是在发展中，在不断总结的同时还要更多地吸收其他国家和民族好的做法，比如说我们要学德国人的严谨。我们很多工业走了 99 步，最后一步走不下去了。北京有一句话就是"差不多""大概其"就行了。但我们一定要把"最后一公里"走得一样精致，德国的"最后一公里"走得非常精致。当然我们也要学习法国的浪漫、意大利的时尚等，更重要的是要学习他们的文化和科学技术。我想，我们虽然取得了骄人的成就，但不能自满，真的还要继续向他人学习。

中国资本市场正在寻找正确的发展方向

——《新京报》记者的访谈

【作者题记】

　　这是作者在 2019 年博鳌亚洲论坛期间接受《新京报》记者的独家访谈，发表于《新京报》2019 年 3 月 29 日 B04 版，由《新京报》记者侯润芳、王全浩，实习生曹雯整理。

　　3 月 22 日，上交所披露 9 家科创板受理企业。3 月 27 日，上交所共受理 8 家企业科创板上市申请。3 月 28 日，上交所又披露了 2 家科创板受理企业。如何看待科创板受理亏损企业上市申请，科创板还有哪些短板要补？如何看待中国的资本市场？在博鳌亚洲论坛 2019 年年会期间，《新京报》记者就这些问题采访了中国人民大学副校长吴晓求。

　　在吴晓求看来，科创板更关注企业的成长价值，而不是企业现阶段盈利与否。他同时指出，中国的资本市场必须加快发展机构投资者，帮助投资者识别企业的成长价值。而对于注册制和科创板的思考，标志着中国资本市场已经开始找到了正确的方向。

谈科创板与注册制：没有公信力，机构投资者发展不起来

《新京报》：第一批受理的 9 家科创板企业中，有 1 家亏损，您怎么看？

吴晓求：在过去，按照核准制基础上的上市标准和规则，企业必须盈利、税后利润必须达到多少等，有这样的门槛。而注册制基础上的科创板，企业盈利与否并不是最重要的。可以说，科创板对我们来说，是观念上的一个重大的变革。现在有些高新科技企业在成长前期的确是亏损的，比如京东在很长一段时间是亏损的，但这并不影响其定价和市值，因为这家企业的预期非常好。科创板的上市标准和规则更关注的是企业信息披露的透明度。对于科创板企业来说，最重要的是必须要如实披露信息，告诉大家企业真的是亏损的，从而让投资者去判断这家还处在亏损状态的企业在未来有没有成长性。当然，企业所处的行业也会被关注。比如，科创板不会允许一个亏损的煤炭企业上市，但如果亏损企业属于人工智能、新材料、新能源等领域，企业规模相对大、市场占有率较高、有自己独特的技术能力，这样的企业就可以成为科创板的上市公司。

《新京报》：对于投资者来说，如何识别企业是否有成长价值？

吴晓求：判断企业的市场影响力和技术的领先程度，需要中介机构去做好足够专业化的准备，去披露它，让投资者去了解它。一般来讲，采用注册制国家的投资者主体是机构投资者，有专业的研究人员，能够很好地识别企业的成长性和风险；而对于以散户为主的市场，让投资二三十万元的人去识别企业的前途、技术能力，就变得非常困难。从这个意义上说，中国的资本市场必须加快发展机构投资者。当然，投资不投资是每个人的权利，可以选择让机构带着投资，也可以自己进行投资。因此，注册制基础上的科创板要有相对比较严格的要求，包括刚才提到的投资者结构、法律关系、对信息的解读能力以及观念的变化，这些都是重大的考验。要高度重视注册制和科创板推行过程中可能遇到的困难。

《新京报》：您刚提到要加快发展机构投资者，如何做？

吴晓求：现在看，为什么中国机构投资发展不起来？因为一些机构公信力差，没有人相信你，这就要命了。之所以我们一些机构的名誉信用比较差，这是因为频频出现老鼠仓，没有人愿意相信出现老鼠仓的机构投资者。这些经理不可靠，诚信、道德约束差，水平也不怎么高，投资者凭什么把钱给这些人？这样就有一个悖论了，一方面投资者结构要调整，但现在的一些机构经理存在问题：诚信水平不高、道德水平不高、法制水平极低、专业能力也并不是很强，但总得想办法提高这些人的道德素养，道德约束，提高其专业能力，在彻底地消灭内幕交易、老鼠仓后，他们就开始有公信力了。没有公信力，机构投资者是不会发展起来的。投资者的结构也要调整，这是一个市场化的过程。

《新京报》：试点注册制是科创板的一个亮点，但如何才能严格落实？A股其实早就有退市制度了，但真正退市的企业很少。

吴晓求：实际上，注册制有很多配套制度，它不仅仅有发行审核主体的这一变化，也包括了退市制度、退市效率的匹配、法律的匹配等。一个快速的退市制度要有相应的法律准备，法律匹配很重要的一点是，要明确违法要承担巨大的责任。也要形成对投资者利益的特殊保护的整套机制，而集团诉讼制度的建立就是这种特殊保护机制。投资者结构的调整、监管重点的变化，也都是要做的。其中，监管要从原来前台监管慢慢变成后台监管，从门口把关后移到监管过程、监管结构。

谈资本市场：中国资本市场已经开始找到了正确方向

《新京报》：一直以来，中国的资本市场被大家诟病，中国资本市场到底出了什么问题？

吴晓求：我也不知道为什么中国的资本市场会这样。因为从理论上说，中国的资本市场不会是这样的，因为是这样的话，这个市场就没有存在的价值了。理论上讲，投资中国资本市场的财富成长应该相对比较好，应该高于债券的收益率。但中国的资本市场起伏太大了，如何在制度上让中国的资本市场获得成长，的确是我们面临的一个很大的难题。

《新京报》：目前看，中国资本市场迫切需要解决什么问题？

吴晓求：第一迫切需要解决的就是，要深刻理解资本市场在制度上是干什么的，把这个理解透了以后再去选择让什么样的企业上市。第二，市场功能。第三，要调整投资结构。第四，市场的风险试点机制。第五，如何从监管层面确保市场的透明度，从而确保市场的公平性和服务的公正性。第六，要建立与市场成长风险相匹配的一整套的规则和制度。实际上，我们现行的做法和上述这些方面的目标存在很大的差距。不过，理论认识清楚了，离找到正确的方法就不远了。我个人认为，我们现在开始已经找到了资本市场正确发展的方向和路径了。当然，过去我们也在摸索，我不敢说是在黑暗里摸索，至少是在大森林里面摸索，在摸索我们怎么走出去，只是找不到一个出去的正确方向，我认为现在已经开始找到了。其最重要的一个标志是，我们的确在思考注册制和科创板，而这种思考和资本市场原来的含义、本来的特点已经开始接近了。

《新京报》：您刚刚提到注册制和科创板是中国资本市场改革迈出的很重要的一步，下一步资本市场改革的方向可能是怎么样的？

吴晓求：下一步要看在科创板的试点过程中，能够发现什么问题，进而去摸索如何去修补这些问题。如果修补得成功，在存量市场上试点新的机制和制度，之后慢慢看能否推开。基于新的制度安排，修改过去的存量规则也变得非常重要。中国资本市场面临着极大的制度调整，必须适时推进一系列制度的改革，这种推进不能着急，也不能遥遥无期。而这种制度的改革不是看口号，而是市场化的改革，是和资本市场本来功能和含义相匹配的制度建设。

谈企业：所有制差异及终身问责制使中国金融系统出现了很多扭曲

《新京报》：激发企业活力，金融改革是否要提速？

吴晓求：对。金融改革最重要的方向是要进行市场化的改革，不要搞垄断过去因为所有制因素和金融机构的终身问责制，很多人不敢给民企贷款，因为万一民企贷款收不回来，放贷人就要被终身问责。另外，所有制参与其中带来的另一个潜在影响是，如果给国企的贷款也出现了问题，责任好像就小了一点。我们需要加强这方面的责任机制，要构建具有约束功能的制度。但当约束严重抑制了创造性活力时，约束可能就过度了。一方面，我们要守住底线，另一方面，这种约束惩罚机制又不能让人畏惧不前，从而抑制了创造力和活力。

《新京报》：2019 年拟减税降费 2 万亿元，如何真正实现实质性的减税？

吴晓求：这一举措是对企业家的尊重和保护。制造业增值税税率从 16% 降到 13%，按照要求去落实，还是能够收到特别好的减税效果。但就怕地方政府通过其他的方式加大企业的税收负担。比如，企业的增值税税率是下降了，但提高了企业的其他成本。地方政府要真正理解减税降费的价值——企业是财富的创造者，企业家的贡献非常重要，我们要创造条件尊重企业家。一个国家要让办企业变得特别容易，而不是太难。从政策制度、社会环境上，要高度尊重企业家，要为企业发展设计和创造出宽松的环境。其中，降低企业税收和费用负担、降低企业贷款利息成本都非常重要。总而言之，地方政府要尊重企业和企业家，要创造出一种激励机制，让企业不要感到无助和有压力。

此外，有两点改革很重要，第一，政府要真正成为企业的服务者。但现在到地方政府去看，口号可能喊得很响，但实际行动并非如此。第二，正确处理好如何对待民营经济。要尊重市场规律，不要把民营经济和国有经济对立起来。现在有些人在潜意识里面把两者对立起来，认为民营经济发展了，国有经济就会受到侵害，实际上两者之间要展开公平竞争，不要保护任何一方。因此，市场的竞争中性就变得非常重要了。

《新京报》：降税的空间还有吗？

吴晓求：很多企业家跟我抱怨，企业所得税和增值税重复了。很多部门、学者有不同的解释，但企业觉得难以承受。另外，关于中国企业税负高低的问题，也有不同的说法。有人认为中国是全球税负成本最高的国家之一，也有人认为中国税负在世界上只是处于平均水平。对于这一问题，如何看待税负的高低当然很重要，但也要意识到，税负的高低要与社会发展相匹配。比如说，如果税负较高，公共服务水平高，也不是不可以。但在中国，我不主张有过高的公共服务水平，也不希望税负过高，因为这种制度会扼杀了中国经济的创造力。我宁愿选择一个在现阶段让企业更有积极性、主动性的机制——税负和费用成本相对较低，同时不去搞超出国力的高福利。中国还未进入高福利国家，不需要过高的、超出能力的社会福利。对于中国来说，发展仍然是最重要的，要让企业轻装上阵。

2019，回归金融的常识与逻辑

——《金融时报》记者的访谈

【作者题记】

这是作者 2019 年 2 月 11 日接受《金融时报》记者姜欣欣的访谈。

过去一年里，在中国改革开放 40 年经验的回顾与总结中，我们清楚地看到中国金融取得了巨大的发展。那么，在未来新的阶段，中国应当如何选择自己的现代金融体系之路？2019 年，中国金融业又将如何找准定位再创辉煌？日前，中国人民大学副校长、金融与证券研究所所长吴晓求就此接受《金融时报》"理论周刊"栏目专访，他认为：中国金融 40 年改革和发展的成就，已经为中国未来的大国金融构筑了坚实基础。当前，只有回归金融的常识与逻辑，对金融风险、金融监管、金融创新以及资本市场的功能等基本问题想通看透，才能更好地完成下一阶段的中国现代金融体系建设。

未来的大国金融已经有了坚实的基础

《金融时报》记者：改革开放 40 余年，中国经济取得了举世瞩目的发展。您认为在这一过程中，金融发挥了何种作用？

吴晓求：经济和金融始终是分不开的。1978 年人均 GDP 为 100 多美元，到 2018 年则接近 1 万美元，这其中金融起了特别重要的推动作用。而且这

40 年中，金融增长速度远远比经济增长速度快。经济的货币化率，也就是 M_2 与 GDP 之比由 1978 年的 0.318 到现在的 2.1。有些人通过这个指标来说明金融资产有巨大的泡沫，因而要防范金融风险。还有另一种认识，认为这是中国经济金融深化程度提高的表现，金融对经济的渗透率在加强。我认为，在目前的环境下，金融资产存在一定泡沫，但另外，应该说金融对中国经济的影响力大幅度提升了，中国经济的金融化程度大幅度提高了，我们要更多地把它看作一个深化的指标。在货币或金融资产快速增长的过程中，为什么中国没有出现恶性通货膨胀？为什么中国没有出现真正意义上的金融危机？这是需要研究的。有人说，中国货币出现了严重的超发，我对此始终是不同意的。

实际上，在中国 40 年的经济发展中，中国创造并维持了实体经济与金融之间非常巧妙的杠杆关系，央行非常好地运用了金融杠杆、集中了金融资源来推动中国经济的增长。从这个角度上说，中国经济金融关系有独特的中国经验。过去 40 年，在没有发生恶性通胀以及未出现严重金融危机的情况下，中国经济和金融总体上看是健康的，中国经济的竞争力得到了全面提升，中国金融的竞争力和健康程度大大超过过去任何时期，且不说与 1978 年和 1980 年比，即便与以往任何时期比，都处在不断提升竞争力的状态。中国的央行是优秀的央行，我始终对人民银行给予高度评价。它非常了解中国经济的实体状况，非常好地利用了金融杠杆推动着中国经济的增长。经济处在不同周期阶段，需要运用逆周期原则来调节中国经济所遇到的问题。人民银行很好地进行了一系列金融创新，没有恪守原来传统三大货币调节工具，在创新流动性工具的同时，灵活地调节市场流动性。中国经济发展模式、中国外汇结售汇模式、中国货币发行模式的特点，特别是它们之间的关系，这里面有大量的研究空间和内容，我们的学术研究需要深入，不能望文生义。

改革开放以来，一方面基于收入增长和社会需求变化的市场脱媒力量，另一方面借助技术的力量，中国金融取得了巨大的进步。从金融结构、市场化程度、国际化比例看，中国金融开始具备大国金融的特征，已经具备构建现代金融体系的基础。这就是今天的现实，也是未来的起点。

金融的本质就是风险

《金融时报》记者：我们在取得一定成就的时候，往往不自觉地会有一种行为惯性，觉得人定胜天，主观意志可以凌驾于客观之上。在经济金融的运行过程中，是否也会有这种情况出现？

吴晓求：我们经常会看到，经济稍微好一些，有些人就蠢蠢欲动，忘记了市场给我们带来的福利；在经济不好的时候，又开始想起市场，希望市场能帮他们渡过难关。实际上，这种对市场规律的不尊重，就是对"市场是什么"在常识上存在误区。

对于市场如此，对于金融也有这个问题。我们在实践中不断背离金融的常识，破坏金融正常的规律，所以，理解"金融是什么"这个常识就变得特别重要。只要你尊重常识，社会就一定会前行，也就是说社会进步力量来自尊重常识。

有人说金融的本质是融通资金，这个回答不能说是错的。融通资金可以说把传统金融的基本要点讲到了，但在现代金融框架下去理解，风险的跨期配置可能也非常重要。在我看来，金融的本质就是风险，任何一项金融活动都有内生的风险。这实际上在告诉人们金融风险可以配置，但不能消灭。深刻理解这个常识，就可以制定出符合现代金融规律的政策和法律规范。

金融规律的政策和法律规范

《金融时报》记者：那么，您是如何看待金融风险和金融危机的？

吴晓求：有人谈到金融风险很害怕，谈到金融危机更害怕。金融与生俱来就有风险，从风险到危机有一个复杂而漫长的衍生过程。有时候可能是风险的种子，但不见得一定是风险。如何看待金融风险变得非常重要。从风险到危机至少要经过这么几个阶段：个体风险—局部风险—系统性风险—全面金融危机。金融危机的爆发会经历这个复杂的过程，理论研究必须要找到这种风险衍生过程的节点，在哪些节点中会扩大它的风险乘数。

研究历史样本、危机案例是很有意义的。如果把这些样本研究透了，中国未来一旦遇上这种情况，就有可参考的案例。日本这个国家需要研究，有一段时间，我们盲目崇拜日本的银企模式，其实日本的银企模式不适合于中国。虽然房地产有巨大泡沫，但金融是安全的，股市出现如此巨大的危机，我们的金融体系是安全的，这得益于我们的分业监管、分业发展模式。我们必须要研究美国金融体系及其结构，真正的大国金融结构只有美国和中国。美国金融体系有很好的弹性，风险过后有很强的再生能力。2008年国际金融危机对美国而言，只有短暂的两三年影响，今天，美国的金融体系又是全世界最有竞争力的。10年前发生了一次重大金融危机，10年后的今天竟然还有如此强大竞争力，我们必须研究其中的奥妙。

研究这些案例之后会得出一系列结论，会清楚哪些环节是需要控制的。金融危机从日本和美国来看，房地产泡沫一定是个导火索。房地产泡沫如果在金融体系不断地得到放大，资产收益率低于债务成本时，危机就会很快到来。从金融风险到金融危机是个漫长过程，潜在风险变成现实风险实际上也有个过程。很多风险在金融体系中会自然免疫掉，不要害怕它。我们需要深入了解从风险到危机的每个节点。我希望中国未来的金融体系一定要有结构弹性，一定要走市场化模式、开放的道路。封闭的金融体系一定是脆弱的，如果市场化程度不高，一切融资、金融活动都要通过传统商业银行来完成，中国的现代金融体系是不可能建设起来的。

金融监管是什么

《金融时报》记者：有了对金融本质的认识，金融监管的方向是否就不易发生迷失？

吴晓求：可以这样理解。金融监管主要是制定一系列规范人们行为的准则，约束并收敛风险。你若遵从这些行为规范和准则，风险就可能不会爆发，即使爆发，也会处在收敛状态，金融危机发生的概率会大幅度降低。金融监管能消灭风险吗？显然不可能。有人以为，加强金融监管就可以消灭风险，这是幼稚而外行。风险是永远不会被消灭的，金融存在一天，风险就存在一天，无论是市场化金融还是中介金融都是这样。金融与风险共存。这里涉及金融监管的核心理念。制定金融行为规范和准则的目的是衰减金融风险，而不是消灭风险。金融监管通过相应的制度设计和技术指标，促使风险衰减或收敛，进而降低出现金融危机的概率。

为什么新金融业态、互联网金融有时会出现一些问题，是因为我们没有制定一个与互联网金融相匹配的金融监管准则，形成相应的风险衰减机制。为什么中国商业银行总体状态比较好？是因为我们总结了多年的经验教训，特别在《巴塞尔协议Ⅲ》基础上，按照中国的实际情况，制定了中国版的《巴塞尔协议Ⅲ》，我们严格按照这个规则来监管商业银行。中国金融虽然出了一些问题，但中国商业银行总体上看是健康的。

定位清晰的规则很重要。资本市场总有些动荡，就是因为规则的精髓没有把握好。互联网金融是第三金融业态，资本市场是第二金融业态，这两种业态在准则制定和风险理解上有一定误差。实际上，资本市场最重要的是透明度，必须把透明度监管放在特别重要的位置，透明度监管是资本市场监管的基石。股票定价、股价水平与证监会没有关系，证监会监管的重点在于上市公司的信息是否按照规则披露。证券监管不能因为市场周期的变化而变化，证券监管永远只有一个标准就是透明度。市场变化有其自身的规律，要尊重它。如果市场变动真的到了影响整个金融体系安全的时候，央行会出手的。央行是维护金融体系稳定和安全的最后机制。市场监管部门只监管市场透明度。

我们要深刻理解金融监管的核心使命，不要出现因市场变化而表现出强弱不同的监管。从这个意义上说，监管没有周期变化。我不太喜欢强监管、严监管之类的提法，喜欢的是依法监管、规范监管。

为什么要进行金融创新

《金融时报》记者：金融监管的核心使命明确了，金融创新的思路是否就可以放开一些？

吴晓求：这也是需要研究的问题，涉及金融创新与金融监管的关系。金融创新对中国来说，是中国金融进步的重要力量，中国金融还处于相对落后的状况，创新是中国金融不断进步的根本动力。判断金融创新是否恰当是有标准的：金融创新一定是来自实体经济的需求。实体经济不仅仅指产业，也来自老百姓的需求，老百姓呼唤新的金融服务，我们就要创造出这种金融服务，不能漠视实体经济和老百姓对金融创新的呼唤。他有这个需求，你就要提供相应的供给。有人就想，能不能有个金融机构能满足他综合式的金融需求，不想找那么多机构，就想有一家金融机构提供这种综合式金融服务。找一家金融机构，既可以提供保险类金融服务，又能做资产配置，还能保证必要的流动性，但中国没有一家金融机构能提供这样的金融服务，因为我们的金融制度还不允许。是否满足客户和实体经济的需求是判断金融创新的唯一标志。能最大限度地满足客户的需求，而且这个服务是低成本、高效、便捷的，这样的金融创新应该得到支持。

金融的创新包括制度创新和技术创新两个层面。制度创新又包括工具、结构、服务、体制等一系列创新。现在的问题是，一切规则的制定都是以金融机构自身的利益为先。比如，本来我有一笔 20 年期限贷款，有一天我想一次性把贷款提前还掉，据说实际操作中要付出比较高的成本。这种金融服务就存在问题，金融创新本质上是要挑战这种垄断。社会、居民、企业是需要得到很好的、便捷的金融服务，不能保护设置各种关卡的金融服务。再比如，一些人有钱了，要进行资产配置，其中股票是很重要的组成部分。但我们的股票市场上都是工业时代的重化工企业的股票，缺乏成长性，为此我们就要认真理解资本市场的功能是什么，进而改革中国的股票发行体制。

资本市场的功能是什么

《金融时报》记者：资本市场的功能还需要再认识吗？

吴晓求：需要，这也是常识。有人说资本市场是融资的地方，这种理解有偏差，我们一开始的确把资本市场作为融资的场所，认为是传统金融融资的机构外延伸。正是因为这种理解，我们在很多规则上就会重视为融资者服务、为上市公司服务，投资者的利益放在次要位置。其实，资本市场最重要的功能是财富管理，它之所以存在，是因为传统金融体系、商业银行没有财富管理功能，资本市场有财富管理的功能。资本市场有财富管理功能意味着资本市场上的上市公司一定要有成长性。这就是资本市场的逻辑。资本市场上的基础资产是要有成长性的，上市公司是要有成长性的。这个成长性来自哪里？显然不是来自成熟企业。成熟企业是没有成长性的，定价已经达到历史的辉煌，接下来就可能是慢慢衰退了。

创造历史辉煌的企业有时候会成为资本市场的包袱；相反，处于青年时期甚至少年时期的企业是最好的企业，虽然今天它有些缺点，有不足，有亏损，但由于它处在青少年时期，希望是很大的。我们在选择上市公司时，制定上市标准时，对企业的未来考虑不多。我们的资本市场被简单地定位于融资的市场，把银行信贷原理嫁接到资本市场中来，这样的理念是不正确的。实际上，资本市场上市公司的灵魂是成长性，而不是成熟性，企业过度成熟意味着这个市场没有成长性。为什么中国经济增长速度在资本市场上没有体现出来，原因就在这里。来自实体经济的这些上市公司过去多注重历史业绩和现状，对未来的成长性关注不够，以至于腾讯、阿里巴巴、小米和一些独角兽企业都要到境外上市了，剩下了钢铁、煤炭、水泥等传统企业，这个市场怎么会有成长性呢？这些传统工业企业当然重要，中国现代化建设没有钢铁企业怎么行呢？房地产发展没有水泥企业怎么行呢？但是它没有成长性。当你把资本市场定位为财富管理的市场，你对上市的标准就会调整，就会基于企业未来的成长性，就不会重历史、重现状、重盈利，就会重未来的成长性。这就是资本市场的逻辑。

2018 年的访谈

金融监管的核心功能不是消灭风险而是衰减风险

——《中国新闻周刊》记者的访谈

【作者题记】

这是作者接受《中国新闻周刊》记者贺斌的访谈。访谈稿刊于《中国新闻周刊》2018年第11期。原标题为《加强金融监管不能遏止金融创新》。

不必过度担忧金融风险

《中国新闻周刊》： 在您看来，目前中国金融的风险源是什么？

吴晓求： 从国际经验和历史经验来看，判断一个国家是否会发生金融危机，主要看四种风险形态的恶劣程度：

一是货币危机，就是该国货币对全球主要货币出现大幅度的贬值，而且贬值速度非常快，时间非常短，这是金融危机的一个重要导火索。

二是银行流动性危机，主要表现是储户出现严重的挤兑，而银行不能及时兑付。

三是债务危机，以债务违约为特征和标志，重要表现就是发行的债券到期不能兑付，出现全面的违约。

四是股市危机，股市出现了短期的大幅波动和下跌，很多投资者出现巨大的损失。

一个国家因为发展模式不同，金融结构不同，经济开放度不同，四种金融风险形态的组合形式是不一样的，一般两两组合在一起，就可能出现金融危机。

在中国，同样可以从这四个形态来分析风险源。

首先，是否会发生货币危机。我认为人民币出现大幅度贬值的概率非常低，主要是中国经济的转型在按照预期目标进行。尽管从长期来看，人民币有贬值的压力，但这只是一个正常的市场波动，不会出现危机。当然，也不要掉以轻心，因为未来人民币国际化之后，人民币可以自由交易，让中外所有的投资者对人民币抱有信心，是我们政策的重点。

其次，银行流动性危机。从中国银行的主体来看，国有控股的商业银行一般都不会出现流动性危机。至于一些小的商业银行，因为加强了监管，特别是加强了银行之间同业活动，加上这些小的商业银行资本补充机制不是很健全，资本来源相对不充分，所以出现某些风险，甚至出现流动性危机，都是难免的事。但作为普遍的银行流动性危机，在中国，我认为至少5年到10年之内都不会出现。

再次，债务危机。中国的债务违约存在结构性的问题。中国的债券市场包括国债、金融债、地方政府债和企业债（公司债），其中国债没有任何问题，到期可以兑付。金融债包括少量进行批发式融资的债券，整体也不会有太大的风险。真正可能发生风险的，是地方政府债和部分的企业债，可能会有一些局部性的风险存在。

最后，股市危机。2015年股市危机之后，我们学会了很多东西。我们能够深刻理解监管者的职责是什么。以前，监管者参与市场，背离了监管的基本职责。要知道监管者主要监管市场透明度，监管信息披露，监管市场是否有操纵市场和内幕交易这些违法行为，监管者只负责监管，不参与市场的成长。至于市场指数涨多少，上市公司有多少家，本质上与监管者没关系。

同时，我们也学会了市场融资的逆周期原理。2015年，更多的是一种市场顺周期概念，所以杠杆推动了风险的爆发和危机的出现。现在我们在操作上的确是采取逆周期的操作。未来，股市或许会有波动，但至少在短期内不会出现像 2015 年那样的危机，概率非常小。

所以，从总体上看，我对中国金融是持谨慎乐观态度的，并不把它看成一片漆黑，有那么大的风险，那么大的问题，需要下重拳去治理。重拳是针对违规违法行为的，比如打着互联网金融旗号行诈骗之实，或者搞庞氏骗局的融资游戏，对于这些方面要严厉打击，但是对于金融创新，还是要容忍，要正确看待我们目前的金融现状。

中国需要包容的金融监管

《中国新闻周刊》：按照目前"一委一行两会"的金融监管架构，在您看来，相关监管主体职能将如何划分？

吴晓求：就中国的监管架构而言，"一行两会"直接面对市场，直接去规范市场、规范行为、防范风险，保持金融体系的相对稳定，防范出现系统性金融风险，这些都是他们的基本职责。

具体说来，由央行来行使宏观审慎监管，包括制定稳定性规则，维护金融体系的稳定。"两会"负责微观行为和微观风险的监管，银保监会侧重于金融机构风险监管，证监会侧重于市场行为和市场风险的监管。

国务院金融稳定发展委员会因为没有具体的工具，可能更多是协调"一行两会"之间的关系，特别是遇到突发事件和重大问题的时候，可以作出一个统一的决定，避免出现部门利益之争，各自站在各自的角度去思考问题。

《中国新闻周刊》：目前只是在监管机构上进行合并，下一步，金融监管改革还将有哪些重点？

吴晓求：监管机构的合并是容易的，划清楚各自的事情、监督管理的范围，以防范未来的金融风险，防止出现过大过多的监管真空。

真正难的是功能结构上的调整，从目前的监管范围来看，功能监管还有待于进一步整合。一方面，证监会和人民银行、银保监会之间功能的调整，目前，证监会监管的范围有些狭小，比如债券市场是否应属于证监会监管范围，需要对证券市场从法的层面和微观功能上进行调整。

另一方面，人民银行和过去的银监会在宏观审慎和规则制定方面需要开展更加有效的分工和合作。过去它们会因为监管职能划分不清晰或重叠交叉，监管有时不到位，也使市场主体和金融机构的运行成本增加。

在未来5年，金融法律的修改非常重要。因为中国的金融还在变革之中，要把其中的道理、趋势弄清楚，并不是那么容易的事。我们的金融监管立法大都是部门立法，虽然有时候会由全国人大专门的委员会来负责，但参与的主体还是部门，这样就会有一些缺陷，时效非常短。中国金融变革往前推一步，法律就相对滞后。中国金融立法，比其他的法更加技术化，更加难，需要一批专家去思考这些问题。

因此，立法者一定要洞察未来，了解未来的变化，依法推动社会的进步和经济的发展。洞察未来是前提，而不是简单地只为防止某个风险的出现。虽然规范某种行为规范也是立法的重要内容，但更重要的是推动经济、社会的进步。

《中国新闻周刊》：金融监管的方向和度如何把握？

吴晓求：我认为，对金融的监管，其核心不是消灭风险，而是要让风险的蔓延速度减缓，创造各种衰减机制，制定各种指标和规则，让单个的、微观的风险不那么容易变成系统性风险，也让系统性风险不那么容易变成金融危机。在此基础上，必须要推动金融的创新。

对中国来说，要推动金融的市场化改革和金融的国际化。如果我们的监管只是加强对金融风险的监管，阻碍了金融的市场化改革，阻碍了金融的创新，阻碍了金融的国际化，那么这个监管是有重大缺陷的。所以，我们还是要正确理解在金融监管中监管风险的本来含义，而不能将风险扩大化。

比如说科技金融在中国是一个新的金融业态，推动了中国金融的巨大进步，发生了革命性的变化。当然它也会带来一些新的风险，但这种新风险与它所带来的效率相比微不足道，而且它克服了传统金融风险，比如说第三方支付就极大地改进了中国金融的支付功能，使中国的金融支付发生革命性变化。

对于这种新的金融业态要加强研究，要研究其风险源在哪里，为构建一个和其相匹配的金融监管准则和体系奠定理论基础。

资本市场的发展需要观念的变革

——《中国金融家》记者的访谈

【作者题记】

这是作者 2018 年 6 月 29 日接受《中国金融家》记者孙榕的访谈。

2018 年是中国改革开放 40 周年，也是中国资本市场从创立到发展的第 28 个年头。28 年来，中国资本市场从无到有、从小到大，经历了"摸着石头过河""先探索试点，再规范发展"等阶段，逐步走出一条"符合市场规律且尊重国情"的道路，成长为世界第二大规模的资本市场。

"资本市场的发展对一个国家金融体系的变革具有基础性的作用。"作为资本市场改革开放的理论家、亲历者和见证人，著名金融学家、中国人民大学副校长、金融与证券研究所所长吴晓求深有感触地表示："没有改革开放，就没有中国资本市场。没有中国资本市场的发展，就很难有中国金融体系的市场化改革，很难有今天如此强大的金融体系竞争力。"

28 年来，资本市场有哪些重要的发展节点？中国资本市场对外开放的情况如何？本刊记者来到人民大学，独家对话吴晓求教授，请他讲述他所经历的金融市场与资本市场改革开放历程。在采访的过程中，我们真切感受到了吴晓求作为我国资本市场最具影响力的学者之一，对于中国资本市场理论研究的信仰与执著；感受到了他对中国深化改革、扩大开放、实现"中国梦"

的笃定和信心。同时，也看到了他对目前中国资本市场发展水平的深入分析和理性研判，看到了他对中国经济金融社会发展前景的美好期盼。

中国金融市场在改革春风中扬帆起航

在吴晓求看来，中国金融体制改革起始于1983年，其标志为中国人民银行专门行使央行职责，并把其他职责剥离开来，同时成立了专业银行，也就是后来的商业银行。

"虽然比中国经济体制改革晚了5年，但中国的金融体系和资本市场建设却取得了长足进步。"吴晓求告诉记者，"这期间经历了很多磨难和考验，但一直坚定不移推进的，便是改革和开放。"

吴晓求指出，走过35年的发展历程，中国金融市场主要呈现出三点非常重大的变化：首先，中国金融体系市场化程度有了根本性的提高，特别是资本市场的发展，证券化金融资产的规模在不断增大，其比例也在不断提高。他说："实际上，证券化金融资产是金融市场化的一个标志。融资和投资活动更加市场化，市场脱媒的力量在中国改革开放这些年来也在不断加大。"

在市场化的同时，中国金融科技化程度也越来越高。"到目前为止，世界上还没有哪一个国家像中国这样在金融科技方面产生如此重大的影响，特别是最近3~5年表现得非常明显，其中新支付业态的出现使中国金融的效率得到了大幅提高，中国金融的普惠性也明显得到改善。"吴晓求告诉记者，"中国金融的功能也在发生深刻的变革，从单一的融资服务过渡到提供融资服务和财富管理双重功能并重的时代。"金融已承担起居民和社会所要求的财富管理使命，这意味着资本市场的作用将更充分发挥。

资本市场改革开放的两大"里程碑"

回望改革开放40年的风雨征程，资本市场迈出坚实的步伐。作为改革开放进程的过来人，吴晓求认为，在资本市场发展的28年里，有两件大事具有里程碑式的意义。

"从真正意义上来说，中国资本市场发展起步于1990年深、沪两个交易所的成立，这是中国资本市场发展的一大里程碑。"吴晓求告诉记者，"两大交易所的运行具有开天辟地的意义，而1992年邓小平同志南方谈话更是对资本市场发展、两个交易所迅速发展起到极其重要的作用，掀开了中国资本市场的发展篇章。"

"20多年前，人们的意识非常保守，对股票市场以及资本市场仍处于质疑的状态。我很惊叹在当时的思想环境下，那一代人可以建成深、沪两大交易所。"回忆起我国资本市场的萌芽阶段，吴晓求的话语中充满敬佩之情："这是一个非常了不起的成就，需要很大的勇气、顶住各种压力，因此我对创建两个交易所那一代人的精神十分敬仰。"

吴晓求认为，2005年进行的股权分置改革是资本市场发展的又一大里程碑事件，具有划时代的意义。"股权分置改革给了中国证券市场第二次发展的动力和空间，甚至是第二次生命。"他评价说，"如果深、沪两个交易所的成立运营是开天辟地的，那么，2005年股权分置改革则是登高望远，创建了一个崭新的平台。"

"从1990年到2005年，中国经济发展速度非常快，但中国资本市场发展却很缓慢，截至2005年中国资产市场规模仅有1万亿元，股权分置给中国资本市场发展带来了严重的制约作用。"吴晓求告诉记者，所谓股权分置，即当时A股上市公司的股份分为流通股与非流通股，这就造成上市公司有两类流动性存在明显差异的股份，同时这两类股东也有不同的利益诉求。"流通股股东希望企业能做好，增加利润。而非流通股股东，因本身股份不能转让，其兴趣点主要在于融资，至于企业是否能够做好，他们并不是特别关心。"他进一步解释说，股权分置问题长期悬而未决，不仅影响市场对A股股票进行合理估值，影响证券市场预期的稳定，使上市公司治理缺乏共同的利益基础，更是影响市场投资者信心的重要因素，是造成股市长期低迷的关键症结之一。他说："因此，我们必须造就一个所有股东利益一致的股权结构，让这两类股东具有共同的目标，让两类股东资产具有共同的流动性。"

"哪怕IPO停两年，也必须推动股权分置的改革。没有股权分置改革的成果，中国资本市场一定不会有未来，中国金融业也不会有未来。"作为股权分置政策制定的重要参与者，吴晓求回忆起他向时任证监会主席尚福林的建议，"必须坚定不移地推进股权分置改革，把带有计划经济痕迹的制度设计改掉。"

曾有人用"知难行易"来描述股权分置改革的理论探讨，在吴晓求看来，推进股权分置改革的难点在于相当一部分非流通股股东都是国有股东，意味着这是一场社会流通股股东和国有股东的博弈。"坦率地说，即使放在今天，要解决股权分置问题，也是非常困难的。而事实上，通过股权分置改革，国有资产不仅没有流失，并且还实现了动态的保值增值。虽然国有股东控股比例下降了，但是总市值有了明显的增值。"他告诉记者，"如果没有 2005 年前后的这场股权分置改革的成功，今天的资本市场仍将处于困境之中。"

吴晓求认为，2007 年前后境外上市企业回归 A 股，也是非常有意义的一件大事。他说："中国资本市场要增强实力，就要让大型国企回归 A 股市场，并努力把优质企业留在国内资本市场，让国内的投资者分享这些具有核心竞争力的企业所创造的财富，同时通过改善上市公司结构来提升中国资本市场的竞争力。"

信息披露是资本市场监管的核心

改革的深入与监管的完善总是相辅相成的。谈起资本市场监管，吴晓求认为，经过近 30 年的发展已取得了非常重大的进步。"过去，资本市场监管像政府管企业一样，计划经济的烙印非常深，后来逐步呈现出立足市场的特征。"他告诉记者，新股发行制度改革可以充分体现出这一点，从当年额度审批制到如今的核准制，再到目前正在探索的注册制，不断向市场化方向迈进。

"从发行上市到信息披露，从并购重组再到退市机制等，中国资本市场已拥有一整套完善的机制规则。监管者正在尽最大的努力完善资本市场规则制定。"在高度肯定我国资本市场规则体系建设的同时，吴晓求直言道："虽然体系完整，但有一些规则并没有适应时代的变化，变革的速度和力量仍有待提高。"

谈及未来资本市场监管的方向，吴晓求经常说的一句话就是，"监管者只做一件事——确保市场的透明度。"在他看来，资本市场监管的核心重点是信息披露。"确保市场的透明度是维持市场公平公正公开的基础。"他认为，资本市场监管应在提升市场透明度、保持市场公平上下工夫，而市值的涨跌更多是由经济环境、经济政策决定的，而非监管者的管理范畴。他向记者强调，"对于操纵市场、虚假披露、内幕交易等违法违纪行为，无论何时都应该加强监管"。

资本市场发展需要理念的变革

"中国资本市场发展道路十分漫长，这是一个市场经济观念洗礼的过程。"谈起资本市场的未来发展，一向乐观的吴晓求露出几分凝重的神色："资本市场对中国意味着什么？我们要不断思考这一问题，才能找到资本市场发展的正确方向，才能为资本市场发展提供源源不断的动力。"

"中国资本市场必须要有深度的变革，才会有美好的未来。而深度的变革来自危机感和责任感。"他直言，目前还存在不少需要努力提升的地方。

"首先要改变上市交易规则及发行制度，让中国资本市场成为所有成长性企业共同的平台。"他进一步说："我国资本市场原有发行制度带有较为明显的现代工业的特征，新型高科技成长性企业在这种制度体系下无法获得很好的服务，当务之急应当改革现行发行上市制度及规则，吸引保留有成长性、创新性的企业在国内市场上市，而不是只留存钢铁和煤炭一类企业。"

作为中国证监会第九届发审委委员，谈及企业上市判定标准，吴晓求认为，企业的成长性是非常重要的一点。在他看来，判断一个企业是否具有成长性，一是看企业是否能最大限度地披露信息，"即使亏损也要开诚布公，让大家来判断这个企业的价值"。二是要深刻关注未来经济结构变化、产业变革趋势，是否将科技和经济紧密结合。"至于企业是什么身份，过去多么辉煌，这些都不应是关注的重点。"吴晓求坦率地告诉记者。

"其次，要继续推动中国资本市场的开放，让中国成为全球投资者配置资产的中心。"吴晓求说："目前，中国资本市场开放程度与中国的大国地位远远不匹配。"他直言，相较于中国金融市场规模世界第三位、中国资本市场规模世界第二位的排名，外国投资者在中国资本市场份额仅为 2% 左右，显然中国资本市场国际化程度严重落后。吴晓求也强调，只有不断提高上市公司质量，资本市场的开放才格外有意义。

吴晓求还建议，资本市场政策管理需要保持适当的预期性，应最大限度地降低人为因素对市场的影响。他最后说，回顾历史，市场波动很多方面来自政策的突然变化，因此现代金融要建立一种适应性的预期管理。

中国金融不要当巨婴

——《环球人物》记者的访谈

【作者题记】

这是 2018 年"两会"期间，作者接受《环球人物》记者尹洁的访谈，访谈内容全文刊发在 2018 年 3 月的《环球人物》杂志。

吴晓求的办公室被电脑、书籍和研究资料所占据，《环球人物》记者团队的采访只好选择了旁边一间相对宽敞的房间，但也只能容下一台摄像机。

作为长期研究中国金融与证券市场的经济学家，吴晓求时刻关注着股市动态。3 年前，《环球人物》记者第一次采访他时，中国股市火爆得像一锅热油。创业板指数创下 4 037.96 点的历史最高点，比 2012 年底上涨了 570.79%，但平均市盈率（每股市价与每股盈利的比值）也高达 146.57 倍。

那次采访中，吴晓求警告"股市风险正急剧加大，尤其是创业板""跟风炒股必死无疑"。几天后，股市逆转，创业板指数在一个半月内下跌了 40.64%，人们深刻体会了资本市场的翻云覆雨。

如今，中国股市已经走完一轮周期。2018 年 1 月初，上证指数出现罕见的 11 连阳，不少人预感牛市又要来了，然而 2 月初美股大跌波及全球股市，几番震荡后，未来走势仍不明朗。

这种不确定性贯穿了中国资本市场的发展历程，而改革更是从未停止过。1990 年，在市场经济的浪潮中，上海证券交易所和深圳证券交易所成立；2018 年，在十三届全国人大一次会议上，国务院总理李克强所作的《政府工作报告》中提到"深化多层次资本市场改革，推动债券、期货市场发展"。改哪里？怎样改？是投资者最关心的问题。

从无到有就是成就

改革开放 40 年，中国的资本市场只参与了其中的 28 年，从无到有，从小到大。在吴晓求看来，资本市场的诞生与发展，改变了中国金融体系的运行结构，也深刻影响了整个社会的观念。

"资本市场要求所有信息必须真实，要充分披露，要公平。如果弄虚作假，市场就没有前途。这正是中国社会长期以来所缺乏的东西。"吴晓求坦言，中国人很聪明，但有时没用到点子上。比如一个企业搞三套账，一套给老板看，一套给税务局看，一套给投资者看。但上市后，公司只能有一套账，这对中国社会观念的进步有推动作用。

另一个重要进步，是近年来科技对金融的渗透作用，主要表现在第三方支付的发展。很多中国人跳过支票本和信用卡，开始步入无现金社会。

"要说中国金融有哪些值得骄傲的地方，一是市场化改革取得了巨大进步，市场的力量在急剧增加；二是国际化的步伐在加快；三是科技对金融体系的影响越来越大。这都是过去几十年取得的巨大成就。"吴晓求说。

2018 年的《政府工作报告》将 2018 年的 GDP 增速目标定为 6.5%。显然，经济增长速度已经不是当下最重要的指标，如何提高中国经济的竞争力，降低它对资产、资源的依赖度，提高社会供给的有效性，才是政府重点考虑的问题。

吴晓求认为，进一步提高中国经济的福利水平非常重要，"让老百姓有一种获得感"。在社会主要矛盾已经转变的大背景下，贫富差距是一个亟待解决的问题。《政府工作报告》中提到，2018 年要提高个人所得税起征点，迅速得到了大众的积极反馈。

"过去 40 年的发展，成绩非常大，但贫富差距也跟着扩大。现在中国人的税负整体较高，提高个税起征点有必要，能解决一些问题，但不是根本性的。我认为最重要的还是保障低收入阶层的基本生活，如住房、医疗、教育等。保证环境、空气和水当然也必要，但在这些方面，富人和穷人差别不大，水或许可以高价买，但空气是买不来的。"吴晓求说。

税负压力大的问题不仅存在于工薪阶层，更存在于企业。2014 年，中国生产税比例为 15.64%，比瑞士的 2.6% 高出 13 个百分点，和日本的 8.41%、美国的 6.6% 也存在较大距离。换句话说，中国企业每生产一单位的产品，需要支付更多的税金。在原料价格、人力成本和其他成本不变的情况下，企业的利润空间被压缩，能够用于后期生产发展或股东分红的部分有限。从长远来看，这对企业发展不利，在同全球其他国家的竞争中也缺乏优势。中国需要为企业进一步减轻负担。

我们还没有彻底理解监管的职责

综观世界各国资本市场的发展历史，波折和弯路几乎是必然现象。与其指责这个市场如何糟糕，不如正确看待、系统反思。吴晓求认为，有些根本性的问题至今还没有彻底理解、搞清楚。

比如为什么要发展资本市场。"无论是过去 28 年还是过去 40 年，我们并没有深刻认识资本市场的战略价值，很多时候只是从实用主义的角度出发，认为它的功能就是为企业融资。这是非常肤浅的理解。发展资本市场有其战略目的，就是改变中国传统的金融体系。只有市场的力量才能使这个体系透明化、去中介化，让资金的供需双方通过市场直接见面，绕开中介。这是巨大的价值，也是促进金融体系进步的重要力量。"

另一个需要进一步明确的问题是：监管者的职责究竟是什么？在这个问题上，2015 年的那场股市危机留下了深刻的教训。

"监管者的职责不是提升市场指数，不是提高上市公司数量，更不是参与市场运行，否则危机必然到来。监管者的职责是维护市场透明度，保证市场的公开、公平、公正。"吴晓求说。

还有一个教训是，市场过去对杠杆的认识有误。"过去的做法是：市场越好，杠杆比例越高，撬动的融资规模越大，公司市值越高。企业依靠这种泡沫市值再去融资，最终导致危机的出现。"

吴晓求认为，正确的做法是随着指数和市值的增长，迅速降低杠杆率。"对监管者来说，最重要的是建立'逆周期'概念。市场热的时候要冷静，在政策层面上把它控制住，比如提高利率；市场冷的时候，监管者则要热心一点，可以适当放大一些政策，让市场处在一个相对均衡的状态。"

但无论市场多么萧条，虚假信息、内幕交易等违法违规行为都要查处。"2015 年股市大跌时，为了保住市值，很多上市公司以'并购重组'为借口停牌。这是坚决不能允许的，因为你的并购重组是假的，我们不能靠虚假的东西来稳定市场。"

合理的稳定手段包括央行提供的流动性贷款，或由政府出面，释放安抚市场的消息，让投资者恢复信心。2018 年 2 月初美股大跌期间，美国政府公开表示"经济基本面仍然强劲"，就属于安抚市场的举措。但如果政府组织资金去救市，则是干预得过于直接了。

总之，监管的尺度需要慎重拿捏。市场风险过大固然不好，但如果因此走向另一个极端，同样不是监管的本质。

"现在有种倾向，就是希望消灭金融风险。其实，监管是要防止个体风险蔓延成系统性风险，进而演变成全面的金融危机。想通过加强监管让金融风险为零，也是不正确的。"吴晓求说。

开放市场，降低门槛

1997 年的亚洲金融危机、2008 年的国际金融危机，都没有对中国的金融体系造成明显的影响。对其中原因，吴晓求直言不讳："因为中国的金融体系没有完全开放。"

"他们出现危机了，我们没有受到太大干扰，但我们不能因此觉得，金融体系不开放更好。中国离世界舞台中心越来越近，就要承担起相应的责任。没有一个真正的大国说，我的金融是封闭的。而且经济的竞争一开始是通过产业，比如电器之类，但最终的、最核心的竞争还是金融。"

从这个意义上讲，中国要成为新的世界金融中心，只有开放，让全球的人都来投资，这也是人民币国际化的重要意义。

"不要担心困难和风险。2001 年，中国加入世贸组织时，很多人说我们的民族工业会遭受毁灭性打击，理由是我们的技术含量非常低，没有竞争力。结果怎样？经过 17 年时间，我们的汽车、冰箱、彩电……不仅没有被美日欧的品牌冲垮，反而得到了快速发展。事实证明，封闭和保护提高不了竞争力。金融业也一样，虽然现在的国际竞争力不像其他领域那么有底气，但我们可以培养国际化人才。有了这份自信，我不相信中国的金融市场走不出去，中国人有这个能力。"

在吴晓求看来，金融市场开放后的波折与动荡，乃至危机都是难免的，关键是要构造一个能化解风险、有很强修复能力的金融体系。"美国是全世界发生金融动荡次数最多的国家，但其金融体系也是最具竞争力的。很多时候，股市的震荡是在释放风险，就像发烧是免疫系统在对抗病毒一样。现在有个词叫'巨婴'，看起来很强大，实际没有竞争力。中国金融不要当巨婴。"

在吸引外资进入中国资本市场之前，首先要解决的一个问题是如何留住中国自己的好公司。有不少土生土长的中国大型高科技企业，在种种因素的制约下，纷纷选择去纽约或香港上市，导致中国投资者无法分享这些本土成长起来的大型高科技企业快速成长所带来的红利。

吴晓求说，他有时也困惑：中国经济每年都有很好的增长，而股市的表现却常常相反；美国经济明显不如中国，过去 9 年其股市却一直不错。

"我总觉得，还是中国的上市标准有问题。我们一直沿用工业化时期的标准，特别看重企业资产，要求资产规模足够大、连续 3 年盈利、累计净利润超过 3 000 万元，等等，却唯独不看重企业的成长性。很多公司上市时正处于巅峰期，之后就开始走下坡路，怎么会有高回报率？"

反而是一些高科技初创公司，没多少资产，没多少盈利，也没多少人，看起来完全不符合中国的上市标准，但它的发展前景很好，未来的投资回报率很高。

"像京东、小米，在早期、早中期都是亏损的，而我们原则上不允许亏损公司上市。事实上，亏损阶段的估值很低，投资是最划算的，只要所处行业好，等它盈利的时候投资者能赚很多。"

吴晓求认为，监管者要改变"亏损企业就是坏企业"的固有观念，"只要把握一条，它披露的信息都是真实的，明明白白地告诉大家我亏在哪里，未来计划是怎样的。成长性才是上市公司的核心价值，而且企业融资的意义就在这里。"

历经风风雨雨的中国资本市场，正迎来一个全新的时代，深化改革、进一步开放是这个时代的最强音。吴晓求坦言，开放的心态对一个国家的成长和进步非常重要，也是民族自信的表现。纵观人类历史，从来没有一个伟大的国家是把门关起来发展的。

"虽然还存在种种问题，但我还要对中国经济、对中国金融、对中国资本市场的发展给予高度评价。过去 28 年，在法制不健全、投机不断、信用缺失的大环境下，中国资本市场能够走到今天，是很不容易的。从这个角度说，我们要对资本市场所取得的成绩给予充分肯定。"

如何构建与全球性大国相匹配的现代金融

——《社会科学报》记者的访谈

【作者题记】

　　这是作者 2018 年 3 月 1 日就"如何构建与大国经济相匹配的现代金融"的主题接受《社会科学报》记者潘圳的访谈。访谈稿发表在《社会科学报》总第 1597 期 1 版，原标题为《构铸新时代中国金融的强健之基》。

　　记者：经历近 40 年改革开放，中国开放型经济体制逐步健全，在国际金融市场上扮演着越来越重要的角色。党的十九大报告谱写了新时代中国金融改革发展的新篇章，为做好金融工作指明了方向。您认为中国金融业未来发展趋势如何？

　　吴晓求：党的十九大以后，中国社会进入了一个新的发展时期，我们整个经济发展的目标发生了很大的变化，发展模式、发展道路、发展政策、发展理念都发生了一系列的变化，其中最为重要的是我们正在慢慢担负起一个大国的责任。从经济意义上说，一个全球性的大国有很多的指标，比如，国际贸易规模、经济规模、人均 GDP 水平、制造业竞争力、经济的福利水平等。但是，从经济角度看，到最后，大国的竞争力都会集中表现在金融的竞争力上。金融竞争力是以一个国家实体经济的竞争力为基础的，以实体经济富有生命力和竞争力为前提的。党的十八大以后，中国实体经济进入一个结构转型时期，过去五六年的改革成效正在显现，供给侧改革实际上是存量的结构性改革，这个改革正在有条不紊地推进。

正是基于这样一种状况，我认为，中国金融业正在朝着正确的方向发展。总体上，我对中国金融业的现状是谨慎乐观的。从各项指标来看，中国金融体系处在一个相对健康的状态。比如，金融体系中占主导地位的银行业各项指标，包括资产的盈利能力、流动性和资本充足等指标，以及对风险覆盖的能力都是比较好的。商业银行至少在 10 年内不会出太大的问题，作为中国金融的主体部分是可期待的。

记者：科技对中国整个金融体系的影响是前所未有的，尤其是信息技术、通信技术植入传统金融体系之后，金融的业态开始发生重大变化。近年兴起的互联网金融平台业务，如互联网支付、个体网络借贷等都拓展了传统金融机构的服务半径，但部分新型金融业态内也暴露出一些风险事件。中央经济工作会议明确，防范化解重大风险位于今后 3 年中国经济的"三大攻坚战"首位，而其中的重点就是防控金融风险。对此，您怎么看？

吴晓求：我们现在的金融业态是丰富的、多元的，新的金融业态是对传统金融业态的 DNA 的更迭，科技在传统金融体系里植入了一个强大的芯片，从而使金融的功能和效率发生了结构性的变化，新金融业态破除了传统金融的时空约束，中国金融体系正在发生革命性变化。金融科技的进步是整个中国金融变革的重要力量。对于金融科技的这个变化，我认为，中国金融没有像今天这么富有时代感。高科技对于金融的渗透是中国金融未来发展的第一动力。金融只有和科技紧密结合，中国金融才会以比较快的速度实现它弯道超车的目标。

金融的进步，其推动力无非来自两个方面：一是来自市场的力量，我们称之为传统的脱媒力量。传统的市场脱媒力量是中国金融结构发生变革的基础力量，没有传统的市场脱媒，是完成不了中国金融的现代化的。但传统市场的脱媒要循序渐进，是一种缓慢的结构性调整，这一点仍然是我们变革的基础。但在这个基础之上现在增加了一种新的力量，这是世界各国所没有达到的，这就是科技对中国金融的渗透以及颠覆性的影响。所谓现代科技对于金融颠覆性的影响，一般说来是指的信息技术、通信技术，像移动互联、大数据、云计算、人工智能、区块链、虚拟现实等，这些都是金融科技的基础元素。由于这样一种新基因的介入，中国金融的风险正在发生很大的变化，越是高科技，风险变得越难识别，正误有时候只是一步之遥。

我们不要把新金融业态的风险做过度的解读。它会带来新的风险，但也会带来更大的金融功能与效率，它所带来的功能与效率完全可以覆盖或超过其所带来的风险，这就是它存在的价值。举一个简单的例子，第三方支付是我们大部分人都会用的，成了我们日常生活金融支付的基本业态和方式，它便捷、方便、安全，而且低成本。这些都是金融创新的结果，金融创新不是金融的自我循环服务，而是要为实体经济服务。一种金融创新如果能为消费者提供更便捷、更安全、更低成本的服务，那就是最好的创新。或许它会增加某些新的风险，但是它消除了传统风险，提高了金融效率。所以，我们对金融风险要正确把握，精准理解。金融创新之后，我们必须要加强相应的金融监管。

金融监管应推动中国金融的变革。金融监管的目的不是消灭风险，我们不要以为金融监管可以消灭风险。金融存在的那一天风险就存在，除非把金融消灭掉，风险就没有了。金融监管最重要的目标是让风险收敛，不要让风险扩散，使单个风险不至于蔓延开来变成系统性风险。商业银行存款准备金制度的设计，其核心功能就是要收敛其货币扩张所可能带来的信用无限扩张，抑制信贷膨胀风险。

记者：中国正成为全球性的有影响力的大国，如何构建一个与大国地位相匹配的大国金融，实际上是中国金融改革未来发展面临的最大的课题。您认为中国要构建大国金融必须具备哪些条件？

吴晓求：一个全球性大国的金融一定是开放的金融，一定是高度市场化的金融，一定是有综合功能的金融，一定是能够很好分散风险、化解风险、组合风险的金融。这是大国金融所必备的要素。从这个角度看，大国金融或现代金融最重要的基石是资本市场。大国金融下的资本市场，必须具有强大的分散风险的功能。什么样的金融制度安排有财富管理和分散风险功能？那就是具有发达资本市场的金融体系。发达的资本市场，既有融资功能，更有财富管理功能，两者之间不可分割，只不过在一个发达的资本市场中，财富管理功能变成第一位的，融资功能成为第二位的。这与银行的功能不一样，银行的第一功能是融资，银行天生就是为企业和个人融资的。但是，资本市场天生并不是用来融资的，而是为社会、为机构投资者提供可以自由选择的流动性好、有足够透明度的资产组合。正是基于这种理解，中国资本市场就需要进行结构性改革。

中国金融必须要开放，虽然今天我们有 QFII、RQFII、沪港通、深港通等，但这些都不是全面开放的标准，全面开放的标准是在遵守中国法律的条件下，外国投资者可以自由地到中国资本市场来投资，现在应该说还不是自由进入，这里一个非常重要的原因是，人民币没有成为可自由交易的货币。所以，金融市场的开放与人民币自由化改革必须相关。没有人民币可自由交易这个前提，要把中国的资本市场建设成为国际金融中心是不可能的。大国金融，一定内含着这个国家资本市场是国际金融中心这个目标。显然，我们现在离国际金融中心的目标还有很大差距，且不说形式上没有完全开放，我们在金融市场的一些硬件上，在发展理念上也是需要改革和调整的。

记者： 金融的竞争以一个国家实体经济的强盛为基础。中国的实体经济已经进入结构转型时期，如您所言，中国金融正朝着正确的方向发展，中国资本市场的发展也正迈向常态化，其改革重点和发展目标正在发生转移。您认为中国资本市场改革的重点应放在哪些方面？

吴晓求： 我们必须推动资本市场的结构性改革，这就必须涉及债券市场发展。中国的债券市场是中国资本市场重要的组成部分。我们有时候会狭义地把资本市场只认定是股票市场。实际上，完整意义上的资本市场一定内含着一个发达的债券市场。中国的债券市场规模很大，到 2017 年 12 月 3 日，中国债券市场的余额是 72 万亿元人民币，股票市场余额在 60 万亿元左右，这两者之间加起来在 135 万亿元人民币左右的规模。中国国债余额到 2017 年 12 月大概是 14 万亿元多一点，地方政府债也是 14 万亿元多一点，金融债 18 万亿元多一点。中国公司债类型很复杂，有企业债、公司债、可转债、中期票据、短融债等，这些构成了广义上的公司债，加起来大概也在 14 万亿元。这四个品种加起来，超过 360 万亿元，剩下还有些小品种。债券市场最重要问题是什么？是地方政府债这两年发展速度太快，超过了承受力，风险急剧加大。国债则相对稳定。公司债品种太复杂，门槛都不一样，交易起来非常困难。在品种结构里面，有两个方面要发展，一个是国债，一个是广义上的公司债，这两者可能有一定规模的发展。没有这两个债的发展，债券市场要成为财富管理的市场也是很难的。

债券市场中重要的问题是市场分割。中国的银行间债券市场是中国人民银行主导的，银行间市场主导着整个债券市场。银行间市场的债券余额占到中国债券市场余额的 90% 以上。银行间债券市场是一个场外市场，不是一个完全开放的市场。我国债券市场虽然规模很大，但是市场分割非常严重。改革必须打通债券市场使其一体化，要让债券市场不能仅仅成为商业银行的头寸调整机制，更重要的是要让其成为社会财富管理的机制，这就需要把银行间市场即场外市场与交易所市场即场内市场打通，让它们成为财富管理的市场。

我主张修改《证券法》。比如证券化的金融产品该由谁来进行批准和监管？我们现在实行的是"谁批准谁监管"的原则，这个原则比较简单，但是这相对落后，它必然造成市场分割，标准不一。现在，我们应该改革掉"谁批准谁监管"的原则，应该按照产品的性质来设计监管主体。实际上，证券化的金融产品的风险主要来自透明度。我认为，证券化金融产品应该主要由证监会来监管，在过渡期由央行辅助，因为银行间市场是中国人民银行创建的，中间应有一个过渡安排。我们不是说要为实体经济服务吗？减少企业发债不必要的壁垒就是为实体经济服务。这是金融领域"放管服"改革。如果我们能推进债券市场、股票市场中的一些"放管服"改革，距离我们建设国际金融中心的目标就不会太远了。

2017 年的访谈

维持市场的透明度是
监管者的首要责任

——在"2017 央视财经论坛"上的对话与访谈

【作者题记】

　　这是作者 2017 年 12 月 11 日至 12 日在参加"2017 央视财经论坛暨中国上市公司峰会"接受央视财经频道主持人严晓宁的访谈。

　　主持人：吴老师，您对中国证监会 2017 年资本市场的监管工作打多少分？为什么？

　　吴晓求：打分不敢。我主要从一个研究者的角度去冷静评判一下。首先，对 2017 年中国资本市场的总体评价还是比较好的，因为市场态势在结构变革中是相对平稳的。

　　主持人：是个优等生。

　　吴晓求：2017 年市场监管重心发生了一些变化，这些变化应该说符合资本市场的要求。监管部门最重要的职责是保持市场透明度，保证市场有足够的透明度。只有市场有足够的透明度，才可以实现市场的公平和公正。

　　在"三公"原则中，公开性放在第一位是有道理的。公开性指的是，充分而及时地披露信息。监管部门应该把市场透明度的监管放在最核心的位置。至于说市场指数能到哪里、市值多少，甚至上市公司能增加多少，都不是监管者的任务。虽然在中国的监管制度中，IPO、推动并购等也是证监会的职责，但最重要的职责还是如何保持市场的透明，保持市场的公平和公正。所以，从这个意义上说，2017 年我看到了一个积极变化，终于没有把市场指数涨多少、市值增加多少、上市公司增加多少放到最重要的位置。

主持人：吴老师，您觉得 2017 年资本市场还有哪些顽疾现在还没有根除，如果想从根源上解决存在的问题，我们还需要做哪些工作？

吴晓求：虽然我整体上对中国市场给了较正面的评价，但并不是说没有不足。我认为，还有很多需要改进的地方。发展资本市场的理念还是要系统地反思，包括让什么样的企业上市需要进一步思考。从这个意义上说，中国的《证券法》需要修改。这部法律对促进当时中国资本市场的规范发展起了重要的指引作用。但要看到，现在中国经济结构正在发生重要变化，后工业化时期的新兴产业开始在中国经济业态占据越来越重要的作用。这部法律对这类企业的上市是有一些约束的。

我看到有关报道，证监会新一届发审委成立了。为了专门加强这方面的监管，还成立了监督管理委。这个思路很好，因为过去的确有案例表明，有些发审委有寻租的迹象，对他们严格监控非常重要。但是，我还在想，发审委究竟要审什么，这很重要。

主持人：您认为审什么？

吴晓求：我认为，首先审的是信息披露的充分性和真实性。资本市场的基石是透明度，是信息的真实性和完整性，而不是企业的重要性。企业多么重要与市场没有关系。企业有没有成长性，由市场去判断。

中国资本市场的发展理念还需作进一步深入思考。我始终认为，并购重组在现阶段比 IPO 重要。并购重组是市场成长的动力，是价值发现最重要的来源。当然，IPO 能注入新鲜血液。从规则看，资本市场之所以能够生生不息地发展，在于其对存量资源的并购重组，而不仅仅是要为哪类企业融资。

资本市场最重要的功能不是融资，而是为社会创造一种财富管理机制。资产证券化之后，金融机构都要为个人提供财富管理服务。只有树立这样一种理念，市场才能健康发展起来。

另外，市场如何进一步开放的问题仍然是一个重要问题。中国资本市场一定要开放，不开放就不会有大的发展。

这三个方面可能是我们要做的功课。

主持人： 2016年论坛的时候，您提到了中国资本市场一个独特的现象：一年下来不管指数涨还是跌，常常还是会听到很多抱怨的声音，为什么会产生这样的现象？为什么大家的获得感始终上不来？究竟是投资者的发声机制出了问题，还是市场哪些环节出了问题？对于增强投资者的获得感，您有什么好的建议？

吴晓求： 这个问题每年都有。中国投资者很少有人说他发财了，实际上还的确有人发财了。但因为中国文化的原因，如果说发财了、赚钱了，朋友肯定少了。说亏损了、没挣钱，有人会请你吃饭，会安慰你。所以，一般大家都说没挣到钱。2017年很平稳，中国经济转型正在进行，但中国市场的指数没有表现出来。

从结构层面来看，2017年有一些新的概念。如果进行所谓的价值投资，应该说不会太差。一定要记住，我们进入了新的时代，资本市场要有新的发展，要告别过去打听消息、创造概念、散布虚假消息的市场。正是从这个意义上，我不太同意T+0。T+0有什么价值？T+0对中国市场是个极大的损害，会消耗市场的财富。因为在既定条件下，券商的佣金多，市场资金也就流失了。实践表明，T+1是一个比较恰当的交易制度。

主持人： 我们财经评论员李犁在一直频频示意，下一个提问权给你。

李犁： 实际上近两年市场各方为维护市场规则和市场的秩序做了大量工作，但是大家也都知道，股市危机到现在我们其实也付出了一定的代价，所以下一个阶段我们如何稳定投资者的收益预期？吴老师能不能给我们讲一讲？

吴晓求：这个问题非常好。我总觉得，资本市场之所以能够存在下去，绝对不是一个简单的零和博弈的市场，本质上是一个财富管理的市场，而且这个财富管理的市场，收益率应该会比无风险收益高出几个百分点。在美国市场，一般情况下，这个市场的收益率比无风险的收益率要高出 5 ~ 6 个百分点。

我相信，中国市场的收益率要高于固定收益。我们看两个例子，一是社保基金。社保基金管理的规模很大，收益率平均下来在 8% 左右，这已经很高了。我们的投资者一定要把收益预期降下来，不能抱有到市场来投资就必须翻番的想法，收益率如果有 10% 都不干。二是国外基金收益率案例。我刚刚从美国访问回来，哈佛大学基金会管基金的负责人告诉我，哈佛大学 370 亿美元的基金，2017 年的收益率大概是 8.31%。据说，他们还不太满意。从这个意义上说，无论是中国还是美国，投资一定要有信念，不可以投机，看好了就要坚定信念。为什么看好它，首先要说服自己，说服不了自己就不能投资，跟着别人跑那不行。所以，我想首先要把投资的收益预期降下来，中国市场的收益率应该不会比固定收益低。

我希望，2018 年一定要推动中国资本市场的制度改革，必须要让有潜质的企业，特别是潜在的独角兽公司、高科技企业能够到中国市场来上市。虽然它们现在不符合标准，但是我们要调整标准，推动中国资本市场的制度变革。我认为，这是 2018 年乃至更长时间中国资本市场最重要的任务。

人民大学是我灵魂的归处

——《中国金融家》记者的访谈

【作者题记】

在中国人民大学 80 周年校庆前夕，作者接受了《中国金融家》记者阳晓霞的访谈，访谈稿由阳晓霞整理，发表在《中国金融家》2017 年第 9 期。

2017 年 10 月 3 日，中国人民大学迎来 80 周年校庆，这是吴晓求陪母校度过的第 34 个生日。

"如果说中国人民大学是一片汪洋大海，那我就是大海里的一条鱼，而且是一条快乐的鱼。但这条鱼只能放到人民大学的海洋里，不然它很快就会死掉。"吴晓求，这位在我国金融学科特别是证券和资本市场研究领域具有重要影响力的金融学家，数十年的研精覃思，并未消磨他身上浓浓的"浪漫主义"气息。

34 载春秋，吴晓求执著于人民大学，执着于金融研究，不离不弃。从学生到教授，从金融与证券研究所所长到人民大学副校长，他从未离开过这所大学。他对本刊记者说："我的 DNA 天生与人民大学匹配，换到其他任何一所大学、任何一个工作岗位，我都会水土不服。"

"人民大学是一所非常包容的学校。"正是这片包容的土地，滋润培育了一代又一代的金融学人。

校庆之前，本刊记者来到人民大学，采访这位人民大学金融学科新一代主要学术带头人。吴晓求的学术情怀与故事，从这里开始。

一、九成时间在研究资本市场

1994 年之后，我 90% 的时间都在研究资本市场，10% 的时间在研究互联网金融。——吴晓求

在吴晓求心中，人民大学是中国最好的大学，它有一个非常好的传统，就是让年轻学者脱颖而出，就是五湖四海式的包容，英雄不问出身。

吴晓求 1983 年考取人民大学计划统计系国民经济计划专业研究生，1990 年博士毕业即被破格晋升为副教授，1993 年再次破格晋升为教授。那年人民大学一共破格晋升了五个年轻的教授，吴晓求年纪最轻，时年 34 岁。

事实上，在 20 世纪八九十年代的人民大学校园，人文社科领域特别是经济学科涌现了近百位著名学者，可谓星光璀璨。"能在那个年代得到前辈的赏识，倍感荣幸。我特别感谢我的前辈老师们对我的提携与认可，感谢人民大学包容的学术氛围。"吴晓求说。

有容乃大的校园氛围，让一大批有才华、有理想、科研比较突出的年轻人迅速地成长起来，吴晓求是其中的重要代表。

"不一于汝，则二于物。"这是对吴晓求学术精神的最好形容。

采访中，吴晓求自称并不是一个知识渊博的人，但是非常专一，不会随波逐流，不会随着社会热点的变化改变自己研究的方向。"1994 年之前主要研究宏观经济学。1994 年之后，我 90% 的时间都在研究资本市场，10% 的时间在研究互联网金融。"

咬定青山不放松，任尔东西南北风。正是这份"守一"与执著，成就了他在资本市场研究领域不可动摇的学术地位，成为经济学界在资本市场研究领域最有影响力的专家之一。

他提出的现代金融体系中资本市场核心地位的思想即资本市场核心论、国际金融中心飘移论、股权分置改革理论以及中国金融结构变动趋势分析

等，奠定了中国资本市场理论的基本框架，树立了中国资本市场中的若干基本理念，开创了这一研究领域的新篇章。

吴晓求相信市场的力量。在 2000 年前后，他写了一本书——《市场主导型的金融：中国的战略选择》，讲的是未来中国金融一定会形成以资本市场为基础的金融架构和模式，整个金融资源以市场为主要配置力量。记者问起，中国金融一直到现在都是银行业主导型，为何他能得出这样的结论？吴晓求回答说，目前的状态只是暂时的，未来银行业必须适应整个金融结构的变化。当时还没有意识到科技对金融有如此深刻的影响。中国金融结构的变化，必须考虑科技的力量。

在业内，吴晓求被公认为我国资本市场推进股权分置改革提供了理论设计，并是政策制定的重要参与者。对此，吴晓求说，股权分置的存在会断送中国的资本市场。只要存在股权分置，中国资本市场就不可能成为国际金融中心。只有推动股权分置改革，中国资本市场才会有希望。他当时用一系列研究，从理论上阐释了股权分置的危害。这一研究对监管部门推动改革产生了重要影响。

吴晓求说，他的研究没有功利目的，只为研究问题、说明问题、解决问题。显而易见，他通过一系列从学术出发的研究，找出中国资本市场发展的症结问题并作为切入点，为政府宏观决策部门的政策制定提供了重要的理论依据，有效地发挥了经济理论研究对实际社会生活的指导作用。他对资本市场与实体经济的关系、中国金融的战略模式、创业板成长与风险、互联网金融和银证合作模式等都进行过深入研究，其理论成果都对市场实践产生了影响，也构建起中国资本市场的基本理论框架。

吴晓求是位勤奋的学者，发表了大量论文和著作。在人民大学金融与证券研究所资料室，整间房的柜子里都摆满了他的学术论文、著作和原稿。"我的每一篇论文都是独立思考后形成的，绝对没有任何照搬或抄袭，决不掠美学生的成果。"在研究所的办公室，记者发现他桌上摆着一摞厚厚的手写稿，正是近期发表的《中国金融监管改革的逻辑与选择》一文的原手稿，5 万多字全部手写，多达 100 多页稿纸，让记者很是震惊。他告诉记者，他的每一

篇学术论文都是自己一个字一个字写出来的，从思路提纲到修改，需要经过
三次修改、四道工序，最终才能变成论文。端正的学术作风背后，是学术大
家的严谨、扎实与认真，这让记者的敬佩之情油然而生。

二、学术研究特别需要学术逻辑

中国金融的基础结构正在悄然地发生变化，风险也发生了接近基因式的
变异，这意味着金融监管架构要作出相应的调整与改革。——吴晓求

吴晓求直言，当下，很多学者的研究只停留在表面，甚至人云亦云，背
后并没有系统的思考。当与他们同台讨论时，他会直言不讳地问对方，你的
观点背后有什么理论支持？推出这个结论的逻辑又是什么？很多讲者都答不
上来。

"做学术研究特别需要逻辑思维。"在吴晓求看来，仅凭坐在书房里思考
并不能找到所有答案。为了把中国资本市场研究透彻，他曾把证监会所有的
法律法规都翻阅一遍，包括发行、上市、退市、并购重组、信息披露等，以
及美国 1933 年以来证券法修改的整个过程。"只有全面地了解这些信息，你
才可能找到资本市场发展的逻辑线索，知道真正的问题症结所在。不然，你
跟普通股民的水平没有差别。"

对于中国金融领域的研究，学术逻辑同样重要。

"中国金融在经过 30 多年改革开放后，达到了足够大的规模，而且市场
化、证券化、国际化、信息化发展都非常迅速。中国金融的基础结构正在悄
然地发生变化，风险也发生了接近基因式的变异，这意味着金融监管架构要
作出相应的调整与改革。"吴晓求认为，无论是推动金融监管改革，还是推动
中国金融结构的变革，都要深刻地了解现代金融的发展方向、未来趋势以及
特殊性。如果缺乏对金融的规律性把握，缺乏对金融结构变动趋势的理解，
就很容易把代表未来方向的新事物，看成是破坏或者扰乱现行金融秩序的行
为。另外，"每个人的角度不同，他对未来的理解也不同。"

"全国金融工作会议在这个时候召开非常重要。"吴晓求告诉记者，今年
7 月召开的全国金融工作会议，实际上要告诫大家几点，一是金融不能脱离

实体经济，实体经济是金融的基石，服务于实体经济是金融的天职，不要去搞那种金融的游戏。二是金融安全的重要性。防范系统性金融风险，实际上是一个战略性任务。成立国务院金融稳定发展委员会，是对金融监管架构的重要修补。但这并不意味着中国金融监管发生了体系性变革，因为监管架构没有变，但这样的修补非常重要，它的主要出发点是防止系统性风险出现，维护国家金融安全。三是必须推动中国的金融改革和开放。不是说关起门来停止改革创新，就能控制风险，保证金融安全。中国金融业实际上是在对外开放、深化改革中不断改善结构与功能，从而发挥防范风险的作用。

"现在有很多人，把金融服务实体经济简单理解成为任何情况下都要为企业提供融资，这是一种误读。"吴晓求说，为实体经济提供融资服务是金融的天职，但并不意味着只要你是企业，只要你需要钱，银行就必须提供。金融是基于创新为企业提供更高质量的服务，它的资金应流向那些具有竞争力、代表未来趋势、能够推动中国产业升级的企业和行业，而不是那些落后产能，甚至僵尸企业。

吴晓求说，金融有三大核心功能：一是融资功能，为社会提供间接融资或直接融资。二是财富管理功能。三是支付清算功能。当前科技对金融的渗透与改变，比科技对其他任何领域的影响都要大。科技的介入使金融的支付功能发生变化，出现脱媒现象，它不需要依靠物理介质，便可以直接进行第三方支付。这种变革是革命性的，对传统的支付结算体系提出了严峻的挑战。

"要深入理解中国金融结构变革的趋势，要深入理解科技对中国金融的深度影响，这种影响将会使中国金融进入一个超越全球金融的快速道。"吴晓求说，今天中国金融在全球起到引领作用，最让人自豪的是互联网金融中的第三方支付。它使中国社会出现了突飞猛进的发展，没有第三方支付创新，何来的共享经济、电子商务、网上购物？它推动了整个中国经济结构的变革，这就是金融的价值。

"中国金融改革必须站在未来发展的趋势这一边。"吴晓求说，中国金融要想"弯道超车"，在全球起到引领作用，依靠传统金融很难做到，但科技金融可能会是一个突破口。

三、中国金融得益于宽容的监管理念

创新在前，监管在后。中国宽容的监管理念，与中国改革开放的思想一脉相承。——吴晓求

"中国金融新业态的出现，互联网金融包括第三方支付能如此快速地发展，得益于中国宽容的监管环境。这种独特的监管理念，与中国改革开放的思想一脉相承。"对于中国金融监管，吴晓求给予了高度评价。

"创新在前，监管在后。要允许先试先行，试完之后发现问题再去规范。"他认为，中国能在并不太长的时间里推动市场经济发展，取得瞩目成绩，与我们的改革哲学有很大关系。改革来自市场主体、来自基层、来自问题导向。

那么，如何取得第三方支付创新与监管之间的平衡呢？吴晓求做了一个形象的概括：脱离监管的创新像是疯长的野草；阻止或扼杀创新的监管是腐朽的力量。这就是监管与创新的关系。

"监管要对症下药。正如，我们不能拿治疗普通感冒的药，去治疗类似于感冒的H7N9禽流感一样，我们需要建立与互联网金融业态相匹配的监管体系。"吴晓求说，应在实践基础上，总结新金融业态的风险特点，制定一个与传统金融相区别的监管架构和监管政策。

吴晓求表示，一些互联网企业开展的互联网金融业务美誉度并不高的原因，是某些从业者对互联网金融本质缺乏深度的理解，认为这是实现暴利的工具。事实上，它的本质是普惠性金融，面对的是小客户、小企业，以及中低收入阶层，根本发不了财。我们必须怀着某种公益性的事业去做互联网金融。

四、人大有着天生的家国情怀

希望人民大学的优良传统能传承下去，并形成一个有人民大学特点、中国特色的金融学派，为推动中国金融改革发展作出贡献。——吴晓求

"中国人民大学的毕业生有着天生的家国情怀，这份情怀的基因来自毛泽东说的那句话：有了陕公，中国就不会亡。这是那个救亡图存的时代，党对人民大学前身陕北公学的一种高度评价，也是我们最重要的精神遗产。过去，陕公的责任是救亡，现在，人民大学的责任是建设国家。"作为人民大学金融学科新一代主要学术带头人，吴晓求希望能将人民大学的优良传统传承下去，形成一个有人民大学特点、有中国特色的金融学派，为推动中国金融改革发展作出自身贡献。

谈到学术前辈，吴晓求话语中充满了敬佩之情。"人民大学金融研究有过辉煌的历史，其中作出奠基性贡献的当属黄达老校长，他是我们新中国金融学科的奠基人，他的研究开创了那个时代的辉煌与顶峰。我们年轻时，从黄达老师的教材与著作中吸取了非常前沿的学术思想与研究方法。"

如今，在人民大学 23 个学院中，财政金融学院是几大"王牌学院"之一，金融学科又是人民大学最有优势的学科之一，师资力量雄厚，也被寄予厚望。吴晓求介绍，目前包括财政金融学院在内，人民大学有五个学院、研究院超过 110 人的金融研究团队，涉及金融的几乎所有学科领域。

"一代人有一代人的使命。"吴晓求认为，黄达那一代金融学者的使命是去构造一个与社会主义经济相匹配的金融体系、金融分析框架。如今，在大国金融的时代背景下，市场化、科技化的金融变迁环境，要求金融学人做到三点：一是要了解全球金融理论的发展方向，把握全球金融理论发展的动态。二是要深刻了解中国金融变革的趋势、面临的问题，以及未来发展目标。三是要深入理解科技对金融 DNA 的影响，改进研究方法，扩大研究视野。"这不是一个人的力量能完成的，需要集体的力量，集体的讨论，集体的启发。"

除了前沿的学术思想理论，新一代金融学人必须传承前辈的学术品格与作风。

"我们这一代人的重要特点，就是团队合作。"吴晓求介绍说，他所领导的一个学术团队有七八个教授、十几个副教授。其中有长江学者特聘教授。"我经常会把大家聚集在一起，通过发问讨论的形式，集思广益，碰撞思想火花，最终提炼出一个个成型的学术成果。"吴晓求说，"我的学术成果里，有他们的影子。争鸣是学术繁荣的前提。如果没有不同的声音，学术不可能繁荣。"

五、包容反映的是一种学者的自信、谦卑与风度

作为资本市场研究领域影响力最大的学者之一，吴晓求喜欢听取不同的意见和声音。他认为，理论的进步一定是在前面的基础上进行新的拓展与解释，这种拓展难免和此前的理论不一致。如果观点相同，就没有意义，只是在炒剩饭而已。"我讨厌炒剩饭，如果有学者已经说清楚了的问题，我一般不会再去研究它。"

对人民大学的金融学科前景，吴晓求说，"我希望人民大学金融学科能够立足于本国实践，立足于中国金融改革的发展目标，同时充分吸收国际上金融理论发展的成就。我们不闭门造车，我们不排斥新事物，我们一定要最广泛地吸收最先进的研究成果和方法，当然我们也绝不照搬照抄。"他说，这样的结合，正是对黄达等前辈提出来的"古今中外，含英咀华"学术精神的最好传承与弘扬。

优秀的合作团队，传承着人民大学的兼容并包的优良传统。一代代学人，不贪求功利，不标新立异，不推崇个人，而是为了金融学科的发展，为推动中国金融改革发展辛勤耕耘，这种氛围在人民大学蔚然成风。这也让在此耕耘三十多年的吴晓求极为欣慰。

在 2017 年中国人民大学财政金融学院毕业典礼上，吴晓求发表了热情洋溢而令人深思的致辞，他说，不论身处顺境逆境，心中的灯塔不可泯灭。这在师生中产生巨大共鸣。采访尾声，记者问吴晓求，指引您心中的灯塔是什么？他不假思索地回答："我心中的灯塔就是，乐观透亮，拥抱未来。"

国际贸易中遵守共同规则十分重要

——《中国财富网》记者的访谈

【作者题记】

这是作者 2017 年 8 月 25 日在参加人大重阳"未来 50 年的中美关系"研讨会时接受《中国财富网》的访谈。作者认为,一个大国的兴起和衰落有很多标志,其中衰落的重要标志就是"闭关锁国"。

一、中美经贸关系应该建立在互惠互利的基础之上

《中国财富网》:近期美国对中国发起"301"贸易调查,此举较为出人意料。这显示出继中美"百日计划"的良好氛围之后,两国经贸关系产生新的不稳定因素。这对未来一段时期内的中美经贸关系会有何影响?

吴晓求:中美经贸关系应该建立在互惠互利的基础之上。在处理双边贸易问题上,重要的是要遵守 WTO 有关规则,包括贸易自由化,以及 WTO 所确定的一系列适应于多边和双边贸易的规则。中美在经贸合作上相互依赖,两国贸易规模各自均占到各自国家的首位。可以说,谁也离不开谁。当然,这并不意味着谁没有谁就不能发展。两国经贸既有密切关系,又具有相对独立性。我认为,不要过度解读由美国发起的"301"调查,需要着眼于眼前和未来,通过协商方式来解决贸易摩擦,力争在 WTO 规则框架里解决。但是也要提出的是,如果美方持续类似的做法,中国也可以有自己的应对措施。

经贸往来强调的是互惠互利，遵守共同的规则很重要。类似以权压人、以势压人这种做法，是不应该的。

《中国财富网》：美国坚持对华发起贸易调查，更多的是与特朗普个人特点有关系，还是无论哪位总统上台都一样？

吴晓求：我认为，这不能完全归因于某个总统的个人特点。从美国政治架构来看，虽然总统有影响力，但没有特别重大的决定力，他的权力要在法律框架和结构内运行。尽管不同总统会有个人风格的差异，但（政策执行机制）不会发生颠覆性的变化。因此，无论是特朗普、希拉里还是奥巴马，不排除都可能会出台类似的贸易措施。从美国的选举文化看，特朗普政府发起贸易调查，也是迎合部分国内选民的需要。总体来说，我们反对这种贸易调查的做法，需要冷静观察和应对。

《中国财富网》：美国政府强调"美国优先"，显示美国的孤立主义倾向比较明显，那么中国在全球竞争格局中是不是迎来一个相对好的机遇？

吴晓求：一个大国的兴起和衰落有很多标志，其中衰落的重要标志就是不开放，走向"闭关锁国"。这暗示其竞争力在下降，而如果有很强的竞争力，一般是会选择开放的，会积极参与国际竞争。"美国优先"理念的提出，从美国选举文化看，是有其生存逻辑的——为获得更多选民的支持。目前，美国部分劳动密集型产业、制造业和低端产业，都出现了产业转移的情况。很多蓝领工人不能很快适应这种局面，他们寻找新的工作机会存在困难。而这种理念，可能就是考虑了寻求他们支持这一点。从国家战略角度看，一个国家采取竞争合作、互利共赢的姿态是恰当的。如果慢慢关起大门，其衰落是必然的，中国历史已经证明了这点。所以"闭关锁国"肯定不是好的选择。中国现在有这样的竞争力，就与选择改革开放密切相关。当然在开放过程中，一定是获取相对的比较优势，有些产业会衰落，有些产业会提升，期待所有产业在国际竞争中处于优势地位是比较难的。

《中国财富网》：您认为人文领域的友好交流，对缓解其他领域的摩擦将起到哪些作用？

吴晓求：中美关系是全球最重要的双边关系和最重要的大国关系，中美关系稳定发展对全球至关重要。当然，两国关系内容丰富，其中人文交流既是双边外交的重要纽带，也是公共外交和民间外交的重要形式。经贸等领域的合作，离不开人文交流。人文交流更多是非官方的、民间的、公共的交流，更多是文化和教育的交流。人文交流是相互了解对方的重要机制，对改善发展两国关系至关重要。

二、中国经济处于"新周期"转换期

《中国财富网》：近期关于中国经济"新周期"的讨论持续升温，A 股周期性涨势特征也较为明显。您如何判断当前经济所处的阶段？

吴晓求：中国经济正处在一个"新周期"的重要转换期，一个重要表现就是对存量的结构性调整。供给侧结构性改革，实际上就是对存量资源和存量生产力的结构性调整，这对中国经济来说至关重要。

中国经济结构性调整的主要方向有三个方面。

第一，要让经济结构具有充分的市场竞争力和生命力。在转型过程中，要通过市场化改革让创新创业具有更好的体制基础，这是本次经济结构调整中的重要制度前提。当前创新创业主要是针对新产业来说，和过去的模式不一样，它不完全依赖于土地、资金，更多是一种创新的想法。产业的升级换代是必然趋势，作为转型结构中的重要制度安排，"双创"对改变整个经济结构、让经济富有生命力，具有重要的价值。

第二，经济发展要摆脱对自然资源的过度依赖，过去的这种过度依赖已经难以为继，同时对生态环境造成了很大破坏，其产业附加值也并不很高。实现经济结构性调整，需要大幅提高产业的科技含量，减轻对自然资源的依赖。一个人口小国可以依靠丰富的自然资源富裕起来，这是有可能的，但对中国这个人口众多的大国来说，长期依靠自然资源来发展经济是不太现实的。

第三，推动科学技术进步，推动新技术和新产业的发展。深圳在这方面做得比较好，成功实现了经济结构的转型。从这个意义上看，中国经济处于一个大的周期转型过程中，这个过程也是要克服和跨越中等收入陷阱的过程。中国现在人均 GDP 超过 8 000 多美元，如何跨越中等收入陷阱并进入高收入国家，这比任何其他中小型国家都要困难。我认为，要实现这种跨越，唯一的出路就是经济发展模式和产业结构的转型，为此必须推进制度改革。

中国有很大的概率去跨越这个陷阱，然后过渡到高收入国家行列中。这主要基于中国人的创造性，以及孜孜不倦的对未来的追求。现在年青一代创业很有热情，涌现出很多新的产业业态。新技术和新产业发展过度没有关系，尽管有点急于求成，但总比懒惰要好得多。中国人的精神特质，与拉美国家的人们不同。拉美国家是陷入中等收入陷阱的典型代表，那里的人们都不太干活，创业创新的热情不是很高，安于享受大自然的恩惠，不太去琢磨创新和发展高科技企业，而中国人却总在不断地追求新的东西。

要发挥年轻人的创业才能，就必须推动经济体制的改革。这就要求大力调整政府和市场的关系，政府把握的资源要尽可能少，对创业要最大限度地支持。我认为，如果要设立一家创新企业，仅需要一个电子注册就够了，剩下就让这个企业进行创业，去创造社会财富。如果发现其有违规违法行为，可以去规范。哪怕只是在网上注册一个企业，等盈利了后再按照规定收税，在初期阶段就让它发展起来，做不下去也可以容易地退出。但现实中有些情况并非如此，这是让人忧虑的地方。要给创业创新留下极大的空间，不能成为一个空洞的口号。

目前的存量结构转型不能说已经成功，但已看到了正确的方向。这些年，新技术、新产业得到了较快发展，比如金融领域的第三方支付，就是一个巨大的创新。高科技在金融领域的应用，提高了中国金融业的竞争力。当然，金融科技的应用有的做得不错，有的仍然是需要规范完善。

三、金融科技对现存主流金融带来了新压力、新活力、新希望

《中国财富网》：目前金融科技发展迅猛，深刻影响着金融业态。您认为其对传统金融业是否会带来颠覆性的影响？

吴晓求：金融科技对现行主流金融形成了很大的改革压力，也是现行主流金融取得进步的外部推动力。如果没有外在压力，一个盈利很高、很舒适的传统金融行业，是难以有改革动力的。如果没有竞争压力，90% 以上的企业和个人可能都不会改革。我认为在金融业态中，最成功的创新就是基于移动互联的第三方支付。这对金融功能的提升、经济结构的转型、消费模式的变化，均起到重要作用。电商、网上购物、网上消费已然成为一种基本趋势，这与金融新业态的出现关系密切。

如果要对比中国与欧美金融科技的发展，第三方支付是中国具有优势的领域，所以需要认识到其巨大的作用。虽然中国商业银行的市值很高，在全球前 10 中可以占据 4 个席位，但我认为，这要归因于人口和经济规模比较大，以及银行主导性的地位。不能拿总量来看金融业的竞争力，而是要看核心竞争力。所以，金融监管要对新业态持有适当的宽容态度。

四、互联网金融不是牟取暴利的地方

《中国财富网》：目前金融强监管的取向，应该与前几年的互联网金融（如 P2P）乱象有关。那么，应该如何平衡金融创新与金融监管的关系？

吴晓求：中国的互联网金融在发展过程中，可谓泥沙俱下、鱼龙混杂。的确有人借助互联网金融的旗号，来进行诈骗和非法集资，这样的案例有很多。他们败坏了互联网金融的声誉。这些人并不了解互联网金融的本质是什么。他们以为凭借互联网金融可以获得巨额暴利，而事实上互联网金融的本质是普惠金融，它面对的都是小群体、中低收入阶层和小微企业。在这些群体有适当信息披露的情况下，互联网金融可以为其提供融资支持，包括提供互联网金融理财服务。第三方支付的人群，也多是年轻人或者收入不太高的人群，亿万富翁们用得比较少，金融的结构性改革的一个重要目标，就是要让这些过去主流金融所忽视掉的长尾客户，他们有权利享有适当的金融服务。

因此，不要误认为互联网金融是下一个牟取暴利的地方。互联网金融解决的是传统金融中长尾客户的需求，这些客户在传统金融的视野和理念下难以得到适当的服务。互联网金融通过互联网平台，通过对信息深层次的挖掘和整合，可以为无法得到传统金融服务的客户提供服务。显而易见，这样的单个服务是不具规模的，但无限多的小的需求合起来，就形成规模了。很多人误读了互联网金融，把它作为获取暴利的机器，败坏了互联网金融的名誉。

互联网金融中也有做得比较好的，最成功的就是第三方支付。金融有三大基础功能：支付、融资和投资。具体来说，融资功能，例如资本市场中的债市和股市，传统银行的融资贷款。不过，随着金融脱媒趋势，债市和股市的发展，实际上构成了对商业银行融资功能的挑战，这就是市场脱媒的力量。投资功能，也就是财富管理功能，这是现代金融核心的功能。金融必须满足机构和个人对财富管理的需求，否则，如果没有流动性、透明度、收益率较好的金融资产，资金就可能流向房地产，这就要求发展资本市场。支付清算功能，就要为整个经济活动和贸易活动提供支持，这个功能越快捷、越安全越好。金融发挥支付清算功能经历了一个发展过程，依次从现金、票据等纸质媒介，发展为卡支付等。支付媒介的变化，对经济贸易活动起了重要的推动作用，减少了成本，提高了效率，也使安全性越来越高。传统的支付方式都有一个共同的弱点，就是受到时空的限制。而互联网金融的出现，使得二三十年前存在于科幻作品中的情景，在现实中得以实现。

要看到互联网金融成功的一面，尤其是支付功能的改革和脱媒。就像资本市场最成功的功能是发行股票和债券，企业可以通过发行股票和债券进行融资，但主要的是资本市场可以为社会提供一个可供选择的资产。所以，要正确看待互联网金融的天生特征，要深刻理解第三方支付这种新的金融业态的革命性价值。

未来金融监管改革可趋向"双峰管理"

——《上海证券报》记者的访谈

【作者题记】

　　这是作者 2017 年 3 月 24 日在 2017 年博鳌亚洲论坛期间接受《上海证券报》记者郭成林的访谈稿。

　　中国人民大学副校长、金融与证券研究所所长吴晓求今日在出席博鳌亚洲论坛 2017 年年会间隙，接受了上海证券报记者的专访。此前，有人提出"野蛮人、妖精、害人精、金融大鳄"之论，触发一系列监管风暴。对此，吴晓求如何解读？资本市场监管的下一个重点是什么？

　　"最近一年，中国资本市场监管正在不断探索。"吴晓求表示，"中国资本市场发展了 20 多年，但我们对资本市场监管的理解还是有重大差异，我们为此付出了代价。"

　　吴晓求认为，2015 年的股市危机和股市大动荡提供了反思机会。这场危机中的一个重要原因就是监管错位。实际上，赋予监管者的职责只是监管，不应要求监管者兼有市场发展的职能，包括市值的扩大、指数的上涨等，这不是评论监管者成功与否的依据。评价监管者最重要的依据是，能否保持市场的透明度，使市场处在公平公正的状态中。

"最近一年多来，证监会抓信息披露和市场透明度的建设，同时对于操纵市场和内幕交易这种行为严厉监管。我的评价是正面的，虽然指数没有涨没有跌，只要市场保持平稳的秩序，市场在公平公开的环境下运行，这个市场就是健康的。"他说。

谈及对"野蛮人、妖精、害人精、大鳄"等词的理解，吴晓求认为，这些词实际上在资本市场中是中性的，在中文里可能带有贬义。在资本市场发展历程中，"野蛮人"是正常的，是市场价值发现、并购行为发生的重要机制。

如果门口没有"野蛮人"，市场也就失去动力或者生机。但是，不能让"野蛮人"胡搅蛮缠，不遵守规则。在规则监管之下，"野蛮人"就是市场正常秩序的推动者。因此，最重要的还是制定一个与现代资本市场相适应的规则体系，这是监管者的最重要的责任。

其次，对于下一步金融市场的监管，吴晓求分析，"关键在于搞明白我们为什么要监管，监管的目的是什么"。在他看来，中国的资产结构正在发生重要的变化：一方面以信贷资产为主的传统资产的比例在下降，另一方面有财富管理需求的资产正在增加，而这两类不同资产类型其实对应了完全不一样的监管要求。

"在传统信贷资产为主的时候，对银行等机构而言资本不足是风险，所以我们有很严格的资本充足率等指标的要求，而对财富管理类资产而言，信息的透明度、信息披露的真实准确成为关键。"吴晓求表示。

基于此，关于中国是否需要成立一个凌驾于"一行三会"的超级央行，近期再度引起业界与舆论的广泛讨论。

"原来金融系统的监管主要是基于资本不足而设立的监管模式，现在的风险结构发生了变化，所以监管的模式是需要调整的，这就涉及一个问题，这个模式怎么调整？这需要进一步研究和探索。"吴晓求说。

在吴晓求看来，风险结构出现了变化，所对应的监管也应进行调整，不能简单套用国际经验。目前的任务是需要进行"双峰管理"——央行针对系统性风险进行监管，把某些"三会"的功能给央行，将其重组；再同时增加一个针对金融市场风险的监管机构。

"让资本市场、金融风险在金融市场这个层面逐步衰减，而不至于一下子就触发系统性的风险。"吴晓求表示。

最后，2016年以来，国内股市IPO的速度在加快，市场重新关注上市与退市制度改革的进度与成效问题。对此，吴晓求认为，目前的退市机制效率很低。

"有人理解加快IPO是实现供给的机制，但更重要的就是退市的机制。我们加快IPO的同时，如何让市场流动起来。市场没有任何投资价值的企业，实际上要退市，中国在退市机制方面的改革不那么市场化。"吴晓求说。

吴晓求进一步表示，曾经有一段时间加快了退市机制标准的制定，退市速度有所加快，但是到现在为止与新增的企业相比，退市效率仍极其低下。如此下去，市场的投资效率会严重损害。

"我们要严格退市，国际市场如纽交所上市公司一直比较稳定，它有明确的退市，而且退市的速度比较快。所以，在中国，退市机制的进一步完善和效率的提升，也是中国资本改革的重要内容之一。"他最后说。

金融风险与金融监管改革

——《凤凰财经》记者的访谈

【作者题记】

这是作者 2017 年 3 月 23 日在 2017 博鳌亚洲论坛上接受《凤凰财经》记者杨芳的访谈，本文由杨芳整理。作者认为，中国金融资产结构和风险结构正在向市场化方向发生明显的变化，监管的重点也应该从资本充足率监管转向透明度监管，未来中国也许可以建立一个"双峰型"监管模式。

《凤凰财经》：近期关于"'一行三会'金融监管体制改革"的问题引起了热议，之前市场猜测银监会和保监会合并，而现在更多揣测说"一行三会"监管模式不变，而是建立一个金融监管协调机制。您怎么看？您有什么建议？

吴晓求："一行三会"合并是传闻，我不太了解。但对中国金融监管改革来说，需要认真研究。从实践看，我们过去所建立的"一行三会"监管模式，推动了中国金融业的发展，包括银行业、资本市场以及保险业的发展。过去采取这样一种模式，我认为是恰当的，因为当时中国金融体系还处在一个市场化初级阶段，证券化的水平比较低，市场化程度严重不足。

经过多年的发展，中国金融结构发生了很大变化，其中，两个方面的变化尤为明显：

第一，中国金融结构发生了很大的变化，证券化金融资产比重逐步提升。也就是说，金融体系中财富管理的功能有明显提升。过去银行资产占比很大，现在比例正在下降，虽然规模仍在扩大，但是证券化金融资产规模以更快的速度在增长。

第二，基于金融结构的变化，中国金融风险也发生了很大的变化。过去主要是银行类的金融资产比重太大，大约占到80%甚至90%，所以，那时监管重心放在资本充足层面，各大金融机构无论是银行类还是非银行类金融机构的资本充足率指标是监管的核心指标，对金融机构的监管放在核心位置。现在资本不足风险仍然存在，但是金融风险结构正在从资本不足风险走向资本不足和透明度风险并存的时代。因为，证券化金融产品风险主要来自透明度，来自信息披露。从这个意义上说，原来那种重点放在金融机构监管、资本不足监管的监管模式也要发生一些变化。我们要关注金融体系中的透明度风险。2008年的国际金融危机，一个非常重要的原因就是金融产品信息披露有问题，透明度出了问题，最后引发了国际金融危机。从这个意义上说，中国的金融监管模式需要调整、改革，因为监管主要是防范风险、对冲风险、管理风险或者使风险不要继续蔓延，使局部风险不要蔓延成体系性的金融危机。基于这种看法，中国金融监管架构和模式要根据中国金融结构和风险的变化进行调整。

至于调整成什么模式，我想首先有几个原则。首先，一定不是一个监管机构来监管所有的金融风险，"超级央行"模式不适合中国，如果把所有风险都让"超级央行"来管理，我认为不太现实。其次，"一行三会"可能也要做结构上的调整，这个调整主要从功能、风险的分类来考虑。我曾经提出，未来中国也许可以建立一个"双峰型"监管模式。这个"双峰型"的监管模式，一峰是金融监管机构，可以称之为金融监督管理委员会，主要负责市场风险的监管、准入的监管、各种微观主体行为的监管等。这个委员会的功能主要是让市场风险随时处在监控中，使市场风险不至于放大，让市场风险衰减，就如"大浪"来了后，前面有一道使大浪缓冲的机制。另一峰就是央行，维护整个金融体系的稳定。当然这个央行可能和现在的央行略有不同，现在的央行主要负责货币发行，也包括对金融体系注入资金，保持金融体系的稳定的职责。未来的央行还有宏观审慎与微观审慎监管协调的职责。这就是"双峰"的设计原则。

《凤凰财经》：听您分析，还是有点像统一监管？

吴晓求：不，我说的是需要监管重组，也许在金融监督管理委员会下会有行业的分类监管。

《凤凰财经》：《政府工作报告》中多处提到"金融风险"，提到当前系统性风险总体可控，但对不良资产、债券违约、影子银行、互联网金融等累积风险要高度警惕。您认为金融对 GDP 占比过高吗？当前，金融领域的主要风险存在哪些地方？

吴晓求：应该说，中国金融在未来一段时期里还是相对稳定的，不会出现大的金融危机。我们从汇市、债市、股市和房市还有银行信贷市场等角度看，虽然都有压力和风险，但是不会出现危机性的风险。我们的货币规模 M_2 达到 160 万亿元，比较大。的确，从 M_2 对 GDP 的比例来说，中国的比例是全球主要经济体里面最高的，这预示着只有采取两个措施才可以让风险减少。

第一，收缩的政策，我们叫货币退出。过去相当长时期里，我们采取了相对量化宽松的货币政策，M_2 增长速度一般都在 12%、13% 甚至更高，有些年份达到 16%。既然宽松，就应该退出一些部分，这样金融体系会比较稳定，但是退出的话，会在某种程度上给实体经济增长带来影响。所以，这个选项很难。就目前中国情况来看，很难作出选这一项。既定的货币存量是 160 多万亿元，有一部分会选择资产配置。从理论上说，它应该选择股票类资产或者债券资产。中国债券市场是一个比较封闭的市场，很难做资产配置。好像管理部门也不希望资金大规模进入股票市场。我们国家对资产市场有一个判断，比如有时候宁愿房地产市场价格上涨，也不希望股票价格出现大幅度上涨，认为股票价格大幅度上涨会带来很大的风险，而房地产市场多方受益，虽然提高了生活成本。

第二，让人民币出现一定程度的贬值，这符合逻辑。我所说的"一定程度"，比如从六点几贬到 6.9，差不多 10% 的贬值，我认为这符合逻辑，也是消除人民币 M_2 存量压力的重要机制。所以，无论是人民币一定程度贬值，还是房价的上涨，都在减轻存量货币购买的压力。我们最不希望这些过多存量货币造成通货膨胀、物价上涨，这会使老百姓生活成本大幅度增加。目前有一个非常有趣的现象，在金融市场相对发达的国家，过多的货币不会引起物价的大幅上涨。从这个角度来看，我们金融体系不会有太大问题，加上金融体系主体部分商业银行的各类指标都不错，尤其是监管性指标。虽然因为周期因素，盈利性指标在下降，但也没有出现严重的恶化。所以，总的来看，银行体系不会出现大的风险。从货币存量分析看，它会使各个领域都"冒泡"。这个冒泡也是减轻压力，可能汇市有 10% 的贬值，债市可能会出现局部违约，个别或者少数公司债包括地方政府债可能会有某种违约，银行当然也有少量贷款收不回，这都很正常，但这些风险不足以导致体系性危机的出现。

《凤凰财经》：由于房价的持续高涨，房地产泡沫风险越积越大。您认为，当前房地产风险如何？有何应对措施？

吴晓求：我认为，这时只要银行减少对私人部门的杠杆，就可以降低风险。只要控制了杠杆，风险就不会传导至银行体系。

《凤凰财经》：全国人大常委会 2017 年立法工作计划中，提到继续审议证券法修订稿。市场一些分析认为注册制改革将继续推迟，甚至被废弃，您怎么看？

吴晓求：在我看来，维护整个金融体系的稳定在 2017 年变得特别重要。为了维护金融体系和社会的稳定，如果短期内推迟注册制改革，是可以理解的。但从长期目标看，我们还是要推动中国资本市场的市场化改革，包括国际化进程，要推进中国金融体系的结构性改革。我们不可能退到行政审批的时代，那是一种倒退。股票市场中最核心的是发行制度的改革，包括发行标准重新设计、发行上市的审核机制、发行的定价机制、上市公司退出机制以及信息披露等。实际上，《证券法》修订的核心就是要确立一套以透明度为核心为基础的市场化资源配置方式。这是《证券法》修订的最核心内容。

《凤凰财经》：近期，市场重组、定增数量和金额大幅减少，打压了上市公司再融资的需求，您对这些公司有什么建议？

吴晓求：的确，这段时间对定增提出了新的要求。过去一段时间，定增成了大股东财产的增值机制，大股东通过定增实现寻租，这样的定增可能成为大股东套利的机制。这次定增最大的变化是关于定增价格的确定机制。过去是董事会决定之日前20天平均价格的90%，现在是发行之日的90%，那基本没有套利空间。按照这个价格来定增，参加定增的人要锁定一年，折价10%，套利很难。定增和并购连在一起的，没有定增的并购很难完成。一方面要通过增发完成并购，另一方面又要保证市场的公平性，这的确是个难题。过去有大量寻租套利，现在没了，大家可能就不愿意定增了。对市场来说，企业有并购需要，如果没有适度套利，并购就完成不了。所以，我认为有适度套利是重要的，要在两者之间找到平衡。

《凤凰财经》：目前，房地产进入新一轮调控周期。在这种紧调控的背景下，您认为楼市的资金会流入股市吗？对投资者来说，您建议今年如何进行资产配置，买房还是买股票或者是其他配置？

吴晓求：很多人觉得这两类资产是跷跷板。为什么？我不知道这一轮的调控能持续多久，很多调控半年就结束了，下一轮又爆发式上涨。我们在很多领域做得非常好，都能找到一些办法，但在稳定房价，使其能够与经济、收入增长相匹配的理性上涨，目前还没找到有效办法。事实证明，限购不是一个有效的办法。我们不是一次采取这样的措施了，而是采取很多次了，应该再想想其他办法。至于股市能不能上涨还取决于政策引导。现在对中国市场来说，股市相关的政策比较严，我们好像不太欢迎股票价格的上涨。在股票价格上涨和房地产价格上涨之间，似乎更能容忍房地产价格的上涨，不太容忍股票价格的上涨。实际上，理论研究的结论刚好相反。股票价格的上涨比房地产价格的上涨，对未来经济的作用要正面得多。我没有具体建议投资什么。总的来说，今年的市场难以出现大幅度波动。

2017 年资本市场何去何从？

——中央电视台《市场分析室》记者的访谈

【作者题记】

这是作者 2017 年 2 月 13 日接受中央电视台《市场分析室》栏目的访谈。收入时，作了个别文字校正。

一、"逮鼠打狼"监管升级透露出什么信号

主持人：历来监管层加强市场监管时，市场都会有所震荡。我知道吴晓求教授是中国证券市场理论研究的重要学者。您对近期监管部门的做法怎么看？

吴晓求：从近期的一些信息看，监管部门正在思考资本市场监管的核心要义，即维持市场的公平和公正，维持市场的正常秩序。

主持人：有很多投资者听到"逮鼠打狼"都倒吸一口凉气，觉得市场要有大调整了，但是市场表现却是强势向上突破。您怎样看待市场的这种反应？

吴晓求：证监会的职责主要有两点：一是保持市场的透明度。市场透明度是市场公平公正的前提。监管上市公司信息披露始终是证监会的首要责任。二是维护市场的正常秩序，这里面就包括要打击内幕交易和操纵市场。"逮鼠打狼"是一个形象说。"鼠"指的是内幕交易，这个"鼠"必须打，因为严重违背了公平。因为内幕交易提前获得了信息。"狼"就是操纵市场、呼

风唤雨式的人物，他们随心所欲，欺上瞒下，巧取豪夺。这些都是资本市场所不能容忍的。溯本清源的证券市场才会是健康的。

主持人："逮鼠打狼"大快人心，但是散户损失该如何赔偿呢？当下资本市场监管的顽疾和症结又在什么地方呢？

吴晓求：有关投资者维权的机制还有待完善，但是散户可以在握有证据的基础上通过法律诉讼的方式解决。当下资本市场监管的顽疾有三点：一是我们为什么监管；二是我们监管的目标和重点在哪里；三是如何监管才能有好的效果。回答这三个问题，用一句话说，就是要敢于"亮剑"，善于"亮剑"，要抓住重点。我们过去看到了问题，但是不善于"亮剑"，也不敢于"亮剑"，总是怕"亮剑"。我想，监管还是不应该受市场指数的影响。无论在什么时候，有违规违法的行为，都要敢于"亮剑"。

二、解决 IPO 堰塞湖如何"稳"字为先

主持人：在全国证券期货监管工作会议上，监管部门提出了"IPO 常态化"。很多投资者认为新股源源不断上市的话，会影响目前市场整体的运行。

吴晓求：IPO 常态化，实际上包含两层意思，第一个就是我们不应该把 IPO 作为调节市场的手段和砝码。过去在市场不好的时候，IPO 的节奏就会减缓甚至暂停下。如果指数上去了，IPO 就重新启动。所谓的 IPO 常态化，意味着不能因为指数的涨落而决定 IPO 的节奏。第二个就是指数的涨落跟 IPO 的节奏没有必然的联系。我个人认为，企业要不要上市，由企业根据市场的变化决定，而不是由监管部门根据市场指数决定。

主持人：我们知道，核准制要向注册制逐渐过渡，何时才能进行？

吴晓求：注册制和核准制是有重大的差异，它们之间没有包容关系。我认为，注册制是中国股票发行制度未来的基本方向。核准制最大的缺陷是责任机制不明确，若有虚假信息披露，有欺诈上市，要追究谁的责任，搞不清楚。未来我们还是要创造条件向注册制过渡。

主持人：推出了注册制就能解决目前资本市场堰塞湖的问题吗？

吴晓求：当前有 700 多家企业在排队上市。这 700 多家是否完全符合标准？特别是在信息披露方面是否达到了标准？这些都要甄别筛选。核准制解决堰塞湖的时间是比较长的，涉及审批与责任机制。万一审查不严，欺诈上市成为事实，会带来很多法律问题，所以核准过程非常小心也非常慢。

如果实行注册制，解决堰塞湖的问题，时间会相对比较短，但也需要两三年的时间。我们为什么说是要创造条件逐步过渡到注册制，重点考虑也是在这里。因为核准制要全部解决堰塞湖问题还是很难的，你解决了这 700 多家，又会来 700 多家，怎么办？在这期间还要把其他机制建立起来，包括退市机制。市场不可能永远增量，那些没有效率、没有投资价值，已经达到退市标准的上市公司，必须实施严格的退市机制。如果只是增加 IPO，退出机制效率很低，这肯定是个大问题。

主持人：很多投资者很关注 IPO 扶贫的问题，您怎么看待？

吴晓求：IPO 扶贫是证监会 2016 年的重要任务。IPO 扶贫必须符合两个条件：一是上市标准不变。因为资本市场对所有上市企业的标准是一样的，我们不可以因为区域的差异而调整标准。证监会也强调在贫穷落后地区，企业的上市标准是不变的。二是防止寻租行为。发达地区的企业把注册地放到贫穷落后地区，我认为现在 3 年的时间要延长到 6 年甚至更长时间。通过这个机制对贫穷落后地区有促进的作用，包括观念的改变、税收的增长、就业的增加等，这些是资本市场能够发挥作用的地方。

主持人：今年的资本市场将是"稳中求进"还是"雷霆不断"呢？

吴晓求：2017 年的资本市场，我觉得应该是"雷霆不断"，面对虚假重组、借壳上市、再融资、内幕交易、操纵市场等问题，监管层都应采取"亮剑"行动，以维护市场的透明和公平。

2016 年的访谈

险资举牌与市场监管

——《金融界》记者的访谈

【作者题记】

这是作者 2016 年 12 月 8 日在参加《金融界》举行的论坛期间接受《金融界》记者的访谈。当时，险资举牌是个热门话题，作者对此及有关监管问题谈了自己的看法。

谈险资举牌：即使在分业模式下，险资举牌也能得到很好的监管

《金融界》：最近股市最热的话题是关于险资在二级市场大肆攻城略地，虽然被证监会批评，保监会的检查组也开始进驻前海和恒大，但是市场上对险资举牌本身还是有争议的，您怎么看？

吴晓求：在资产荒的背景下，险资在不涉及非法交易的前提下，配置一些收益不低的权益类资产本身是无可厚非的。但是，我很反对资金规模特别大的投资者来做短线，虽然说这是合法的，但是大资金在短时间内频繁买入卖出某一只股票的做法，确实造成了市场的波动。

对资本市场来说，有两条最重要。其一，是透明度。无论是对上市公司来说，还是对投资者来说都是如此，特别是对资金规模达到一定级别的投资者来说，更是如此。其二，资本市场的各个参与者都要遵守相关的交易规则，避免出现合谋、操纵市场、内幕交易和虚假交易等情况。

这也就对监管层提出了新的要求，需要监管层制定好举牌的相关规则，包括信息披露、万能险的资产配置和资产结构方面，把规则制定好，所有的机构都按照规则来运行，这非常重要。

就当前的这些险资举牌事件来说，肯定双方都需要改进，但是总体看，可以对市场提出很高的道德要求，但最重要的是法律和规则的制定。

《金融界》：这个事件的背后是否是我们目前混业经营与分业监管之间的矛盾？

吴晓求：即使是在当下分业监管的情况下，对这件事也是可以很好地监管，因为无论是哪种监管模式，只要制定好规则就可以实现监管。

谈金融监管模式：照搬英国模式和美国模式是不合适的

《金融界》：当下，混业监管呼之欲出，您认为我们当下的监管层应该在哪些方面发力？就您目前对监管层的了解，您认为可能会采取哪种模式？

吴晓求：我认为目前的英国模式和美国模式都不适合中国，毕竟中国的金融市场有其独特的逻辑。对中国金融监管的改革要非常慎重，需要缜密的设计和研究，必须要理清中国需要重构一个什么样的监管模式和架构。总体来看，以下问题是重点：

第一，现在的金融风险有哪些特点和结构？未来中国的监管模式会有什么趋势？如果对现在金融风险特点和结构以及未来趋势缺乏深度把握，就提不出来有建设性的意见。

第二，为什么金融风险会发生这样的变化？如果对金融结构内部的变动规律以及中国金融结构的未来趋势没有深度研究，就不能得出金融结构未来改革的方向和模式。

第三，未来中国金融的战略目标是什么？是要成为全球的金融中心，还是说不想要有那么高的国际化目标？

第四，一定要考虑新技术对金融所可能产生的影响。

第五，全球金融监管在过去一段时间的变革是怎样的？趋势如何？

这些都是研究未来模式和架构的基础课。如果没有想好，后面就不能提出建议，否则就是误国误民。

《金融界》：那您认为当前监管机构对这些点都做到了吗？

吴晓求：有一些做到了。

目前的监管还是分块的，但是金融市场是一个整体，在监管上也需要对金融市场和金融主体做有机结合。目前不少监管只是针对一块做研究，比如说，做商业银行的人提出来的监管架构带有非常浓厚的商业银行特色，这个监管架构对资本市场的覆盖肯定是不够的。商业银行的主要特点是资本监管，而资本市场是以透明度监管为主，如果照搬就会造成重大缺陷。

谈资产荒：市场上"水"太多是根本原因

《金融界》：您刚才提到了资产荒，为什么资产荒现象这么严重？

吴晓求：主要是市场内的资金太多，这是这么多年的积累造成的。特别是这几年，M_2 高速增长，累积到现在的规模已经超过了 150 万亿元，这些资金都会形成购买力。对机构来说，肯定要去买资产，这是需求端。

而与此同时，面对如此庞大的需求，国内金融领域创造出来的可以供选择的金融资产是不够的。不可能指望机构投资者去买房，买美元又要面临外汇管制，投资实业又有一定风险。所以，相比较而言，大资金选择估值低、股权机构有利于投资的二级市场标的来配置，也是正常的。

但值得一提的是，资产配置我是支持的，不涉及实际管理的长期价值投资的举牌也是可以的。但是，如果说企业管理并没有问题，举牌进入的大股东硬要改造管理层，虽然说从制度层面上看并不违法，但是险资也要考虑自己的投资回报，不要让企业因为你的到来产生重大问题。

毕竟，管理企业与险资本身的功能是不匹配的，就这一点看，当下的一些险资还是做过了。

谈人民币贬值：人民币没有贬值基础，国际化脚步不能停

《金融界》：这几月的外汇储备连续下降，11月外汇储备余额为30 516亿美元，环比减少691亿美元，降幅为1月以来最大，连续5个月以来缩水。这带来两个问题。人民币有持续贬值的基础吗？央行应该如何管理当下市场上存在人民币贬值的预期？

吴晓求：人民币的持续贬值是针对美元，对一篮子货币而言，人民币贬值幅度并不大，毕竟全世界不是只有美元一种货币。

另外，要正确看待人民币这一波的贬值，这是人民币自由化过程中的必经阶段，目前看来，贬值的区间还是属于正常区域的。从根本上看，中国经济还是有希望的，不是人们所想象的那么差。我们现在要习惯这样比较紧张的经济环境，习惯这种不是所有企业都盈利的状况，过去那种一直高歌猛进的状态也是不正常的。

对央行来说，最重要的是不要受到这些外界因素影响，不要停止改革的步伐。

首先，不可以关起门来，不可以倒退，不可以为了不让外汇储备下降，就把正在进行的外汇制度改革停下来。

其次，中国目前的外汇储备、汇率以及经济状况都处在相对正常的范围内，并没有出现恶化，都是结构转型的问题。

最后，要继续推进金融市场的开放，这包括汇率机制的改革以及人民币国际化的进程，以及建立全球金融中心的进程，这是基本方向，不能变。

根据我目前的观察，央行目前没有任何要倒退的迹象。

谈养老金入市：改善投资者结构迈出重要一步

《金融界》：12月6日，21家基本养老金投资管理机构亮相，标志着大家期待已久的养老金入市更进一步，进入了实质性的操作阶段，您如何看待养老金入市对A股可能产生的影响？

吴晓求：养老金入市是中国资本市场改革的重要一步，以前的改革都

侧重于发行制度的改革，而除此之外，还必须要推进资本市场资金来源的改革，也就是投资者的结构改革。这种资金规模巨大的养老金的入市，通过市场化机制，在控制风险的前提下实现资产的保值增值，这对改善中国资本市场投资者结构是非常重要的一步。

此外，这也是一个重要的政策信号，过去很多资金都不敢进入股市，比如中国高校很多校友基金会都很少投资股票。若干年前，发生过高校资金投资股市被严厉处罚的事件，所以这一块一直存在观念上的约束。而现在养老金的入市，是一个非常明显的政策信号。

谈美联储加息：不要花精力去研究，对 A 股影响不大

《金融界》：12 月 14 日，美联储将会进行最后一次议息会议，这被认为是年内最大的一只"黑天鹅"，您认为美联储加息的可能性大吗？这是否会对 A 股市场造成冲击？

吴晓求：我觉得从年初到年末，全球经济学家在这个问题上花费大量的时间很不值得，美联储肯定会加息，事先做好资产配置就行了，加不加对小资产投资者来说，并没有那么大影响。

至于对 A 股的影响，也会是很短暂的，因为 A 股有自己的逻辑，没必要去花费大量精力去论证到底什么时候加息。

《金融界》：特朗普当选为下一届美国总统以后，分析认为，这代表着当前的一股"反全球化"力量，而我国当下正在推进"一带一路"倡议，特朗普的上台，对中国会造成什么影响？

吴晓求：特朗普是一个不按套路出牌的人，不过我认为，太过分的政策不会有。特朗普这个人难以捉摸，会给市场带来一些不确定性，我们要高度重视，毕竟美国依然是全球最大的经济体，在全球有极其重要的地位。但是从经济发展全球治理和对外贸易的角度看，坚持开放互利共赢的模式，我不认为这样的模式有问题。在这个模式下，各国之间相互促进、相互尊重、相互发展，没有一个国家会反对这样。

互联网金融的核心是支付革命

——《新华网思客》记者的访谈

【作者题记】

这是作者 2016 年 11 月 24 日在参加国务院参事室主办、新华网承办的"2016 国是论坛"期间接受《新华网思客》（以下简称《思客》）记者的访谈。

互联网金融变革的意义，核心在于支付革命

《思客》：这两年金融创新产品很多，最具代表性的是互联网金融，我看过一个比较有意思的比喻，说互联网金融就像金融业的五四运动，它冲击着曾经躺着赚钱的传统金融体系，您如何评价互联网金融和金融创新？

吴晓求：互联网金融让人有点不适应，把人们的惯性思维打乱了。中国金融改革是一个基本趋势，因为中国金融最大的问题是市场化程度不够、普惠性不够。中低收入阶层，包括小微企业在传统金融架构中很难获得应有的服务。并且，当下的经济结构、经济运行模式发生了重大变化，特别是网上购物这种消费方式的迅速发展，比如阿里巴巴 2016 年的"双十一"交易额达到 1 207 亿元。这些消费模式的变化预示着金融形式的改变，所以，整个经济运行结构的变化要求金融也要进行变革。

具体来说，金融变革主要朝着三个方向走：第一，是市场化，其中非常重要的是利率市场化。第二，是金融的国际化进程。第三，是金融技术的发展，其中最典型的就是互联网金融的发展。

互联网金融的确对传统金融带来了颠覆性影响，最重要的是在支付方式上。以互联网为平台的消费模式成了一个主流的消费模式，大多数人都从网上购物了，所以一个以互联网为平台的支付平台产生了。互联网金融最核心的是基于互联网平台的第三方支付，因为它预示着金融的第二次革命。金融的第一次革命叫脱媒，就是资本市场。第二次脱媒就是互联网金融的支付平台。

现在人们对互联网金融关注最多的是P2P，因为它出现了很多跑路现象。但是我们不要把过多精力放在这上面，我们要看到互联网金融最核心的部分——支付革命，它是互联网金融对金融所带来的最重大的贡献，要正确看待它。

中国没有"经济金融病"，金融竞争力体现经济竞争力

《思客》：有一种观点认为，现在中国经济的问题是经济金融化比较严重，还有人称之为"经济金融病"。您怎么看待"经济金融病"和实体经济以及虚拟经济的关系？

吴晓求：首先我不太赞成说今天的中国出现了经济金融病，说金融规模太大。就 M_2 来说，我们太大了。但是 M_2 是货币，它还没有变成金融资产。

我却认为，中国经济金融化的程度并不是很高，我们并没有达到发达国家的水平，全社会总的金融资产加起来也比发达国家低很多。所以我认为"中国经济出现了金融病"这个判断是不准确的。

经济发展到今天，金融的作用越来越大。但这不意味着金融要抛开实体经济，形成一个虚拟化或泡沫化的过程，这样的金融是没有出路的。尤其是中国这样一个大国，它的金融必须以实体经济为基础。新加坡不同，它的实体经济不算强，但是金融可以很强大，它以贸易和金融立国。中国是一个大国，实体经济必须要非常稳健和完善，这是中国金融发展的基石。

这个判断并不意味着金融就不可以有大的发展，需要明确的是，对于一个大国来说，经济最后的竞争力体现在金融的竞争力，并不体现在产业的竞争力。因为未来的资源配置是通过全球来配置、通过金融体制来配置。所以我们不但没有经济金融病，我们反而要不断提高经济金融化的程度，在金融化的程度里面不断提高证券化的程度。这两个基本趋势是中国未来经济发展、金融发展的基本趋势。

房价过快增长不是好事

《思客》：2016 年第三季度房价涨得非常猛，作为经济学家，同时又是名校副校长，您认为年轻人应该买房吗？

吴晓求：中国的房地产市场，特别是北京、上海等一线城市上涨得非常快。有一定的客观因素，像北京，是全国人民都向往的地方，它的需求非常大，供给又比较有限，所以从这个意义上说，它的上涨也是符合预期的。但是，房地产价格如此快速上涨，也是把后几代人的财富都掠夺走了。房地产价格过快上涨不是一件好事，还是要让年轻人有希望。所谓希望就是生活得幸福、生活得快乐、生活得安稳，这里面有一个很重要的是要有房子。

大国金融需要信用和透明度支撑

——《经济日报》记者的访谈

【作者题记】

这是作者 2016 年 4 月 16 日参加北京大学经济学院主办的"第 12 届（2016）中国信用 4·16 高峰论坛"期间，接受《经济日报》记者赵淑兰的访谈。

信用是大国金融的基础

记者： 如何看待信用对于大国金融建设的本质意义和现实意义？

吴晓求： 大国金融必须在一个非常良好的信用基础上才能真正建成，这就好比在沙漠上很难建成一个稳固的高楼大厦一样。所以，我们要构建一个能够推动中国经济持续稳定增长的一个大国金融，作为基石的信用体系建设和完善，以及信用文化的成熟和发展，就显得非常重要。

改革开放 30 多年来，我国经济、社会和金融领域取得了长足发展。然而值得注意的是，社会信用体系的破坏则相对严重。信用体系的建设过程，是市场经济成熟的过程，它需要相应的文化环境。中国传统文化中本来包含着诚实的信用文化基因，但在当今却受到了破坏，这不利于金融业的健康发展。

当前，我们尤其不能忽视，随着金融业态变化，信用的内涵和外延都在发生变化。比如，互联网金融对传统信用的内涵提出了挑战。在传统信用里面，个人的信用会与收入、地位、财富、名望等或多或少相挂钩。而互联网金融如果还按照传统的定义和坐标，就没有办法发展。对于今天的互联网金融来说，信用的标签是行为的轨迹，透过行为的轨迹可以看出信用的等级，不需要显性的东西，也不要线下的高成本尽职调查。互联网金融依靠的就是通过数据来观测信用。

透明度是大国金融的灵魂

记者：在您看来，对于构建大国金融而言，透明度是灵魂，如何理解透明度建设？

吴晓求：如果说信用是现代金融的基石，那么透明度就是现代金融的灵魂。现代金融包含两大核心元素，一个是契约或者信用，另一个是透明度。透明度是社会形态的信用，在现代金融市场中表现为信息的充分披露。

资本市场在现代金融体系中发挥着基础性的核心作用，通过点对多的方式向社会披露信息，通过一系列制度安排，要求当事人、发行人按照法律规则来披露信息，同时引入中介机构，根据所要披露的信息是否符合公开信息披露的要求，作出专业判断和虚假信息过滤。无论是注册会计师、律师，还是保荐人、投资银行等，其作用就是过滤虚假信息。信息的真实性，需要发行人自己来保证。

大国金融里面内含着透明度的建设。透明度丰富了信用的内涵，扩大了其外延。

应加速完善信用体系和信息披露透明制度

记者：构建大国金融亟须解决哪些与信用和透明度有关的问题？

吴晓求：信用体系和透明度，是现代金融赖以存在的基石元素，需要加强建设，否则很难构建一个与中国经济相匹配的大国金融。

构建大国金融还必须解决好四个问题，即要有高效、强大的资源配置能力；要有良好的风险分散机制；要金融体系逐步开放化与国际化；要将资本市场建设成国际金融中心。

就开放化与国际化来讲，人民币国际化是中国构建大国金融的前提。我们要积极稳妥地推进人民币的国际化，使其成为国际货币体系中重要的有影响力的国际货币。我们要让人民币有一个长期稳定扎实的信用基础。现在 M_2 的增长速度有点过快。未来，应从长远角度维护人民币长期的信用基础，在经济增长和货币供应上保持平衡。

就良好的风险分散机制来讲，在金融改革中，要坚决打破刚性兑付，因为它严重破坏了中国金融体系市场化的进程，扭曲了金融体系风险定价能力，阻碍了中国金融体系的现代化。打破刚性兑付的前提是信息披露必须是透明的。金融领域的任何欺诈行为都必须受到严厉打击。

功利化的股市会变形

——在 2016 年博鳌亚洲论坛资本市场分论坛上与王波明先生的对话

【作者题记】

　　这是作者 2016 年 3 月日参加"博鳌亚洲论坛 2016 年年会""'闯祸'的杠杆"分论坛上，与主持人王波明先生有关股市危机的一段对话。对话有时代背景，涉及当时最敏感的话题。

　　主持人王波明：吴教授怎么看（股市危机)?

　　吴晓求：西庆主席刚才讲得很好。1987 年"黑色星期一"，美国人到现在还在研究。研究那个时候为什么从大萧条以来的 50 多年时间里，金融危机没有出现过。花了很长时间研究 1987 年"黑色星期一"的原因。从国会到教授、到研究机构都在反思研究。我们也试图对 2015 年中国股市危机做一次系统研究。但是，中国国情不同，的确有一些东西你不知道。出现这么大的波动，需要非常科学、严谨、材料翔实的剖析。剖析它不是追究谁的责任，是要完善这个市场，是要使得中国资本市场开放后、成了国际金融中心后，不要再出现这个事。所以，"黑色星期一"之后，才会有熔断机制出来，才会出现对程序化交易的某种限制。我认为我们也要做系统思考。这是第一个意思。

　　另外，中国要对这类事件做系统反思应该说存在着障碍。我们有些交易数据还是可以找到的，包括资金规模，但是有一些非数据化的东西很难找到。在有限的信息条件下，我们完成了这一次的股市危机的系统分析，报告已经出来了，叫《股市危机：让历史告诉未来》，这个题目比较有意思。

主持人王波明：谁做的？

吴晓求：我做的。我牵头和七八位教授一起做的，研究了大概有 4 个月。这个报告应该说还是不错的。特别是对像 1987 年的"黑色星期一"、日本泡沫经济、纳斯达克市场危机、东南亚危机、2008 年国际金融危机，特别是 2015 年中国股市危机，都做了系统的研究。尤其是政府怎么干预，并将干预的效果进行比较。

我想说的是，在我们的研究中，我们认为 2015 年的股市危机的原因是非常明确的：第一，我们赋予这个市场太多的功能，我们把它功利化了，我们以为这个市场可以解决我们碰到的很多问题。实际上这个市场没有那么大功能。首先要看这个市场是干什么的，赋予太多功能，它就会变形。就像一个人本来没有那么大能力，你给他那么大责任，他就变形了。要正确理解资本市场的功能是什么。实际上关于资本市场的功能早有定义。资本市场就是一个财富管理的市场，解决不了其他问题。第二，监管者的角色是什么，监管者的目标是什么。我们过去相当长时期把监管者的成绩与市场指数做某种程度的挂钩。指数下来了，似乎就没有成绩，指数上来了，好像成绩很大，实际上这种判断标准是有问题的。监管者就是一个清道夫，必须尽最大努力保持市场的透明度。第三，我们的制度需要完善。我们对杠杆的运用是顺周期的。这个很要命。抵押物随着价格上涨，价值也在上涨，抵押出来的资金量在增大。我们要建立一个逆周期杠杆。这个非常重要。你要是顺周期，市场肯定会出大事。

所以，我们还是要做正本清源的事，我们发展资本市场已经 20 多年了，我们对这个市场究竟能做什么，还是缺乏深度的理解。

2015 年的访谈

股市最黑暗时期已过去，
不吸取教训会再犯错误

——与清华大学李稻葵教授的对话

【作者题记】

2015 年 10 月中国股市危机还未完全结束，余波不断。2015 年 10 月 17 日下午，作者到清华大学经管学院伟伦楼参加李稻葵教授主持的"中国与世界经济论坛"，就尚未完全结束的 2015 年股市危机进行一场有趣而有针对性的对话。本对话稿由《21 世纪经济报道》记者张梦洁整理。

主持人李稻葵：（"6·12"事件）有没有比您预测得更早？后来的下降，是不是过度？政府的调控政策、救市政策，从原则上、方向上讲，有没有问题？

吴晓求：中国市场这样一次大的波动，是我们 25 年来两个交易所建立之后，应该说第一次真正的危机。我们以前不说危机，因为学术界对一个国家和一个经济体股票市场出现危机有一个指标，这个指标就是在 10 个交易日两周之内下跌超过 20%，应该说市场危机出现了，这次的市场下跌超过了 20%。

主持人李稻葵：2007 年的 10 月没有超过吗？

吴晓求：没有超过。那次是市场波动，或者说动荡，这次应该说是市场危机。用这个指标测算，1987 年 11 月 19 日美国市场的"黑色星期一"，道琼斯指数一天下跌了 22.6%，那是巨大的市场危机。从那之后，你会发现全球 10 天之内跌幅超过 20% 大概有七八次，包括俄罗斯 1998 年的金融危机，1997 年亚洲金融危机，泰国、马来西亚、印度尼西亚、菲律宾……

主持人李稻葵：您说这个事，我马上有一个反应，当时这些股票出现巨幅下跌，一般的经验是 3~4 个月涨回去了，包括美国那次，能不能说中国这次股票市场有希望了呢？因为降得快，所以涨回得也可能快。

吴晓求：就看我们的改革能不能到位。这次中国股票市场出现严重危机，有三个原因：

第一，主观意志力太强了。一方面从来没有像今天这样如此重视资本市场的发展。重视资本市场的发展从理论上说是正确的，因为中国要改变传统的金融结构，我们的金融结构吸收风险能力弱，所以改善金融结构非常重要。

主持人李稻葵：太重视有什么不好？

吴晓求：有两个问题，其一，投资者会漠视风险。实质上，市场的风险永远是存在的，无论是鼓励还是不鼓励，永远会存在。其二，监管者没有尽到监管者的职责，以为监管者的责任是推动市场发展。我认为，这是一个极大的误解。监管者一定是中性的，市场涨也好，跌也好，跟他没有关系。监管者的职责就是监管。

主持人李稻葵：这一点跟美国当年的情况没有关系？

吴晓求：这是中国特殊的情况。我认为这个极其重要，这次监管者对于风险的独立监管功能受到了极大削弱。

第二，规则出了问题。哪个规则，什么规则？就是有关杠杆的规则。2012 年之前，我们的交易不能融资，没有融资交易，统统都是资本金交易，几乎没有杠杆。后来创新，创新是对的，因为金融本质上要有杠杆，没有杠杆不成为金融。但是杠杆有一个优化，有一个度，有一个逆周期原则。在市场最疯狂的时候通过场外配资，场外系统的配资从 3 倍上升到最高 10 倍。你们知道，若有 100 万元本金现在可以从市场借 1 000 万元。在这样一个融资结构下，这样一个杠杆的结构下，这个市场内生了脆弱性，脆弱性已经内生了，一旦下跌，谁都最阻挡不了。

主持人李稻葵： 到 6 月 12 日，最高的时候到了多少？

吴晓求： 已经达到极限了，因为只要有几个平仓，马上就承受不了，只要下跌 5%，市场脆弱性就出来了。

主持人李稻葵： 杠杆比率达到了多少？

吴晓求： 场内场外加起来应该是 3 万亿元，这是非常脆弱的。我们看市场有没有风险，不看指数，也不要看那么多技术分析和复杂的因素，就看交易量。市场交易量 3 月每日突破 12 000 亿元的时候，风险开始大幅度累积，5 月末有一天最高交易量达到创纪录的 24 000 亿元，这个市场崩溃式的下跌已在眼前。

第三，与全球市场一样，程序化交易开始出现了，一致性的自动平仓开始了。

主持人李稻葵： 这是 1987 年美国股灾的原因。

吴晓求： 1987 年股灾很重要的原因与程序化交易有关。

主持人李稻葵： 追问一下，证监会当时是知道股市有风险而控制不力呢？还是不知道有风险没有控制呢？

吴晓求： 两个方面。一方面，我认为有一些人知道，因为有大数据，知道场外配资很多。有人认为，这是资本市场的机制，殊不知正在衍生风险，这既是专业能力的判断，也是监管机构独立性不够的重要原因。另一方面，有一个对谁负责的问题。

主持人李稻葵： 打个比方，如果这次股市危机，按一个交通事故打比方，是不是相当于飞机出了事故了？按照社会影响，是不是可以同日而语呢？

吴晓求： 这次政府救市了。我是政府救市的支持者，也是政府救市的献策者。政府有一个基本职能，就是要维护金融体系的稳定，我不赞成说政府救市不对，因为如果不救那市场就真会崩溃。

救市有底线。场外配资不能救。市场上有一批贪婪的人，贪婪的人都不能救。这些人是市场规则和市场秩序的破坏者，贪婪者都是破坏者。所以4 000点以上不能救。场内融资的也有一部分贪婪者，也不能救，等到上市公司大股东拿股份质押达到了银行平仓线的时候，应该在那个时候救，所以救市有底线。总体上看应该救，但是我们可以做得更好。

主持人李稻葵： 如果出现了空难的话，民航局会担当责任。

吴晓求： 为什么没有责任承担者？我们好多事情没有引咎辞职的机制。我认为，应该有监管不力者引咎辞职。这是现代政府的重要机制。

主持人李稻葵： 再往下看，今天这个股市的情况已经巨幅调整，未来半年，尤其是最近几个交易日的小阳春能不能持续？

吴晓求： 这个问题本身是不是说，最黑暗的时期已经过去？我认为，从趋势上看，最黑暗的时期已经过去了。但是，如果我们没有吸取教训的能力，未来还会更黑暗，还会再犯错误。任何一次灾难，都应是制度的进步、法律的进步、规则的完善，但前提是反思、总结、改革。你可以研究全球金融市场危机史，你会发现，每个国家特别是美国，任何一次危机，都会带来法律的进步、法制的完善。1987年"黑色星期一"，美国国会总结了"黑色星期一"的案例20卷，后来才有完善的法律、规则和交易制度，包括推出了熔断机制。

主持人李稻葵： 现在我们的监管部门正在研究这些案例吗？

吴晓求：我没有看到，但学界在进行，我也在反思、分析、总结。

主持人李稻葵：很好，您写出来能够给学生们带来教学上的受益，对于监管者有没有受益？

吴晓求：我想办法让他们看到，让他们听到。这里面有一些东西必须完善，比如说杠杆。2008年国际金融危机一个重大的教训就是要去杠杆，或者叫降杠杆。2008年国际金融危机有很多的教训，包括增加透明度、去杠杆。中国市场过去一个时期杠杆用的过度，不断地加杠杆。所以，我们必须在市场上要降杠杆，或者说优化杠杆，形成杠杆的逆周期理念。

当然还有很多的改革，包括程序化交易制度的完善，衍生品市场与现货市场的关系。我现在正在带领一个团队，把市场的一些问题、原因理一理。别等到以后建成国际金融中心了还是这个样子。

我们最缺的是什么？最缺的是反思，是反思之后对原来漏洞怎么补。不知道如何反思，如何弥补，这是我们最大的缺陷。我真的希望等到我们的市场成为国际金融中心后，不出现这样的问题。

主持人李稻葵：吴晓求教授，我们这次（保密工作）是不是没有香港做得好？

吴晓求：的确是。我们该保密的没保密，不保密的又保密。救市是非常重要的机密，做不好就会延伸出重大内部交易。因为利益太大了，现在已经发生了一些事情，的确非常糟糕，非常不好，当然现在还没有结论。但是从已有披露的信息来看，我们救市是对的，但可以做得更好。

救市有时也有点莫名其妙，有一些很小的股票也去买，我不知道什么意思。会让人联想起很多莫名其妙的事情。比如说你要稳定指数，小股票意义不大。

救市过后，有人就说过一个月就要退市。这是有问题的，这会严重影响市场信心。即使2008年国际金融危机的时候，美国政府的救市到现在还没有退完。这是一个漫长的过程。稳定市场信心、稳定预期是需要一个过程的，不能急于退市。

主持人李稻葵：香港救市以后没有退市，是把股票组成一只基金折价卖给香港居民的，永远不会退市。

吴晓求：所以，我曾经建议暂时不要退市，划拨给社保基金，社保基金把货币给他，再去还债。

这是第一次真正的危机

——《南风窗》记者的访谈

【作者题记】

　　这是作者在 2015 年 7 月 27 日接受《南风窗》记者张墨宁的访谈。访谈稿由张墨宁整理，发表在《南风窗》2015 年第 16 期。作者认为，2015 年股市危机是一次真正的危机，这次危机在对中国资本市场和监管等方面有诸多启示。

　　从 2015 年 6 月至今，中国股市遭遇了从暴涨到暴跌，经政府救市后重回上涨势头的巨幅震荡。这次危机充分暴露了资本市场的多重问题，投资者无限制地追求暴利化背后，是金融监管的漠然和不力。当市场出现风险征兆、遇到重大危机时，政府之手以何种方式介入，不仅关系短期稳定，更将影响中国金融改革的走向。如何评估此次危机以及救市的手段，未来证券市场的制度构建是否需要加快，本刊专访中国证券理论研究的开拓者、著名经济学家吴晓求教授。

重塑监管理念

　　《南风窗》：现在回过头看这次股市危机，形成的原因是什么？对中国资本市场的发展带来了什么影响？

吴晓求：这轮的震荡应该说是中国资本市场第一次遇到了真正的危机。在此之前，即使 2007 年、2008 年股指从 6 000 多点跌到 1 000 多点，都谈不上危机。因为那个时候市场的规模比较小，股权分置改革刚刚完成，市值不过十几万亿元，也没有杠杆，而且下跌的速度非常缓慢，用了一年多的时间，对整个社会和实体经济的影响是有限的。

我认为这次危机是各方面因素综合影响所致，归结起来，主要有五个方面：第一是估值泡沫化，特别是创业板、中小板估值太高。创业板平均静态市盈率差不多接近 200 倍。建立在一个过高杠杆基础上的估值显而易见是不可持续的。第二就是过度的杠杆化，或者杠杆的暴利化。不少投资者都追求很高的杠杆，场外各种形态的融资、场内两融杠杆、股权质押的杠杆叠加在一起。第三就是监管的不敏感，被"改革牛""国家牛"这些似是而非的说法所迷惑，牛不牛是由公司的价值和宏观经济基本面决定的，不是人为地去造一个牛市。第四就是投资者的风险意识太弱，很多年轻人、新的投资者认为股市就是自动柜员机（ATM），早上一来，晚上把钱取走，完全忽视了风险。第五是一些主流媒体的误导，说什么 4 000 点仅仅是"国家牛"的开始，这是完全没有逻辑基础的。这些因素的综合作用形成了最严重的一次危机。其中，监管是一个重要的环节，它没有及时地随着市场指数的变化、风险的增大，动态地调整一些工具、制度和杠杆。这次下跌首先是市场本身出了问题，其次是监管没有跟进，这两条是至关重要的。

《南风窗》：监管部门对此也缺乏思想准备，至少没有想到结果会这么惨烈，未来应该如何建立危机意识？

吴晓求：我认为首先是主观色彩太浓，主观意识太强。要让它涨，就单方面使用工具，要让它跌，也是单方面使用工具。不尊重市场的内在规则。所以我们要重塑监管的理念，这个非常重要。不要以为市场一定会跟着主观意愿走，不要以为监管部门的意志可以控制一切，而是应该按照市场化的理念、市场化的机制，利用市场化的工具，保证正常运行。指数或价格也许在一个短期内会偏离所谓的特定目标，但那也是一种市场行为，不要过度让市场跟着人们的主观意志走。政府应该离市场远一点，让市场发挥自身的作用，只在发生违规违法行为的时候政府和监管部门可以查处。

《南风窗》：政府综合运用财政、货币和司法手段救市，基本取得了预期的效果，但是外界也有质疑，认为以这样的方式紧急救市存在法理性问题。

吴晓求：政府、监管部门远离市场并不是任由市场脱缰，一旦出现重大危机或者出现了严重泡沫化的时候，政府可以间接应用手段去影响市场。以经济手段去防止大面积风险的出现，比如适当提高利率，或者不断降低杠杆率，这是可以的。因为指数高了，可以抵押的资产的风险也就变大了，那么风险的折扣率显而易见就要大幅度降低。资产 10 元的时候可以抵押 8 元出来，但是涨到 30 元的时候，不能再用八折抵押 24 元，可能就得降到四折。杠杆率随着风险的增大是要调整的，这样才能够防止市场的脆弱性出现，让市场有一个缓冲和预警。但调整的过程必须要循序渐进，不能从 10 元到 30 元什么动作都没有，不闻不管，一到 30 元监管部门就出严厉的手段，这是不行的。

为了保证金融体系的稳定去救市，从国家层面来看是可以的，但是用什么手段去救市，这需要认真思考。做任何事情必须在法律的框架内，主要用经济手段，不能损害市场基础。短期救市不能从根本上影响长期发展的基础。这种平衡点是需要注意的。比如 2008 年的 4 万亿元投资，为了防止金融危机的蔓延，针对当时经济增速出现断崖式的下降，采取了一个大规模的投资，经济稳定了。但长期带来的问题很大，比如产能严重过剩，当年那些过度投资带来的产能严重过剩以及对生态环境的严重破坏，需要很长时间去消化。资本市场的救市也有一个类似的道理。金融体系、金融市场可以干预，但一定要遵守市场规则，不能破坏市场的基本精神。

不能破坏市场的基本精神

《南风窗》：7 月以来，股市出现了上千家公司以模糊理由纷纷停牌，到 7 月 9 日大盘开始好转又火速复牌的罕见现象，这是对市场精神的破坏吗？

救市的时间点和策略应该如何掌握？

吴晓求：这次救市总的来说可以概括为：不得已。因为要保持金融体系的稳定，不得已存在某些方法上的问题。有一些方法有悖于市场的基本精神，比如大面积地随意停牌和莫名其妙地复牌。编造停牌的理由，这都是严重的违规违法行为，对未来会形成很大的危害，破坏了投资者的预期，特别是国际投资者，他们会看不懂这个市场。要建设国际金融中心，就必须遵守市场基本理念和精神。

从这次救市来看，有一些方法、手段是很好的，有一些也有欠缺。7月7日之前，采取的是总量救市的办法，主要是救指数，资金集中去买中石油、中石化、工商银行这些蓝筹股，因为它们的市场份额比较大。结果是指数可能翻红了，但仍然有大面积跌停的股票。这就有点像和期指打仗，在期指上打仗不是不可以，但问题的关键是期指不是主战场，最重要的是如何让市场保持稳定至少是相对稳定，不要出现断崖式的下跌。

早期从5 000多点跌到4 000多点，虽然下跌得快了一点，我认为这是正常的。高额配资的这些人损害了市场，如果他们还在这个市场的话，破坏性太大，有时候市场的大幅度波动在客观上能起到清理队伍的作用，把那些追求高杠杆的人、有暴利思想的人，通过这种大幅度的波动清理出去。这期间我不认为应该救市，救市要有一个基本判断。场外的1：3、1：5甚至更高的杠杆配资只能出去，这些人不出去，中国市场会出很大的问题。到了4 000点以下，场内1：2的融资消失了也是正常的。但是如果再往下走，就会有问题了。融资分三个层级，第三个层级就是股权质押融资，大股东拿他的股权或者已经过了限售期的股票去质押，这是一个正常的商业行为。如果触及了股权质押融资的风险，就会出现巨大的、灾难性的后果。所以，从救市的时间点来说，在第二层次的融资出现风险，至少有一半出现风险的时候，是恰当的。因为，等到第三层次出现风险，谁也救不了，市值太大了。所以说，当时采取总量救市的办法是低效率的，问题的关键不是跟期指斗争，而是要稳定市场，不要波及第三个层次的融资风险。

7月7日以后，救市的方法有所改变。当时市场已经极其悲观低迷。在7

月 8 日的民生证券投资策略会上我就表达了一个看法，天很快就要亮了，如果你不是融资交易的话，要对未来有信心。果然，第二天指数就起来了。就是因为从"总量救市"过渡到了"结构性救市"。放弃了中石油、中石化这些蓝筹，开始针对小股票救市了。7 月 8 日我就说了，我们出现的是结构性金融危机，不是总量危机，所以要用结构性手段，对那些跌了七八个甚至十多个跌停板的小股票采取及时有效的救市策略是正确的，因为那个时候靠市场力量恢复已经不可能了。

所以说，之前把主战场放在期指是不恰当的，期指对市场下跌起到了一些引导作用，在特殊时期、出现重大危机的时候，世界各国都有对指数期货做一些限制性交易的例子，甚至单方面限制也是可以的。但在危机的前期如果采用这种手段可能不妥，除非有明确的违法行为，多空是一种正常的交易行为，不存在道德上的区分，如果限制了卖，买就不能实现。市场有一个基本的交易规则，维护基本的交易规则，维护基本的契约精神也是建设国际金融中心的一个基础元素。总结来说，这次救市从总量救市变成结构性救市我是赞成的，但具体的手段有些还值得商榷。

《南风窗》：救市方向的调整是基于什么市场变化？您认为早期把侧重点放在股指期货上的原因是什么？

吴晓求：从 6 月 7 日到 7 月 7 日这一个月的时间，市场有一种喧嚣、误导和猜测。很情绪化，"阴谋论"也出来了。明显是市场估值高了，而维护高估值只会带来更大的危机。交易量也明显增大了，最多的时候交易量一天接近 25 000 亿元，在差不多三四个月的时间里，中国资本市场交易的换手率都超过 3%，美国市场每天的换手率只有 0.2%~0.25%。我们的市场最高峰的时候也只有美国 40% 的市值，但是换手率却超过它 10 倍。你能说这个市场是正常的吗？所以，首先是市场本身出了严重的问题。而且，把股指期货对产生危机的作用夸大了，如果我是一个投资客，在那个时候也会做空，因为明显偏离了正常的价值判断，做多必死无疑。所谓做空，其实就是让价格回到理性状态。做空不是有意跟谁过不去，我们要把正常的做空和唱衰中国区分开来，不要把它过度政治化。

《南风窗》：从这次震荡是不是可以看出监管部门在管理金融衍生品上还缺乏经验，应该如何应对未来更加市场化的金融改革？

吴晓求：这次危机对于中国金融来说也许是个好事，因为我们还没有完全开放，还没有完全国际化。在即将开放的前夜，有一场大的演习，虽然成本有点高，但让我们了解了什么是金融风险，什么是金融危机，有一个心理上的准备，也知道危机来临的时候，该怎么应付。当然我们不希望未来出现这么大的事情，这就需要从制度层面全方位地完善。最重要的是确立资本市场的基本理念，解决问题的思路应该遵从市场的基本规则和基本精神，不要臆断、猜测、情绪化。同时还需要学习美国、英国等成熟资本市场国家怎么应对危机。就是说，今天的救市手段，不要影响未来的信心。维护一个全球投资者都有信心的市场，这比什么都重要。

涉及的具体做法就是要控制杠杆。中国市场的杠杆率是非常高的，特别是 2013 年以后，大幅度超过全球主要经济体资本市场的杠杆，加大了泡沫化和脆弱性。控制杠杆非常重要，因为杠杆会破坏市场的弹性，加大市场的脆弱性。涨的时候很快，下跌的时候是雪崩一样的速度。杠杆越高，强制平仓的概率也越大。一有波动，就会触发强制平仓。所以，要去场外杠杆，从技术、制度、规则层面，把场外的口子通通切断，不能使场外配资成为一个系统性的现象。借钱炒股是私人的事，但是批量的场外融资迅速进入市场就有问题了。场内的配资也要规范，场内配资按道理不可以超过 1∶1。场内配资也得按照一个正常的金融规则进行。

还有就是规范上市公司的行为，包括信息披露。这一轮上涨过快、下跌过快跟造概念也有关系。某家企业收购一个网站，就摇身变成"互联网金融"了，马上就有七八个涨停板。所以，未来要规范上市公司的并购重组行为，加大对它信息披露的监管。在这方面，监管部门要有敏感性，有些情况一看都是假的，为什么不去核查？出现七八个涨停板，这是什么概念，是这个公司发生了脱胎换骨式的变化了？实际上只是用了 2 亿元收购了一个网站，就能有这样的变化吗？监管部门应该对这种现象警惕，专业能力要提高，不要漠视。很多新股发行出现 20 个涨停板，从发行价 3 元多，涨到了 70 多元，这种现象会使存量股票的价格跟着它走，最后只能被打回原形。所以，对于新股发行制度、对于新股发行后莫名其妙地无限制上涨，监管部门都应该予以警觉。

加快股票发行制度和退出机制改革

《南风窗》：IPO 注册制改革提出已经近两年了，为何一拖再拖，难点是什么？会不会使短期内二级市场供大于求的状况更加突出？

吴晓求：注册制的改革是不能扭转的。股票发行的核准制度维持不了多久，效率也低。所以，还是要交给市场去做，交给中介机构，出了事他们负全部责任，把责权匹配起来。注册制主要条件应该说已经具备了，基本的法律体系是有的，经过了这些年的发展，各方面对信息披露的理解也越来越强，有意去搞虚假信息披露的人少了，至少明目张胆的人减少了很多。投资银行、保荐人、律师、会计师等中介机构以及资信评估机构的专业能力还是在提高，投资者对这些机构的识别能力也在增强。

现在推进的难点在于证券法要修改，但是证券法修改本身存在很多争议，包括注册制会不会使市场供求失衡，怎么处罚违规违法行为，集团诉讼怎么引入，从业人员能不能买股票；等等。所以说，推行注册制首先要消除现行法律上的约束和障碍。其次，对注册制的认识还没有到位，很多人认为注册制改革后，这个市场就没有约束了，什么企业都可以注册，注册了就可以上市。不是说注册制执行后，上市的企业就无限多了，一定会有一个相配套的约束机制和退市机制。

《南风窗》：证监会前主席郭树清曾痛斥 A 股市场"炒新、炒小、炒差"，这轮暴涨暴跌中，很多公司都由 ST 改组，在牛市中融到不少钱，暴跌后市值大幅缩水，投资者损失严重。退市制度常态化之后，炒作垃圾股的投资理念得到斧正吗？

吴晓求：退市机制和退市标准最近几年也在进一步完善和细化，但是真正退市的不多，因为快到退市的时候，地方政府、大股东通常会想办法。不能说想办法是错的，有人愿意收购它，有人把优质资产注进去，那也未尝不可。不过，我们还是要倡导规则层面更严格一点，有些企业没有任何业绩还能苟延残喘，这样的现象是不正常的。其实规则已经很严了，连续几年亏损、资产是负的、交易价格低于面值等都在退市的标准里，但问题是现在的市场现象触发不到退市的条款，这也是问题所在。为什么注册制很重要，就是让市场越来越成熟，好企业越来越多，让投资人有更加广阔的选择空间。

股市危机不应耽误改革，
建议维稳资金划归社保

——《第一财经日报》记者的访谈

【作者题记】

这是作者 2015 年 7 月 26 日在"2015 山东国际财富论坛"期间，接受《第一财经日报》记者杜卿卿、徐燕燕的访谈。作者认为，股市危机不应耽误改革，维稳资金应划拨社保基金寻求安全退出。访谈稿由杜卿卿、徐燕燕整理，发表在《第一财经日报》2015 年 7 月 27 日第 A07 版"资本"栏目。

《第一财经日报》：股市危机出现的原因是什么？

吴晓求：股市巨幅波动，我没有把它看作灾难，而是看作一个危机。有时市场的波动是必需的，也是必要的、自然的，只不过这一次波动有点大。市场需要清理掉一些不安分的因素。场外高额配资的投资行为，就是极其典型的豪赌行为，这不是投资。如果这种行为长期继续下去，对中国市场的破坏力非常大。这一次结构性的危机，把这部分人清理出去，也未尝不是一件好事。虽然，让很多无辜的人受到了连带损失。所以，我把它看成是一件好事，因为如果市场继续泡沫化下去，会给市场带来更大的灾难。

为什么会出现这么个情况？回顾 2007 年到 2008 年，股市从 6 000 多点跌到 1 600 点，那时候跌幅比现在大多了，但是大家都没事。当时市场很小，对实体经济的影响很小，也没有杠杆，参与的人也不多。现在参与人数很多，市场规模很大，对实体经济的影响力也很大。

我认为，原因是估值泡沫化、过度杠杆化、投资风险的漠然，以及一些重要媒体的误导。什么 4 000 点只是"国家牛"的开始，看到这个以后我就觉得非常吃惊。我不知道这个的理由在哪儿。因为作出这样一个判断，是需要足够的根据的。一个市场的走势，是由内在规律决定的。特别是资本市场的价格，一大了就会泡沫化，泡沫化就会崩溃，不可持续。

《第一财经日报》：如何进行"灾后重建"？

吴晓求：从现在来看，第一，要做的事情，就是清理场外配资的管道和规则，要从技术层面上进行切断，使场外配资不可以以"系统"的力量进来。当然，如果一个投资者炒股，借朋友 100 万元，没有问题，那是个人自己的事。但是系统性的资金进入，要切断。对于场外配资的机构要给予高度的关注，要跟踪。

第二，对虚假概念炒作、虚假信息的披露要严格核查。这也是估值泡沫化背后的因素。过去很长一段时间，有些上市公司收购一个网站就说是互联网金融了，实际上啥也不是。花几千万元，就可以涨 5 个涨停板、10 个涨停板，这就完全泡沫化了，要核查。对上市公司信息披露，特别是重大并购重组问题要进行必要的核查，特别是出现了股价异动的情况。

第三，要对股票发行的价格以及发行后的上市进行监管。此前一段时间，随便一个企业上市，都是 20 多个涨停板，这在全世界都是没有的。为什么 20 个、30 个涨停板之后才能进入正常交易，这里面一定有问题。要么是在操纵市场，要么发行价格有问题，反正是有问题。这都要认真去防止。

《第一财经日报》：救市维稳资金如何退出？

吴晓求：这是个非常关键的问题。维稳资金规模比较大，不应该有特别明确的退出时间表。如果退出有时间表，或者有指数点位限制，都不是很好。我建议，这部分筹码和股票整体划给社保基金。因为这批筹码是盈利的，而且盈利很多，平均盈利在30%左右。这个钱谁赚了？让证金公司赚了。这个是有问题的。凭什么让证金公司赚？证金公司不是投资者，而是个融资平台。当然，在特殊时期，让证金公司做一个融资平台也是可以的，但是不可以持续。这部分资产应该划归社保基金，社保基金盈利30%，没有人会有意见。

社保基金划去之后，将原始资金和利息还给证金公司，不让证金公司赔钱即可。剩下的就让社保基金作为正常的资产来管理。虽然社保基金管理规则规定，有些股票不能买，但是特殊时期，经过批准的划拨是可以的。在未来，社保基金可以将这部分资产像其他资产一样，择机卖出。这样就不用做时间限制，而是正常的投资行为，对市场稳定比较有利。

《第一财经日报》： 目前公安部门还在调查跨期现市场恶意做空的问题。有观点认为，本轮救市已经对期指做空、融券等平衡市场的机制进行了摧毁，该如何处理？

吴晓求： 需要区分极端情况与一般情况。对于特殊时期，国家或整个市场出现了极其重大的危机的时候，国家采取一些"断能"措施，把电停了，有时候也是不得已的。当然这个不能常用，因为极其危险。金融不能乱，金融一乱国家就乱。在当时的条件下，需要保持中国金融体系的稳定。在这种情况下采取这样的措施，我只能说可以理解。也许，我们可以做得更好一点。

一般正常情况下，交易要保持正常秩序，无论多空都是正常交易的行为。我们要把正常情况与极端条件分开。我不希望那种"极端情况"时间太长，这需要更加科学理性的处理。

《第一财经日报》： 如何评价本轮救市，中国的金融监管暴露出怎样的弱点？是否应该建立"超级监管委员会"？

吴晓求： 总体上看，我对本轮救市还是一个比较正面的评价。任何事不可能十全十美。一方面要救火，另一方面里面的冰箱碗筷还要保护好，这是做不到的。救火嘛，冰箱碗筷我真管不了，但是房子的基础结构还是要管的。如果救火，连楼的基础结构都不要，那就别救了。要平衡一下。

我认为不可以在 4 000 点以上救，那时候救市没有意义。而 4 000 点以下必须救。

融资分三级，第一级也是最基础的一级，是股权质押融资，第二级是场内融资，第三级是场外融资。场外融资，普遍 1∶3 和 1∶5 的杠杆，都是很高的，我不认为要救。场内融资有一些杠杆也是过高的。实际上，我们必须防止第一级融资，也就是股票或股权质押融资出现危机。商业银行股权质押融资，也有平仓线。那个平仓线到了以后，谁也救不了。超级监管委员会的做法都是临时的，不建议这么做。

《第一财经日报》：注册制是否会推迟？

吴晓求：我希望不要推迟，也不应该推迟，因为没有推迟的理由。这场大的波动，或者说结构性的危机，与我们所要做的改革毫无关系，是我们的规则设计层面有问题，监管不到位。所以，注册制还是要按期进行。原计划今年年底要完成《证券法》的修改，从而为注册制改革铺平道路。我认为这样一个目标不应该变。预计也不会变。

《第一财经日报》：A 股下半年走势将如何？

吴晓求：当前面临的最大问题是，让市场回归正常状态，不要存在人为的暴涨暴跌。无论涨到 4 500 点还是 3 800 点，都是正常的。我们不要认为涨就是正常的，跌就是不正常的，也不要以为跌是正常的，涨是不正常的。6 月底之前，我们认为涨是正常的，跌是不正常的。后来，又认为跌是正常的，涨是不正常的。要有一个正常的思维。

《第一财经日报》：有观点认为中国经济已经进入 L 形增长，是否已经见底？

吴晓求：L形是正常的，是很好的。经济没有见底。现在是 7%，也许再过两三年变成 6.5%。别指望中国经济有一个底，再回到 9%、10%，没有了。增长太快，快到大家有钱了，快到"蹬在别人的洗手池上洗脚"了，这是不行的。实际上，中国经济需要一个缓冲。我认为这个很重要。宁愿不要那么快，要平静下来，回归一个正常的状态。

跟风炒股必死无疑

——《环球人物》记者的访谈

【作者题记】

　　这是作者 2015 年 6 月 17 日接受《环球人物》记者尹洁的访谈。访谈稿由尹洁整理，发表在《环球人物》2015 年第 17 期。

　　走进吴晓求教授的办公室，第一眼看到的是他电脑显示屏上的大盘走势图，满屏黑底上是醒目的红与绿。显然，他刚才正在研究当天的行情。"现在大家最关注的不就是这个吗？"他笑道，"我都研究了 20 年了。"

　　吴晓求出生在江西省余江县，16 岁开始当木工学徒，做过营业员、收购员，干过机关办公室秘书、宣传干事。1979 年，他考入江西财经学院，大学三年级时在学报上发表了一篇 9 000 字的论文《试论影响经济发展速度的诸因素》而引起不小关注。1983 年，吴晓求考入中国人民大学国民经济计划专业读硕士，7 年后，他以 25 万字的论文《社会主义经济运行的供求分析》拿到博士学位。同年 10 月，吴晓求被破格晋升为副教授。3 年后，再度破格晋升为教授，那年他 34 岁，是当时中国最年轻的经济学教授之一。1994 年，吴晓求的研究转向金融证券方向，1996 年创建中国人民大学金融与证券研究所并担任所长至今。他是中国金融专业证券投资方向第一位博士生导师，也被视为中国证券理论的奠基人之一。

20 年间，中国股市历经多次起伏，在最近迎来了新一轮的"过山车"式震荡，市值高峰时突破了 10 万亿美元。这与中国经济基本面是否相吻合？越发明显的泡沫化倾向会产生无法预计的后果吗？《环球人物》记者的采访刚刚开始，窗外便一阵电闪雷鸣，天气急转直下，暴雨来去匆匆，正如这两天的中国股市一样。

一、创业板风险很大

《环球人物》：中国股市这一轮走牛十分迅猛，您认为原因何在？

吴晓求：我们先看一下大背景：2008 年国际金融危机后的 6 年，中国股市一直处于比较低迷的状态，但与此同时，实体经济得到了较好的恢复、转型和发展，这意味着股市会在适当的时候、以适当的方式成长起来。因此，从 2014 年 7 月开始的新一轮行情是有基础和逻辑的，主要表现在三个方面：

一是中国实体经济与 2008 年时已不可同日而语，无论是企业竞争力、规模还是国际化程度都有明显提升；二是党的十八大以来中央大力推进改革，很多战略发生了重大变化，经济转型速度加快，清理产能过剩的力度也在加大，"互联网 +""大众创业、万众创新"等战略和"一带一路"倡议都支撑了这次的股市成长；三是过去房地产行业吸引了大量社会闲散资本，导致房地产过度发展、风险加大，而现在大家已经认识到商品房的投资流动性差，房地产投资进入了理性发展阶段。因此，社会资本要寻找新的投资渠道，股市就成为了价值洼地。

《环球人物》：但您也提出当下资本市场的风险正在急剧加大，出现了"严重的结构性泡沫"，这是为什么？

吴晓求：股市在这一轮增长的中前期是非常正常的，符合市场预期，并不存在泡沫。但之后的增速如此之快是超乎预料的，进入一定阶段后，市场风险就开始显现了。中国股市一直存在很强的投机性：交易规模非常大，日成交量最高峰时接近 2.5 万亿元，比全球证券交易所的交易总量还多，这在全世界都是绝无仅有的。我们的市值最高峰也就是美国股市市值的 40% 左右，但交易量是其 10 倍；我们的日换手率在 3% 以上，这意味着 30 天左右股票就在市场里全部转手了一遍，而美国市场的换手率只有 0.2%。而且中国股市涨跌迅猛，波动非常大。我认为，股市目前出现了严重的结构性泡沫，突出表现在创业板、部分中小板以及一些概念题材股上，市场风险正急剧加大。投资者要保持高度警惕，脱离了基本价值的上涨是难以为继的，迟早会回到其应有的价值体系中来。

《环球人物》：泡沫的形成原因是什么？

吴晓求：从投资者结构看，中国股市缺乏基石投资者，即数量规模相对较大、投资比例相对稳定的资金，比如社保基金、养老金等。从投资文化看，很少有人把股市看成财富管理的市场，而是看成投机性市场，进股市都怀着超高的财富增长梦想，有强烈的投机预期。再有，现在很多概念化的东西被过度渲染，比如"互联网 +"就正在被很多上市公司滥用，收购个网站就说是企业转型，导致股价大幅上涨，企业从中套利。

《环球人物》：泡沫近期是否有破裂的危险？哪个板块风险最大？

吴晓求：这几天的剧烈动荡就是部分泡沫已经破裂，市场正在调整。风险最大的是创业板，价格已经完全脱离了其基本价值，静态市盈率（市盈率即股票市价与其每股收益的比值）为 200 多倍，动态市盈率也有 100 多倍，比当年的纳斯达克严重得多，这些企业靠什么支撑？大多都在制造概念。对这些泡沫化的东西必须加以限制、引导，否则就是助纣为虐、火上浇油。

二、解决三个问题再炒股

《环球人物》：在风险急剧加大的市场中，普通投资者应该注意哪些问题？

吴晓求：普通投资者最大的问题是跟风。市场低迷的时候不来，涨疯了的时候来了，但这时风险也来了。这种现象在中国股市里一轮又一轮，无休止地重复着。其实在 2 000 点的时候，股市里到处都是有投资价值的东西，但没有人来。现在价格抬得这么高了，天都快亮了，你来了。对于普通投资者来说，一定要知道投资价值在哪里，要是连基本常识都没有，风险承受能力又很小，那就要远离股市，投资最好去买国债、存银行。如果在股市里只跟着别人跑，迟早都会死的。当市场快速上涨的时候，你要克服心里的诱惑，别来。当市场低迷的时候，你得克服心中的孤独感，要来。投资也是对人性的考验，如果不能克服急躁、急功近利，不能享受孤独和冷清，就不要来股市投资。

《环球人物》：中国股民形成投机心态的原因是什么？

吴晓求：一是没有深刻理解资本市场的价值。股票是一种财富管理工具，是企业的证券化资产，在成熟市场国家，个人财富的1/3以上是放在股市进行投资组合的。但中国人很少认为股票像房子、古董那样是自己的资产，而是把它看成一种筹码，不知哪一天就打水漂了。因此"跑"的意识非常强烈，不会长期持有。其实，财富管理最重要的要素是具有流动性，流动性是避险的最好机制。二是和人们的预期有关，觉得政府一会儿推动股市发展，一会儿又控制其发展，未来怎么变化说不定。因此，政府的管理理念也要改革，可以制定标准和事后处罚，但不要过度介入，市场只要做到信息披露真实、透明，不弄虚作假就可以了。

《环球人物》：普通人投资股市需要具备哪些基本常识？

吴晓求：一是良好的心态。不能过于从众，要有风险承受力，股市长期看风险很小，但短期会存在巨大的风险。二是对市场要有本质上的了解，对行业前景一点都不了解的人不能来。一些基本指标要清楚，比如市盈率是什么，企业股本多大，国家政策是否支持该行业发展等。如果只是因为"别人买所以我买"，可能短期会获利，但长期一定会"死"。三是有相对稳定的盈利目标。人的欲望是无限膨胀的，3个月盈利20%已经很好了，如果还要"必须翻番""看看究竟能涨到哪"就坏了，投资是为了盈利，不是跟市场较劲，必须适可而止。

　　我常说，投资股市要先解决三个问题：第一，你为什么买股票而不是存银行、买国债？是因为收益率、流动性比其他投资方式要好，能让财富更快增长，同时能忍受一定的风险，而不是"别人发财了我也来发财"。第二，你为什么买这只或这几只股票？因为你觉得该行业有很大发展前景，或者盈利稳定安全，这样你就不会被短时的波动而吓跑。第三，为什么现在买或卖？因为你对未来有信心，因为中国经济总体健康，这样你在 2 000 点时就会买入，赚够了预期收益就会卖掉。只有解决了这三个问题，你投资股市之后才能睡好觉。

　　《环球人物》：如果股市长期风险很小，普通股民可否长期持有？

　　吴晓求：可以。但长期持有不等于僵化持有，明明风险来了，市场或政策发生了根本变化，你还要持有；房地产过去火爆，现在进入理性期了你还要持有，很多新兴行业起来了你视而不见，肯定是错误的。另外，达到心中盈利目标后也不必继续持有，卖掉后无论涨到多少都不必捶胸顿足，超过实际价值的涨幅是虚幻的，还会跌回去。

三、股市泡沫的危害被夸大了

　　《环球人物》：对于资本市场的泡沫，学界通常认为危害极大，您同意这种观点吗？

　　吴晓求：经济领域中的泡沫并没有明确的计量标准，大多出于经验感知，主要依据是达到某种状态需要多少年才能完成，如果根本不能实现，或者非常虚幻，那就是泡沫。在中国，有三种泡沫要加以区分：一是经济泡沫，主要是大规模投资产生严重的产能过剩；二是房地产泡沫；三是股票价格的泡沫。很多人都在抨击股市泡沫，而对过去出现的经济泡沫和房地产泡沫视而不见，这其实是危言耸听的误导，把股市泡沫过分夸大了。其实在三种泡沫中，危害最大的是经济泡沫，消耗大量资源、破坏生态环境，要花很长时间才能消化产能过剩；其次是房地产泡沫，也要消耗很多资源；股市泡沫则是相对最轻的，它会带来个人财富的缩水，但跟资源和环境没有直接关系。

《环球人物》：中国股市泡沫一旦破裂会像日本、美国那样吗？

吴晓求：中国的金融结构与日本完全不同。日本股市泡沫化带来的消极影响之所以 20 年都没消除，是因为其金融体系和资本之间没有制度壁垒，企业和银行相互持股，你出了事我要帮忙，企业缺钱，银行直接提供贷款。中国则不是，河水与井水之间有严格的隔离，企业出了事也要还银行钱。在这种情况下，股市出现泡沫，少部分人的财富会缩水，但大多数人的财富是安全的。中国和美国也不同。美国股市里有大量的养老金，中国则没有。这既是中国股市的缺陷，也意味着股市出现泡沫后对经济的影响不太严重。所以我认为，目前股市是有泡沫，要高度重视，但不要过分夸大。

《环球人物》：中国经济进入新常态后，资本市场如何根治内幕交易等顽疾？

吴晓求：与国际大资本市场相比，中国股市的违规违法现象比它们都要疯狂，内幕交易、操纵市场的行为最近愈演愈烈。尤其是内幕交易很多，比如在企业重组之前大量买进，之后股价连续出现涨停板，里面一定有问题。现在有了大数据平台，相关部门应该追查到底，严厉打击，重塑市场公信力。此次修订《证券法》，将会在两个方面产生根本性变化：一是发行审核机制，从目前的核准制过渡到注册制，加大市场透明度，提高资本市场效率；二是让什么样的企业上市。以前我们重资产、重盈利、重意识、重规模，而新兴高科技企业在初创期可能就是租了两间房子，没有资产，没有盈利，但确实有价值。因此，我们要从过去工业化社会的思维过渡到后工业化时代的思维上来，以前我们注重的是历史，今后我们要更加注重未来。

亚投行对韩国不会带来负面作用

——韩国《亚洲经济》记者的访谈

【作者题记】

　　这是作者2015年3月25日在出席由韩国最大中文报业集团《亚洲经济》在首尔广场酒店举办的"第八届亚太金融论坛"前夕，接受《亚洲经济》记者的访谈。作者围绕未来中国金融三部曲之一的人民币国际化、韩国与亚洲基础设施投资银行（Asian Infrastructure Investment Bank，AIIB，以下简称为亚投行）的关系等话题发表了自己的看法。

一、降低外国投资者门槛的根本在于人民币国际化

　　近来，在中国各种对内外利好因素的推动下，韩国投资市场对中国的关注度出现一个质的提升。对于"中国政府如何处理外国投资者门槛"的问题，吴晓求表示，中国境外投资者通过QFII（Qualified Foreign Institutional Investors，合格境外投资者）以及沪港通的两种方式进入到中国市场。目前来看这样的渠道还是非常狭窄。因此，中国资本制度上的改革，最重要的是要降低外国投资者的门槛，这也成为了一个重要的改革方向。但现在因为人民币国际化程度还不是很高，所以一般外国投资者进入中国市场投资比较困难。

"具体来看，我们存在一个资本上的制度障碍，加快人民币自由交易的改革才是重点。在改革之前，首先要完善深港通实施后的创业板机制，其次是推进上证与外国市场的联通"，他指出，目前QFII规模仅700亿美元左右，这对中国40万亿元市值的市场来说还是很小。

谈到人民币的国际化进程，近来亚投行已成为各界热议的焦点。吴晓求表示："我个人不排除亚投行的建立对构建新的金融秩序所体现的价值。因为现行的国际金融体系和秩序，是第二次世界大战结束之后形成的。但现在全球经济和金融格局都在发生深刻的变革，我认为金融秩序和金融体系的结构应该做相应适当调整，过去的历史体制已经不适应现在的变化。在这样的背景下，让更多国家参与国际金融秩序的构建，我认为符合现在的基本形势。其次，亚投行的设立对人民币的国际化，提升对中国在金融体系中的发言权，是有战略价值的。未来的金融秩序应该更具有包容性和广泛性，这个和现行货币体制是不一样的。所以可以理解，G7国家为什么开始陆续表态加入亚投行。"

吴晓求进一步解释道，金融危机可找出很多原因："我认为美元单一货币体制是导致金融危机的重要原因，因为投资者没有选择权。人民币作为未来国际货币体系的重要一员，将会给予投资者更多的选择余地。"

二、人民币国际化进程缓慢缘于中国文化

既然人民币国际化如此重要，为何国家层面上进程仍如此缓慢？

对此，吴晓求表示："人民币国际化是迄今为止在金融领域，也是改革开放30年来中国最大的一项改革。这是我认为最困难最敏感，也是对中国经济社会影响最重大的一项改革。所以中国人在这个改革上显得非常谨慎，因为世界上已有很多经验教训。中国是个大国，需要一个缜密的金融战略。

其次，我们对金融问题的理解，以及对金融市场的运营经验和人才储备方面略显不足。这和中国文化有关系，中国文化中对金融带有神秘色彩，而金融本质上是一个不创造财富但却重新配置财富的机制，有可能还会创造泡沫。这也是中国人民这些年来对金融改革不重视，对企业改革重视的原因。"

吴晓求指出："我认为这种中国文化对金融的理解有缺陷，应该把金融看作现代产业中最核心的一部分。一个国家的强大，除去政治和经济不说，金融的重要性和制造业一样。中国有很多规划，却鲜有金融发展战略，而李克强总理在两会上的政府报告中谈及金融内容的比率有所提升，这个和我的观点是一致的。"

三、亚投行不会给韩国带来负面价值

韩国不少金融部门和企业对亚投行带有不少忧虑，韩媒也会用"资本渗透和大国货币体制下的阴影"等字眼来形容。

吴晓求笑道："我能理解这样的担忧。中国作为主导国，将会给予更大的包容性，并带有共同发展的理念。我个人理解是，亚投行的设立一定不会给韩国带来负面价值，因为其不会损害韩国金融机构和企业，以及投资者，也不会降低韩元在全球货币体系中的机制问题，同时也不会对韩国的实体经济造成威胁，只会对韩国资本的对外投资提供渠道。

韩国在亚洲乃至全球是一个有影响的国家，加入亚投行对韩国的经济发展，包括地区的发展意义非常大。例如，韩国若作为创始成员国肯定会被赋有特别的权利。另外，韩国是资本上相对充裕的国家，加入亚投行有利于韩国资本的对外投资。我认为亚投行更多的不是商业意义，而是帮助亚洲国家发挥影响力的一种体制，资本走向国际化的一个重要渠道，当然也不排除它有巨大的投资机会。"

2014 年的访谈

P2P 模式不了解客户，跑路是必然

——《搜狐财经》记者的访谈

【作者题记】

这是作者 2014 年 7 月 5 日在《赢在中国》互联网金融论坛上接受了《搜狐财经》记者董丽玲的访谈。访谈稿由董丽玲整理。

《搜狐财经》： 吴老师，您好。现在关于互联网金融有很多说法，比如革命性、颠覆性，最近一次是听海尔董事长张瑞敏说的，他讲现在是被互联网颠覆的时代，因为互联网逼迫他们裁员。您是否认同这种观点？您认为互联网金融之于这个时代起什么样的作用？

吴晓求： 互联网对传统产业的确带来了重大的影响，最重要的是有一个很好的平台，使得成本大幅度下降，特别是对实体企业销售体系带来深刻的影响。当然互联网金融对传统金融的影响应该说还没有到颠覆这个阶段，的确可以在很多层面上推动传统金融市场化改革，弥补传统金融一些功能上的缺陷，会使得整个金融体系在功能上更加完整。所以，互联网金融是中国金融体系市场化改革的重要推动者，也是中国金融功能结构完善的推动者，同时也是实现金融普惠性原则的践行者。

《搜狐财经》：互联网金融这么热，我们也看到很多企业做了一些跨界尝试，对此您有什么看法和建议？

吴晓求：如果没有庞大的客户群，做互联网金融还是不容易的。互联网金融主要是利用客户的优势来完成一系列的金融活动，所以海尔这种转型并不意味着是放弃大的家电制造商龙头地位，只是在两个层面上做推进，一个是基于互联网改建产品销售的渠道以及售后服务，当然是非常好。另一个是基于大客户做某些互联网金融服务，比如提供支付或者融资安排，这也是一种新的尝试。

《搜狐财经》：有人说互联网金融应该允许试错，还有另一个事实是，现在互联网金融有一些平台发生了跑路现象，比如P2P，对此在监管这块您有什么建议？您觉得跑路现象会常态化吗？

吴晓求：P2P是互联网金融和传统金融的结合，不完全是互联网金融。因为风险的对冲机制、识别方法还是传统金融，但客户是线上的。实际上这把两种风险叠加在一起，客观上的确会带来更大的风险。所以P2P必须要寻找自己的出路，最重要的就是风险的对冲不要再沿用老的办法。有很多P2P的老板跑路，因为他们无法克服所存在的叠加风险。不了解客户，对客户没有一个基础的数据，跑路是必然的。当然，在实践中他们的确为一些小微企业提供了很好的融通，的确有很大的贡献。现在主要是要完善风险机制。

《搜狐财经》：您赞成互联网金融允许试错的观点吗？

吴晓求：不存在主动试错，还是要制定一个完善的规则，因为如果不把风险监管标准制定出来，这样试错会有问题。金融本身不应该大规模的试错，所以还要有一些基本的准入标准。

《搜狐财经》：有一种观点讲，我们的银行是大而不能倒的，现在很多金融行为都在互联网上进行，您觉得在互联网金融上会不会产生这种大而不能倒的公司？

吴晓求： 我认为中国的金融机构大肯定不能倒，也不会倒。我本人不希望以中小型金融机构为主体，把现在大机构做肢解化的处理，这是不正确的，会出大问题。问题的关键要有一种外部力量推动大的金融机构进行市场化改革。这是重要的。

《搜狐财经》： 您对资本市场研究较多，刚刚出的退市制度改革，您觉得最大的亮点是什么？有没有什么实质性的效果？

吴晓求： 退市制度修改了很多次，现在最重要的是如何严格执行。按照标准做执行起来很难。没有退市机制就是鱼目混珠，根本不可能形成一个正确的投资文化，市场也不可能发展起来。

《搜狐财经》： 都说中国股市的估值低，但是中国除了少数国企股票市盈率低之外，绝大多数股票的市盈率都是非常高的，您看来，A股到底是被高估了还是被低估了？

吴晓求： A股不存在高估和低估的问题，而是存在制度设计缺陷的问题。资本市场需要一个很好的透明度，如果没有很好的透明度，资本市场很难发展。最重要的是做到一系列规则制度的改革。比如现在IPO在不断地增加，但的确没有大量新增资金进入。

《搜狐财经》： 很多人说中国股市不理性是因为散户多，等机构发展壮大了就能理性了。但是经过这么多年，散户仍然非常多，对机构越来越不信任了，这是为什么？

吴晓求： 以前这种观点是非常流行的。我倒不完全认为散户有多么不理性，机构就多么理性，只不过机构对信息的把握的能力相对强一些，相对来说他决策起来更加有基础，而散户靠个人收集信息处理信息很难。

文章千古事，一点一滴一昆仑

——《鹰潭日报》记者的访谈

【作者题记】

这是作者 2014 年 6 月接受《鹰潭日报》记者周信、郭钦明的专访。此稿发表于《鹰潭日报》2014 年 6 月 26 日第 01 版"他乡鹰潭人"栏目。

吴晓求，江西余江平定人，我国著名经济学家和金融学家。他对现代金融理论特别是资本市场理论、证券投资理论与方法具有深入、独到的见解，是我国资本市场研究领域有重要影响力的经济学家。在进行大量学术研究的同时，他为了中国资本市场的健康可持续发展而大声呼吁，受到了各界的高度赞赏。

一、漫漫求学路且行且思

1959 年 2 月，吴晓求出生在江西省余江县的一个普通教师家庭。父亲长期在教育部门工作，母亲是一位医生。也许是因为职业的缘故，父亲以对内严格要求、对外宽以待人而闻名，从小，在家排行老大的吴晓求就身处在父亲的严格要求和母亲的殷殷期望之下，而这也是他多年不断进取的原动力。

吴晓求的儿童及少年时光都是在余江县春涛乡快乐度过的。1965 年，年仅 6 岁的吴晓求，开始跨进学校的大门。小学三年级开始，他就开始阅读大量的文学书籍，读书开始成为他的爱好和兴趣，并成为其生活的重要组成部分。

1975 年 2 月，吴晓求进入江西省余江县春涛手工业联社，开始了中国传统的木工学徒生涯。一年多木工学徒的生涯，使吴晓求深切了解到中国最低层人们的生活方式、生活态度和生活境况，造就了他吃苦耐劳的精神意志。

一年后，吴晓求正式留城参加工作，成为余江县商业系统的一名职工，在短短的三年时间里，他从营业员、收购员最基层干起，一直到商业局机关办公室秘书、宣传干事。

1979 年 9 月，吴晓求以较优异的成绩考入江西财经学院计划统计系国民经济计划与管理专业，开始了他人生的崭新一页。求知若渴的吴晓求是在图书馆和教室中度过了四年大学生涯。1982 年也就是大学三年级，他的处女作《试论影响经济发展速度的诸因素》完成，在《江西财经学院学报》上发表。这样一篇 9 000 字论文的发表，更加激发了他对经济学的浓厚兴趣，从而促使他决定将自己的一生都献给这门学科。

中国人民大学，这所在人文社会科学独占鳌头的知名学府，以其雄厚的师资、兼容并蓄的风格、优雅的学风深深吸引了吴晓求。1983 年 9 月，本科毕业的吴晓求以优异的成绩考入中国人民大学计划统计系国民经济计划专业，师从知名经济学家胡乃武教授，攻读社会主义经济调节与控制理论研究方向。1986 年 7 月，在著名经济学家董辅礽先生的主持下，答辩委员会通过了他的 12 万字的题为《论社会主义经济的宏观调控》的硕士论文答辩。在获得硕士学位后，吴晓求留任中国人民大学经济研究所从事经济学研究和教学工作，一年后考取我国著名投入产出分析专家钟契夫教授和知名经济学家胡乃武教授联合指导的博士研究生。1990 年 7 月，其 25 万字的博士学位论文《社会主义经济运行的供求分析》在获得同行 20 位专家、教授的好评后，顺利通过答辩，并获博士学位。

自此，吴晓求以其扎实的基础、严谨的学风、敏锐的视角开始崭露头角。在获得博士学位的同年 10 月，吴晓求被破格晋升为副教授。三年后即 1993 年 6 月，再度破格晋升为教授，时年 34 岁，是我国当时最年轻的经济学教授之一。1994 年 10 月由于工作需要和研究兴趣的转移，吴晓求调入中国人民大学原财政金融系（后更名为财政金融学院）任金融专业证券研究方向的教授。1995 年 10 月被聘为我国金融专业证券投资方向第一位博士生导师。1996 年 12 月在原证券研究所的基础上，创建中国人民大学金融与证券研究所，担任所长至今。1997 年 5 月任中国人民大学财政金融学院副院长。1998 年获国务院专家特殊津贴，2000 年被评为教育部跨世纪优秀人才，2001 年获教育部优秀青年教师奖，2003 年被评为首届中国资本市场年度人物，2004 年被评为首届中华十大经济英才，2005 年被评为中国证券市场年度人物，2010 年中国证券市场 20 周年之际，被评为最具影响力人物，等等。2007 年被教育部聘为长江学者特聘教授，这是我国人文社会科学领域目前的最高学术荣誉。其担任过的社会职务还有，中国证监会第九届发审委委员，国务院学位委员会学科评议组成员，全国金融专业学位研究生教育指导委员会副主任委员，中国金融学会常务理事，中国城市金融学会常务理事，中国农村金融学会常务理事，中国投资协会常务理事，国家开发银行专家委员会委员，北京市人民政府金融顾问，云南省人民政府金融发展专家咨询委员会委员等。

在学术生涯的早期，吴晓求主要致力于宏观经济问题的研究，包括经济运行、宏观经济政策和经济体制改革。他在现代宏观经济理论的中国化、中国经济运行的均衡过程和本质特征、中国经济体制改革和模式等方面的研究多有建树，推进了前人在这些领域的研究。1993 年以后，由于工作需要和研究兴趣的转移，吴晓求的研究重心转向金融领域尤其是中国资本市场领域。他在建立公正的市场秩序与投资者利益保护、现代金融体系中的资本市场、资本市场与实体经济的关系、金融结构的变动趋势、中国资本市场发展战略和模式选择等领域，建树颇多，其研究成果在我国处于领先水平，具有广泛而重要的学术价值和社会影响力。

二、勤耕数十年硕果累累

吴晓求早期在宏观经济领域的研究中就取得了丰厚的成果。1988 年他参加撰写的《1988—1995中国经济体制改革规划》荣获孙冶方经济科学论文奖，1992年的《社会主义经济运行分析》获得北京市第三届哲学社会科学优秀成果奖。这些研究将前人在宏观领域的研究，尤其是在中国社会主义经济运行领域中的研究向前推进了一大步。

吴晓求是我国证券和资本市场研究领域具有重要影响的金融学家，是中国人民大学金融学科新一代主要学术带头人之一。他对中国资本市场所进行的深入系统的研究以及其持有的"资本市场核心论"的观点，对我国金融学科理论的发展，起到了重要的推动作用。他是将西方资本市场理论应用于中国实际的先驱者，是中国资本市场理论的开拓者之一。他提出的现代金融体系中资本市场核心地位的思想、中国资本市场发展的三阶段理论、中国资本市场未来十年的构想和预测、货币市场和资本市场的关系以及中国金融结构变动趋势等理论奠定了中国资本市场理论的基本框架，树立了中国资本市场中的若干基本理念，开创了这一研究领域的新篇章。

在着眼于构建中国资本市场基本理论框架的基础上，吴晓求找出中国资本市场发展的症结问题作为其深入研究的切入点，不仅将这一领域的研究极大地推进了一步，而且为政府宏观决策部门的政策制定提供了重要的理论依据，有效地发挥了经济理论研究对实际社会生活的指导作用，实现了理论研究解决实际问题的初衷，并产生了广泛的学术影响和社会效应。这些领域包括资本市场与实体经济的关系、中国金融的战略模式、股权分置改革、创业板成长与风险、互联网金融和银证合作模式等。

吴晓求自1996年12月任中国人民大学金融与证券研究所（FSI）所长以来，带领中国人民大学金融与证券研究所成为国内资本市场领域最重要的研究机构之一，并开始引起国际学术界的高度重视。自1997年以来，由中国人民大学金融与证券研究所举办、吴晓求主持的一年一度的中国资本市场论坛已经成为汇集众多政府官员、专家学者和业界知名人士，在国内外具有广泛、持久影响的中国资本市场年度峰会。在每届中国资本市场论坛上提交的由吴晓求主笔的中国资本市场研究报告：以其前瞻性视野，重大热点问题剖析而得到有关部门的较高评价和学术界的较大反响，对推动和丰富我国资本市场的理论研究和政策研究起了重要的推动作用，对促进我国资本市场发展、制定资本市场发展战略和推进资本市场改革和发展发挥了作用。

作为中国资本市场领域的新一代学术带头人，吴晓求每年作为主要负责人承担了包括国家社科项目、教育部项目、中国人民银行、中国证监会在内的多项国家级和部委级研究项目。迄今为止，吴晓求在《中国社会科学》《经济研究》《金融研究》《财贸经济》等重要学术刊物发表论文百余篇，出版了《紧运行论》《社会主义经济运行分析》《经济学的沉思——我的社会经济观》《资本市场解释》《处在十字路口的中国资本市场》《中国资本市场分析要义》《市场主导与银行主导：金融体系在中国的一种比较研究》《梦想之路——吴晓求资本市场研究文集》《中国资本市场：从制度变革到战略转型》《中国资本市场：全球视野与跨越式发展》《金融危机启示录》《全球金融变革中的中国金融与资本市场》《变革与崛起——探寻中国金融崛起之路》《中国创业板市场：成长与风险》《中国证券公司：现状与未来》《中国资本市场：2011—2020》《中国资本市场：制度变革与政策调整》《中国资本市场制度变革研究》等近 20 部著作（含合著），他主编的《证券投资学》成为教育部普通高等教育国家级规划教材，在国内许多高校应用并受到好评。由于吴晓求教授在资本市场和证券领域的创造性研究，在百度搜索中他被誉为"中国证券理论的奠基人"。吴晓求对此只是淡然一笑：没这么厉害。

三、对话吴晓求："家乡发展要爱护良好的自然环境、创造宽容的社会环境"

记者：您当初为什么会选择经济学这个专业，后来为什么重点转向金融领域，尤其是资本市场的研究？

吴晓求：选择经济学有个故事。当年考大学填志愿的时候，我填的是江西大学哲学系哲学专业，因为在余江商业局工作，填完以后我就出差去了。我父亲当时在教育局工作，他给我改了专业，改成了江西财经学计划统计系国民经济计划专业。

实际上，从本科到硕士再到博士阶段，我研究的都是宏观经济学，博士论文写的也是有关宏观经济方面的，并不是金融证券领域。宏观经济学，会给你一种宽大的视野，会让你知道整个经济活动的枢纽、网络和脉络，而宏观经济和金融密不可分。在 20 世纪 90 年代初期，我在宏观经济学方面，特别在经济运行研究方面还是取得了相当的成绩，当时出了两本很重要的著作，理论性很强，不容易读。大家好像还是很认可我当时的研究。凭当时的研究成果，我在 1993 年就被破格升为教授，时年 34 岁，应是当时全国重点大学最年轻的经济学教授。20 世纪 90 年代初，那个时候中国股票市场刚刚建立起来，深沪两个交易所开始运行，对股票市场和资本市场，应该说几乎没有人研究，我当时和他人合编了一本书，书名是《股票债券全书》，300 万字，为了写这个书的提纲，当时查遍了人大图书馆几乎所有有关金融、证券、股份制改革等书和论文。书出版后反响很大，人家就觉得你是个专家，就会请你去讲课，这就迫使自己进一步去思考、去研究，慢慢地发现这个领域还挺有趣。从 1993 年到 1998 年，这中间是一个探索期、摸索期，这期间我在金融领域研究成果并不是十分丰厚，实际上真正转入全面的、全身心投入的是 1998 年以后，一直到现在，属于爆发期的一个增长，写了大量的学术论文，有的学术论文还是很有价值的，有一些基础性的作用。

记者：您获得了诸多的学术奖励，那您认为在学术研究领域要有所建树，最重要的是什么？能否谈谈您的治学心得？

吴晓求：第一，从事学术研究需要很强的定力，不能这山看着那山高，也不能是天天盯着钱，更不能看着别人官越做越大、别人钱越赚越多，你就心动了，如果有这些想法，就不能从事学术研究，所以学术研究需要淡泊名利，金钱、地位、名誉、权力都要抛弃。

第二，要有很强的感悟力。因为学术研究实际上是总结过去、探索规律、把握未来，要在非常复杂的现实生活中，作出科学的判断，所以理论上的洞察力和感悟力是至关重要的。

第三，要有踏实的作风，要非常勤快。你可能很聪明，有很多想法，但是你吃不了苦，东西写不出来，也是不行的，也就不太可能取得成就。所以，自己勤奋地去思考、写作，把你想的、研究的东西要写出来，这是至关重要的。也正因如此就要放弃很多享受，甚至休息。我的导师在我读研究生的时候就跟我说，在40岁之前，不要有任何赚钱、做行政领导的想法，一定要潜心做研究，未来才会有所成就。所以，在我40岁之前，没有担任重要的行政职务，每天都是在读书、思考、讨论和写作。

我现在培养的是金融领域证券研究方向的硕士和博士，也包括博士后。我对他们的基本要求，就是所有的研究成果必须是真实的，必须是自己的，来不得半点抄袭。水平可以有高有低，但是东西必须是自己写出来的。可以参考别人的，但是要把参考的内容标注出来。

记者：您研究出版了这么多著作，最满意的是哪些作品？

吴晓求：论文写了很多，一百多篇，特别喜欢的大概有十来篇，一定意义上说这十来篇论文具有一定的创造性。当某个领域学科刚兴起的时候，它的运行模式要搞清楚，理论结构也研究透，这需要花很大的力气，我的有些论文起了奠定理论基础的作用。这些文章有的是很学术的，比较难读懂。

当然，也有一些是老百姓比较容易看得懂，也有很大市场的论文和文章。比如，有一篇论文《金融的过去、今天和未来》，这个就非常有意思，从漫漫历史长河中梳理金融的过去、现在、未来。还有一篇是两三个月前写的文章《互联网金融逻辑》，这篇文章虽然只有3000字，但用简洁、逻辑化的语言把互联网金融的内在逻辑说清楚了，前一段时间还在微信上广泛传播。总之，我认为论文或文章最重要的是要有灵魂。

记者：那能否再简单谈谈互联网金融的特点。另外，现在我们越来越多的年轻人通过余额宝理财，您对余额宝的前景是如何看的？

吴晓求：互联网金融是一个新生事物，它相对于传统金融来说是一个新的业态，是对传统金融的变革，或者说是对传统金融的一种脱媒。它与传统金融相比，更加快捷、灵活、安全，收益率也高，而且是一体化服务。互联网金融所有的产品设计都是基于用户的想法，一切为客户来考虑的。

余额宝之所以在一段时间有如此快速发展，得到大家的欢迎，是因为金融改革的力度没到位，金融的市场化步伐比较慢，传统商业银行存在较大程度的垄断，特别是价格（利率）垄断，满足不了客户或储户的需求。在这种条件下，恰好旁边生长出来一个新的金融业态，因此受到很多年轻人的欢迎。关于余额宝的前景，我认为推进利率市场化之后，余额宝的收益率会缓慢下降，但是余额宝这个东西的本质不完全只在 5% ~ 6% 收益率上，最重要的还是在它完成了金融服务一体化的转型，充当了支付宝的一个后台，它会使得支付体系更加完善，更有效率。人们关注的通常是余额宝的收益率，而我关注的是它对完善金融功能、推进金融体系改革所起到的推动作用。

记者：中国股市近年来持续低迷，尤其是一些蓝筹股估值不断创出新低，您认为最主要的原因是什么？

吴晓求：首先反映了人们的一种忧虑的情绪，因为蓝筹股和中国经济有着高度密切的关系。现在中国经济已经告别了两位数增长的时代。7.5% 都非常费劲。事实上，实际上换个角度来看，7.5% 也好，7% 也好，也还是一个比较合理的速度，因为经济规模越来越大，经济成熟度越来越高了，经济增长的动力系统改变了，如果我们转变一下理念，对 7% 也保持乐观，那市场预期就会发生变化。此外，蓝筹股里面最核心的部分是银行股，现在银行股市盈率都在 4 倍左右，市净率都在 0.9 左右，银行股之所以估值低，我个人认为可能与它有潜在的风险有关，人们都在担心房地产市场如果出问题，那银行首当其冲，不良率会提高，包括地方融资平台也会给银行带来压力。但是总体上看，银行股的风险是可控的。我相信在未来一两年时间里银行股会成长的，所以股市低迷可能与人们的过度忧虑有关，中国经济有问题，但是没有人们想象的那么大。与此同时，我们还要推动改革，如果不推动改革，中国的资本市场发展还是很难的。现在我们做了一些尝试，包括股票发行从核准制走向注册制，包括沪港通，包括上海自贸区的金融改革，这些都是代表未来中国金融改革的方向。

记者： 前年您和某知名人士打赌，5年内买股票收益一定大于买房子，能讲讲您当时是基于什么判断吗？

吴晓求： 我的研究的重点在资本市场，房地产市场不研究。最近一年是研究互联网金融。"打赌"是在清华的一个论坛上，他讲房价会不断地上涨，号召大家去买房子。听完后，我说房子不能这么涨，这么涨会给未来的中国埋下重大的危机。最近几十年全球的金融危机多数都源于房地产，房地产价格太高会引起银行不良资产率的上升，从而可能引发全面的金融危机，如果中国沿着这样的路走下去，那很危险，金融危机也会来。所以不要指望房地产价格会不断上涨。从理性的角度看，房地产价格的上涨，从长周期来看不会比股票上涨快。股票上涨背后是经济增长的支撑，它与经济增长和公司盈利是一种正相关的关系。房地产当然也是一种资产，在一个特定时期，它的价格会有一个爆发性的上涨，但不可无限制，否则这个国家就完了。所以我说房地产价格不会持续无限制的上涨。一个国家，如果老百姓的资产都是以买房作为其主要资产储备，这个国家也会出很大的问题，意味着这个国家没有多少储蓄，意味着这个国家没有多少金融资源，意味着这个国家金融很落后，它没有提供给老百姓可自由选择的金融资产。随着中国金融体系市场化的改革，资产证券化比重的提高，我们都会理解到，把钱放到房子上肯定不是一个正确的选择。巴菲特房子就很少，对他来说房子作为重要资产储备肯定会有重大风险。所以我说五年内，作为资产，股票优于房子，这说的是一种趋势。美国过去100年，商品房、国债、黄金、股票四种资产的收益率股票是最高的，而且与其他相比，收益率不是一个数量级的，我不相信在中国会背离这种收益率曲线。

记者： 在当下经济发展的过程中，小微企业融资难，国家这几年也相应出台了很多政策来解决这个问题。从目前了解情况来看效果似乎不是很好，您如何看待这个问题？有没有什么解决之道？

吴晓求： 小微企业贷款难，这是世界各国都会遇到的问题，因为小微企业本身风险比较大，在一定程度上承担风险的能力比较弱。商业银行不会把现在的贷款寄托于公司未来的成长上，所以自然而然小微企业贷款会难一点。在中国，小微企业贷款会更难一点，因为大企业有保障，有历史，也有抵押物，有担保机构，有的还是国有企业，贷款都会向大企业倾斜。

中国现在的金融模式是为大企业贷款服务的，因此我们要创新一种金融模式为小微企业贷款服务。鹰潭也可以有人去尝试做这个工作，需要创业者有一种创新的意识、敢闯的意识，需要拓展创业者的知识结构和视野，还需要政府的宽容和支持。

记者： 我们知道您平时的工作非常忙，那您周末、节假日都是如何安排时间的，在家的时间多吗？

吴晓求： 对我来说，一般情况下上午是在学校处理事情，下午一般是到研究所和教授们讨论一些问题，做研究、写论文、指导硕士生和博士生，有的时候还要和学生谈谈心。周末、节假日一般都会参加各种论坛和学术活动，周末与平常一样很忙，在家的时间比较少。其实我只有春节的时候才肯定在家，因为那时大家都在家，没有学术活动了（笑）。

记者： 对我们家乡的经济发展，您有什么好的建议？

吴晓求： 我的家乡鹰潭和余江是一个非常美丽的地方，整个江西都很美丽。我十年前到芬兰访问，当时芬兰的接待方问我是中国哪个地方的，我说我是来自中国的江西，那个芬兰人说，江西的自然美和芬兰的自然美一样，因为芬兰是一个森林覆盖率最高的国家之一，江西的森林覆盖率也是非常高的。鹰潭和余江又是江西省自然风光最好的地方之一。

如果说对家乡发展有什么赠言的话，我认为两点非常重要。第一，要爱护良好的自然环境，特别是水、空气和土地，所有产业的分布，必须从保护自然环境的角度来考虑，一切破坏自然生态环境的产业都是不可取的，无论它会给你带来多大的利润，多少的地方生产总值，多少的财政收入，那都是不可能的。第二，一定要创造一个宽容的社会环境。没有宽容的社会环境，创新就无从谈起。所谓创新就是和现在不同的东西，你不要把和现在不同的东西看成是有问题的，看成是"异物"，政府、社会要努力创造或形成一个宽容的社会环境，让那些有才能的人能够脱颖而出，让我们的企业越做越大。只有良好的社会环境，才会有优秀人才脱颖而出，才会有优秀的企业出现。

经济学研究需要"童子功"①

——《经济》记者的访谈

【作者题记】

这是作者 2014 年 4 月接受《经济》杂志记者刘夷的访谈。访谈稿刊发于《经济》2014 年第 4 期"走进经济学家"栏目。

商业银行如何、互联网金融如何、体制弊端是什么，中国人民大学校长助理、金融与证券研究所所长吴晓求很"敢说"。就相关话题接受《经济》记者采访时，他种种直接、深刻的表达让记者听得透彻，也写得痛快。

成为一名经济学家要付出多少努力，又要经历多少选择？吴晓求向记者讲述了一些自己的老故事。

上大学是信念

1959 年，吴晓求出生在江西省余江县。青少年时代经历的事情并不少，但他对记者的描述却极其淡然："那个年代发生了许多事情，但回忆起来，我的童年、少年时光真的很快乐。"父母都是教师，吴晓求在学习上从未感到吃力，也从未体验过"死读书"的感觉。直到现在，吴晓求仍要求学生将更多的精力放在"思考"上。

---

① 原标题为《吴晓求的那十五年》。

初中读完，和许多同时代的孩子一样，吴晓求去"共产主义劳动大学"读了一年书，15岁便参加工作了。而这第一份工作，就是当木匠学徒。尽管每天跟桌椅板凳、屋瓦房顶打交道，起早贪黑地挑工具，吃苦耐劳从无怨言，但吴晓求仍被师傅评价为"手上功夫笨，嘴也不甜"。

那时候，能成为手艺人，也算半个"工人阶级"，做木匠学徒在外人看来是很不错的出路。但在那满满的两年时间里，吴晓求心里再明白不过，自己不是那块料，更"志不在此"。

1976年5月，吴晓求找到新工作，成为县商业局的一名销售员。离开桌椅板凳投入油盐糖布的世界，吴晓求勤学苦练，用一年多的时间练就了一手打算盘的好本领。此外，他有了更多的空余时间来看书、练字、写文章。凭兴趣爱好与良好功底，吴晓求经常参加县商业局宣传画报、墙报的制作。不承想，他的字与文章被局长一眼看中，他被"钦点"为局长秘书，跟着局长参加活动、写材料、写报告，深得重用。

1977年，中国恢复高考，吴晓求得知消息时已错过了报名时间。第二年，常在外出差的他仍然无暇备考，但还是在考前买了几本教科书自学一番，硬着头皮上了。吴晓求现在仍记得很清楚："1978年的本科分数线是330分，我考了325分。"没读过高中，也没系统复习过，虽然没上本科线，他还是看到了希望。

之后的时间，吴晓求开始认真备考，准备参加1979年的高考。彼时的吴晓求工作稳定、前途可期，父母更是不用再为他担心，但得知他上大学的希望被重新点燃，他们又操心起来了。那时他最常听到的劝告是："你准备高考，耽误了现在这么好的工作，被领导开除了怎么办？"

那时候，"上大学"就是吴晓求的信念，别的声音他都听不见了。

经济学是宿命

1979年，吴晓求没有辜负自己的冒险与努力，高考成绩超过当时的重点线5分。谈到与经济学的缘分，他认为自己的父亲"居功至伟"。因为对本科专业并无特别的概念，填志愿时，吴晓求凭兴趣在第一志愿栏填上"江西大学哲学系",第二志愿则是"江西财经大学国民经济计划管理专业",随后也把自己的想法告诉了父亲。

填完志愿,吴晓求随局长下乡,他接到了父亲的电话:"志愿填得很好,但是现在国家开始改革开放,经济学在未来必然是非常重要的学科,另外,国民经济计划管理也是江西财经大学最好的专业之一。所以我建议将第一、第二志愿顺序调换一下。"从此,"我和经济学的缘分就开始了。"他笑言。

吴晓求之所以对父亲35年前的建议充满感激,并不是因为后来所取得的成就地位,而是因为"经济学让他很好地发挥了自己的天性"。

重入校园,吴晓求十分珍惜学习知识的机会,本科期间就立志将来要做学者,开始发表论文,大三时开始准备考研究生。如同放弃安稳的工作去高考一样,吴晓求的研究生志愿再次让人产生了怀疑——中国人民大学。这次,他同样没有让人失望,以数学99分的优异成绩考上了人民大学国民经济计划管理专业的研究生,成为此专业唯一一名来自外校的学生。

研究生阶段的吴晓求比本科时更加活跃,跟随导师钟契夫教授与胡乃武教授发表了更多学术论文,还举办各种经济改革演讲。让吴晓求印象最深刻的是,1983年至1986年中共中央通过了一系列关于经济体制改革的决定,而导师上的课始终紧跟经济热点问题,研究生学习从理论上、应用上都让吴晓求深深受益。

1986年研究生毕业,他听从导师的建议留校当了教师。一年之后继续考博士生,1990年顺利拿到博士学位,在人民大学任教至今。

1993年,吴晓求投身证券理论领域,孜孜不倦地坚持了10年证券研究,成为中国带证券类博士生的第一人。对证券理论的热爱一度使他觉得别的领域都黯淡无光。吴晓求曾偶遇过一位政府官员老乡,二人谈起自己的过往经历,不禁相视大笑——那位老乡与他同年参加高考,填的志愿与他最开始的想法毫无二致,因为吴晓求父亲的建议,他们与成为同窗的机会擦肩而过。如今,两人走在截然不同的从政、为学路上,也各自拥有了几十年没有遗憾的时光。

15 年的经济学童子功

采访过程中，吴晓求一直保持微笑，以玩笑的口吻讲自己的故事。但只要仔细聆听，不难发现他早已有一套内化的行为准则。

做学问，应该苦练"童子功"，不该"胡说八道"。吴晓求认为，"经济学的童子功，至少应该练十五年。"他自本科就开始进行缜密的思考训练。考上研究生之后到 1997 年，吴晓求没有担任过任何行政职务，每天看书、写作、思考，很少接受采访、发表"危言耸听"的言论，他形容自己"走路都在看书，沉浸在基础理论结构建构的思考之中，过程非常难。"

恰恰是这段潜心做学问的时间奠定了吴晓求往后著书立说的坚实基础。1998 年，吴晓求开始享受国务院专家特殊津贴，2003 年被评为中国资本市场十大年度人物，2005 年当选中国证券业年度人物，2008 年成为中国杰出人文社会科学家。

吴晓求告诉记者："学者说话要有逻辑，不能为了吸引眼球而'胡说八道'。要做到这些，必须有自己完整的分析框架与理论建构。"

做研究，应该独立思考，不该写"命题作文"。学者们、学生们都在"做课题"，吴晓求坦承自己做得很少，"很多所谓的'课题'，不过是'给钱就说话'的交易。经济学对我最大吸引力在于，让我面对纷繁复杂的经济现实时用我自己的价值体系与理论建构来独立思考。做那些'有奶就是娘'的课题，限制了我的这项权利"。

吴晓求认为，虽然各人对真理的标准不同，但逻辑观点应该是相通的："学者理应坚持探索客观经济规律，进行独立思考，而不是做'命题作文'，拿学术声誉去挣钱。"

看热点，应该注重理论层面研究，不该停留在现象剖析。"我会定期组织学生来讨论当前的经济热点问题，要求他们不能停留在现象剖析，而是要深入到理论层面研究。"

长期研究资本市场，吴晓求对互联网金融亦有许多自己的看法。以互联网金融为例，他告诫学生："说起互联网金融，都免不了提到'风险''野蛮增长',但在说这些之前,你们弄清楚它蓬勃发展的原因了吗?它又给传统金融结构带来哪些挑战?它生存的逻辑在哪里?"

"中国改革开放 35 年,为什么现代经济体制转型仍然困难重重?要从根本上推动改革,必须要让市场发挥作用。"

"为什么在中国办个企业这么困难?创业者经历层层验资、审查,早已精疲力竭,后期产品开发、经营如何赶上别人的脚步?"

"在中国生孩子要跑很多机关盖各种章、开各种证明,为什么要在民众实现基本权利的道路上设这么多关卡?"

一个个问题抛出来,吴晓求的"敢言"丝毫不曾停歇。耐得住寂寞、抵得住诱惑,熬过"那十五年",他的学者之路自由无悔。

中国金融的深度变革与互联网金融

——《金融时报》记者的访谈

【作者题记】

这是作者 2014 年 2 月接受《金融时报》记者姜欣欣的访谈。访谈稿由姜欣欣整理，发表于《金融时报》2014 年 2 月 24 日第 009 版"理论周刊"栏目。

中国是一个大国，必须着眼于未来的竞争态势和现代金融的发展趋势，在吸收现代科学技术特别是信息技术的基础上，构造一个与大国经济相匹配的大国金融。这是中国人民大学金融与证券研究所所长吴晓求教授的观点。今天他做客本期《首席观点》，他认为，构造现代意义上的大国金融，其核心标志结构上要富有弹性并具有良好的透明度和金融功能的高效率；既要有趋优的资源（资金）配置机制，又要有很强的风险平滑（或风险配置）能力。这样的大国金融，既是高度市场化的、竞争性的，又是开放的、国际性的，还是高技术化的、便捷的。当前，互联网金融的快速发展对此正在起到积极的推进作用。

中国金融体系需要推进"三维改革"

记者：要构造一个与大国经济相匹配的大国金融，中国金融体系还需要在哪些方面进行改革？

吴晓求：当前，中国金融体系存在一些明显的缺陷导致能力不足，存在较大程度的垄断性，市场化程度不够，金融效率相对较低；金融结构弹性较低，吸收和平滑风险的能力较弱；开放度不够，国际化程度低。因此，要实现中国金融体系改革的战略目标，必须推进改革、扩大开放。相对于中国金融体系所存在的缺陷，我们必须推进以下三个方面的改革，我将这三个方面的改革概括为"三维"改革：

其一，中国金融的"宽度"改革。金融"宽度"改革的核心是推进金融结构的市场化、证券化，大力发展资本市场，内容主要是大力推进资产证券化特别是信贷资产证券化，不断提高金融资产证券化率。资产证券化是资本市场发展的基础条件，也是一国现代金融体系形成的基石，是金融结构市场化变革的主导力量。广义的资产证券化包括权益资产证券化和债权资产（债务）证券化，信贷资产证券化是债权资产证券化的重要类型。在中国，除了继续推进权益类资产证券化，优化权益类证券资产结构，提高权益类证券资产的市场价值之外，还必须大力推进债权资产（债务）证券化，包括政府债券、公司债券和信贷资产支持债券等，以推动资本市场在结构上的均衡发展。推进信贷资产证券化，是未来中国金融改革的一个重要方面，它对于盘活商业银行存量资产，减轻商业银行的资本消耗，提前消除其未来的不确定性，丰富资本市场品种，完善资本市场财富管理功能都是有重要意义的。

其二，中国金融的"长度"改革。其核心是中国金融的对外开放和国际化，使金融配置资源的链条跨越国界。主要内容是推进人民币汇率的市场化改革，加快人民币国际化步伐，提高外国（境外）投资者在中国资本市场中的投资比例，实现外国（外商）企业在中国境内上市，将中国资本市场建设成21世纪新的国际金融中心。从基础条件和技术路线设计看，人民币国际化必须要有国内发达的金融市场特别是发达的资本市场做支撑，必须要有大量国际投资者进入中国金融市场（主要是资本市场）进行投资，这种金融投资活动实质上是人民币的回流机制。所以，大力发展并开放资本市场，提高外国（境外）投资者在中国市场投资比例，显然是中国金融"长度"这一维度改革的题中之义。按照我国政府的设想，到 2020 年要把上海（或许也包括深圳）建设成为 21 世纪新的国际金融中心。按照我的理解，这个国际金融中心，主要是以人民币计价资产的交易中心，这个市场的金融资产应是全球投资者乃至各国央行必须配置的资产。

其三，中国金融的"深度"改革。"深度"改革的核心是打破行业垄断，促进适度竞争，提高金融效率。主要内容是：推进金融领域资金价格形成机制的改革即利率市场化，推动利润在实体经济和金融领域的平均化，实现产业资本和金融资本的合理配置和协调发展；消除歧视，打破垄断，允许新的具有巨大能量的竞争者（甚至是搅局者）参与竞争。这样的竞争者（或者搅局者），显然不是传统意义上的民营资本而更多指的是互联网。互联网作为一种全新的运营平台，其与金融结合，将彻底改革传统金融竞争结构和运行模式，将重塑一种新的金融架构，即互联网金融。互联网金融之所以有可能全面挑战甚至颠覆现行金融模式，是因为它重新搭建了一个快速、高效、低成本、高信息化的基础平台，从而塑造了一个全新的金融运行结构。对传统金融的运行结构而言，互联网金融是一个"异物"，正是这个"异物"可能会使整个金融体系发生"基因"式的变革。互联网金融是中国金融之"深度"变革的核心内容和最重要的节点。金融或许会进入互联网金融时代。

互联网金融：一种新的金融运行结构

记者：与传统金融相比，互联网金融生存与发展的条件何在？

吴晓求：互联网下一个要攻城略地的产业帝国一定是金融，这是因为金融产业与商业一样同属服务业且幅员辽阔、利润丰厚，舞台之大比商业有过之而无不及。广阔的市场空间，只是互联网金融生存的必要条件；而金融功能与互联网的耦合，或者说金融功能与互联网的技术特性在基因层面上的匹配，是互联网金融生存和发展的充分条件，是互联网金融存在的逻辑基础。嫁接在互联网平台上的金融，就如同"马车变汽车"，将使金融的功能效率大幅提升。这种提升是质的飞跃、基因式的变革。互联网与金融系统基本功能的耦合性主要表现在如下方面：

第一，互联网金融可以进一步优化"资源配置"之功能。在金融的两种融资形式中，间接融资的基础风险是信用风险，直接融资的基础风险是透明度。传统上，在间接融资中，信用风险评估的主要标的除信用记录外，更多地侧重于土地、房屋等物质资产和公司信誉状况等指标，缓释信用风险的机制多数都是抵押、质押和担保。在直接融资中，透明度的风险主要表现在信息披露是否真实、及时、完整。前面两种对风险的定义在自身逻辑范围内没有问题，但前者即商业银行对风险的定义多少有点"富人好信用，穷人差信用"的逻辑；后者则把信用的履约置于法律和道德两重约束下的"自觉之中"。而实际上，个人或企业信用的优劣，是否存在履约风险，在多种交易行为中是能体现出来的。持续性的、高频率的、以信用为担保的交易，更能真正地、动态地反映交易主体的信用和履约能力。互联网与生俱来的信息流整合功能，创造了大数据时代，它显然区别于以抽样统计为基础的小数据时代。它通过对云数据的处理，使人们能够清晰地看到抽样所无法描述的细节信息，比传统的信用识别标志要准确得多。互联网既然可以更有效地识别信用风险，又解决了经济活动中信息不对称性问题，那么，以互联网为平台的金融显然更利于金融的"资源配置"功能的实现。

第二，互联网金融可以进一步改善现行的以商业银行为主体的支付体系，更便捷地提供支付清算服务，使金融的支付清算功能效率大幅提升。由于在庞大的商业银行体系内存在机构壁垒和利益约束，支付清算资金还在一定程度上存在"存量化"现象，这实际上降低了资金效率。基于互联网平台的金融，在克服了时空约束的基础上，加快了资金的流动速度，克服了支付清算资金的"存量化"，最大限度地保证了交易双方特别是资金接收方即债权人的利益。所以，互联网金融这一便捷、及时的支付清算体系，既是现有银行支付清算体系的竞争者，又是对社会总支付清算系统的完善。

第三，互联网金融对于金融之"财富管理"功能拓展具有积极的推动作用。其贡献主要表现在两个方面：一是向下延长客户群链条，二是提供成本低廉、快捷便利的营销网络。前者进一步丰富了财富管理需求者的结构，后者有效地扩大了财富管理需求者规模。财富管理除了满足个性化需求和差异化服务外，还要有相当多的基于小客户的标准化的服务或产品，这些金融产品具有明确的公共标准。互联网为这些基于财富管理功能的标准化的金融产品提供了规模化的销售平台，互联网所具有的巨大成本优势在这里得到了充分的展现，"余额宝"就是一个有价值的案例。

第四，互联网金融对改善金融之"提供价格信息"功能有积极推动作用，使价格信息更丰富、更及时、更准确。一般认为，金融提供的价格信息包含两类，一是资金价格即利率，二是资产价格，通常由股票价格指数表示。前者主要由货币市场和银行体系提供，后者则由资本市场动态即时发布。互联网平台的引入，提高了动员资金的能力和资金的使用效率，加快了资金流转速度，将使利率这一资金价格更能及时、准确地反映资金供求关系，进而引导资金的合理流动。在资本市场上，由于交易系统和实时报价系统充分吸纳了先进的计算机技术和信息技术，股票价格指数已经充分体现了动态及时的特点，这与互联网的技术基础是一脉相承的。

互联网金融的现状与未来

记者：对于中国互联网金融的现状您如何评价？

吴晓求：互联网金融在中国目前还处在初始状态，标准意义上的功能链完整的互联网金融还处在破壳之中。

支付宝的出现对于打破银行支付垄断、引入竞争机制具有重要意义，但其资金源头仍从属于商业银行的存贷款，这显然是个约束。

余额宝的核心贡献在于确立了余额资金的财富化，确立了市场化利率的大致刻度，有利于推动利率市场化进程。总体而言，在资本市场没有得到有效发展和制度约束仍然存在的前提下，在余额宝基础资产没有任何证券化金融资产的条件下，余额宝的生存迟早会受到利率市场化的冲击。

阿里小贷具有互联网金融的某些核心元素。但从目前看，由于制度、规则和相应政策的约束，阿里小贷的客户范围具有特定的限制，目前还难以对商业银行业务带来真正意义上的挑战。

P2P 贷款，从外壳或形式上看，比较接近互联网金融，但由于其对客户的风险甄别以及风险对冲机制未有效地建立起来，对信用风险的评估与商业银行无异，前途扑朔迷离。

网上销售理财产品最近比较活跃，这主要是基于传统渠道的垄断和高成本而引发的另一条竞争渠道，这是互联网渠道成本优势使然。它或许会成为未来互联网金融的"表外业务"。

由于制度和现行规则的约束，完整意义上的互联网金融在中国还没有真正形成。前述几种形态除了阿里小贷外，只是片段化的互联网金融，因为它们还没有独立生存的机制。即使阿里小贷也仍在传统规则边界上游走。所谓互联网金融指的是以互联网为平台构建的具有金融功能链且具有独立生存空间的投融资运行结构。这里，"以互联网为平台"是最基础的要素，它意味着对物理空间的摆脱，意味着货币流的牵引力量甚于信息流，意味着硬成本到软成本的过渡。"金融功能链"和"独立生存空间"也是互联网金融必不可少的元素，例如，支付宝具有金融的支付清算功能，但由于其"上游"资金在现行制度下必须也只能来源于客户在银行的储蓄或银行对客户的贷款，没有独立的资金源头，所以支付宝只具有互联网金融基因，还不是标准意义上的互联网金融。

记者：那么，对于中国互联网金融的未来您又如何判断？

吴晓求：随着制度、规则和准入标准的调整，互联网金融的发展趋势不可逆转，其所具有的低成本优势、信息流整合（大数据产生）、信息的对称与共享和快捷高效，无疑将对传统金融业态带来严重挑战。但是，应当清晰而客观地看到，这种挑战有的是带有颠覆性的、此消彼长式的竞争，具有替代性趋势；有的是彼岸相望促进式的竞争，彼此难以替代。相互竞争后，新的金融业态可能是，分工更加明确、个性更加突出、结构更加多元、效率进一步提高。

前面我已提到，在金融诸功能中，互联网金融与其耦合的程度是存在重大差异的，这种差异是互联网金融进入后新的金融业态形成的基本原因。大体而言，互联网金融将在支付功能上具有明显的优势；在资源配置（融资）

领域，对风险识别基于数据化的平台，贷款特别是平台小额贷款，也具有较明显优势；对标准化金融产品的销售由于存在巨大的成本优势，也有较大发展空间；对非个性化资产管理，虽然受到感知认同某种程度的约束，但仍存在一定的生存空间。在这些领域，互联网金融会在不同程度上分食传统金融特别是商业银行的蛋糕，进而形成更加专业化的分工。而对这种蚕食式的竞争，传统金融（商业银行）必须调整策略，广泛运用互联网技术，加快改革和创新。这从客观上推动了银行业的技术进步，加快了互联网与金融的全面融合。

与此同时，我们也应看到传统金融（商业银行）也有自身的比较优势。例如，个性化服务，高度的专业性，较高的感知价值，对冲风险的能力，雄厚的资本实力以及线下客户的垄断等。这些比较优势，使传统金融（商业银行）在大额贷款、个性化财富管理、投资咨询、资源储备等方面仍有难以替代的优势。

2013 年的访谈

稳定市场、提高投资者信心仍是当前政策的重点

——《北京日报》记者的访谈

【作者题记】

这是作者 2013 年 1 月接受《北京日报》记者窦红梅的访谈。访谈稿由窦红梅整理。作者认为，恢复市场信心需要采取适当收缩市场融资规模、引入新增资金等措施，新股发行制度应在继续坚持核准制的基础上建立发审与监督相分离的制度。

新年伊始，多达 800 余家排队等待上市公司仍然是悬在 A 股市场上方的一柄达摩克利斯之剑。在过去两年，尽管中国证监会一再重申新股发行不会暂停，坚持市场化的方向，但是面对巨大的扩容压力，众多投资者和业内专家言辞激烈地认为，新股发行"供大于求"。在市场不断寻底的重压之下，从 2012 年 11 月起，新股发行上市已实质上悄然暂停。

与此同时，下一步新股发行体制改革该如何进行，已成为投资者关注的焦点。著名经济学家、中国人民大学金融与证券研究所所长吴晓求教授，对此有深刻的思考。

记者： 目前市场情况下，您是否同意 A 股市场暂停新股发行上市？

吴晓求： 我们总是强调资本市场的融资功能，上市公司常常误认为，从市场获得资金是廉价的、无约束的，所以出现了即使指数跌破 2 000 点，仍有数百家企业在排队上市的奇怪现象。这种现象的出现是制度给了上市公司制度性红利。在中国，成为上市公司本身就是一种制度性红利。排队现象说明企业还在源源不断地供给股票，如果供给的股票质量很好则无可厚非，然而问题的关键在于这种股票的质量并不那么好。

在这种情况下，市场出现了下跌，供求关系出现严重失衡。有人提出减少一点供给，这种建议马上被指责为行政干预。证监会表态说，不暂缓 IPO，IPO 的速度是否暂缓由市场供求关系来决定，直至股价跌至公司不愿意 IPO 为止。要知道只要上市资源在中国存在制度性红利，就会一直有排队上市的现象。因此中国现阶段，从维护市场稳定化和实现市场供求关系的动态平衡角度看，有时还是需要一定的政策干预的。在目前市场状态下，暂缓 IPO 不失为从供给角度所作的一种调节，利大于弊。

记者： 如果让您来做决策者，对尚存诸多弊病的中国资本市场，该如何恢复投资者的信心？

吴晓求： 近期市场出现了一些转机，但采取有效措施稳定市场，进一步恢复投资者信心仍是政策的重点。概而言之，可视市场变化而采取以下措施：

第一，适当收缩市场融资规模，放缓 IPO 发行的速度，缓解市场资金供给压力。

第二，采取适当措施和政策，引导新增资金进入股市。除了中央管理的社保基金继续按比例进入市场外，要鼓励地方政府管理的社保基金和养老金，运用市场化和专业化机制，按照一定比例进入市场。必须改革所谓"养命钱"的管理机制，改革基本方向就是在专业化运作的基础上，适当提高市场投资的比例。唯有投资，"养命钱"才会增值。与此同时，要进一步增加 QFII 和 RQFII 规模，降低 QFII、RQFII 进入标准，提高国际化的程度。

第三，鼓励大股东特别是蓝筹股国有大股东增持股份，鼓励有充分现金流的上市公司实施回购，以稳定市场投资者信心。

第四，必须改革IPO前股东股份减持制度，适当延长这些股份的锁定期，制定一个动态的、与企业成长相匹配的结构化的减持办法，从存量角度减轻减持套现对市场所形成的巨大压力。

记者： 新股发行制度改革的重点、难点在哪里？

吴晓求： 股票发行制度一直是理论界和市场诟病比较多的。中国股票市场出现了不少问题，不少人都会把它与市场发行制度联系在一起。人们通常都会问：IPO要不要审？如何审？由哪些人审？审什么？IPO发行审核有没有寻租行为？现行的股票发行制度为什么设计了这么复杂的程序，还会出现像"绿大地"[①]这样的事件？新股上市后巨大的溢价或者跌破发行价是不是与现行股票发行制度有关系？如此等等。

我认为，从当前中国社会现状看，新股发行还是要审核的。当然，中国目前所谓的核准制并不是严格意义上的核准制。严格意义上的核准制是达到了规定的标准就可以发行上市。我们目前的核准制，从执行的角度看，还有某种审批制的痕迹，虽然这种审批不是监管机构行政批准，而是由监管机构组织的由相关专家组成的发行审核委员会来审核批准的。从已有实践看，这种核准制仍然是必要的。

从改革角度看，应由谁去核准比较恰当呢？有人认为，应当建立发审与监督相分离的制度，由此建议由现行的证监会发审委核准，改为由交易所核准。这种建议从理论上是正确的，也是未来中国股票发行审核制度改革的基本方向。从现在开始，必须研究发行核准主体下移至交易所这个问题，与此同时，交易所也必须建立一套发行核准的风险防范制度，杜绝和防范寻租行为。

---

① "绿大地"公司，全名为云南绿大地生物科技股份有限公司，于2007年12月21日在深圳证券交易所上市，后因财务造假，2010年3月被中国证监会立案调查，2011年3月被查处。

记者：如何完善新股定价机制？您有什么具体建议？

吴晓求："绿大地"造假上市的事件暴露后，究竟该追究谁的责任，似乎并不清楚。从中国资本市场的基本制度结构上看，应建立一套发行核准与事后监督的约束机制。没有约束和监督的权力，一定会滋生腐败，何况在股票发行这个巨大的利益衍生环节。

在改革定价机制的询价主体方面，新的规则增加了不超过 10 人的个人投资者，以提高定价的合理性。对这种改革我一直都是疑惑的。它有两个问题：一是这 10 位个人投资者挑选的标准是什么？二是这 10 位个人投资者在市场化询价过程中起的作用有多大？

除了对核准主体进行改革外，还必须进一步完善现行股票发行的定价机制。中国股票发行制度中的市场化定价机制改革探索了 10 多年，我个人认为，现行的 IPO 定价机制没有根本性问题，不存在制度性缺陷，不存在方向性问题。现行中国股票发行制度市场化改革的两个基本要素是正确的：一是多元市场主体询价制度；二是信息透明基础上的市场化定价。通过多元投资主体的市场化询价机制来确定发行价格区间，方向无疑是正确的。

从目前情况来看，虽然中国资本市场新股定价机制的基本框架已经确定，但竞价的方式需要调整。我们要把竞价与申购有机地结合起来。这是定价机制改革的一个重点内容。此外，引入存量发行机制，对价格的合理形成，改善流动性有积极意义。现行保荐人制度造就了保荐人的金饭碗，形成了巨大的制度性溢价。保荐人制度，在实践中造成了风险与收益的不对等，权利与义务的不对称，因此必须改革。

初始信息披露是一个重点。在中国，拟上市企业通常只知道募集资金的权利，但相应的责任和义务却不十分清楚。要让企业深刻地理解作为上市公司，必须接受社会（包括证监会和投资者）的监督，必须履行信息披露的强制性义务。我认为，真实地披露企业当前的信息远比未来的展望更重要，而这也正是企业发行上市核准的重点。

2012 年的访谈

求解中国股市危局，
探寻资本市场曙光

——《新华网》记者的访谈

【作者题记】

　　这是作者 2012 年 9 月 5 日出席新华网"求解中国股市危局，探寻资本市场曙光"的访谈。作者认为，资本市场不仅仅是一个融资的市场，从深层次的意义上来说是一个财富管理和企业资产价值发现的市场。

　　主持人：各位网友大家好，欢迎大家收看新华网的大型采访活动，今天非常高兴地请到了中国人民大学金融与证券研究所所长吴晓求。近期新华网、《中国证券报》、中证网联合推出了大型的采访活动，主题是"求解中国股市危局，探寻资本市场曙光"。我们也知道，最近 A 股市场跌跌不休，究竟是什么原因造成市场的这种情况呢？下面我们对吴老师进行专访。

　　主持人：您也知道现在的市场是这样一个情况，那在您的脑海里您觉得 A 股市场表现出这样的情况正常吗？

　　吴晓求：这种情况从经济的基本面来看，应该说还是有所不正常的，虽然国内经济现在处在转型时期，遇到了很多的困难，所以人们对未来的预期有所降低，再加上国际上的整个环境也没有什么大的、根本性的变化，所以内外都对中国经济产生了严重的挤压，因此，大家对经济的展望不太乐观。

但尽管如此，中国经济还是能保持 7.8% 的速度的增长，应该说这样的增长速度总体上来看也还是不错的。因为世界上现在也没有哪几个国家经济的增长率能够达到 8%，所以从这个意义上说虽然预期会有所降低，但是这个市场出现如此长期的、大幅度的下跌应该说是不正常的。

美国的经济从金融危机以来，还是在一个复苏的阶段，或者说还没有进入正常增长的阶段，但是道琼斯指数倒是接近了新高。所以拿美国经济和美国市场的关系相比较，可以看出中国市场对中国经济反应应该说还是过度了，所以我认为这个市场总体上看应该说还是偏离实体经济的发展。

主持人： 自从郭树清主席任证监会主席以来，证监会一直在不断地出台新政，有人统计证监会不到四天就出台了政策，涉及上市公司的分红、退市制度，新股发行改革，包括壮大机构投资者等，但是 A 股市场不领情。您觉得造成这种 A 股市场扶不起的"尴尬"的背后的深层次的原因到底是什么？

吴晓求： 这个市场虽然说它在偏离实体经济的状况，但的确这种持续性下跌的不正常还是有着深刻的背后的原因的。如果从深层次和直接的原因两方面来看，深层次的原因就是我们在发展资本市场理念方面还是存在着重大的偏差，也就是我们为什么要发展资本市场，资本市场究竟能为中国经济带来什么？为中国金融体系的改革带来什么？在这些深层次方面，应该说我们还缺乏一个正确的认识。

从时间来看，我们也可以看到中国的资本市场还是停留在融资的阶段。比如你到各地去调研，各地省里面的领导或者市里面的领导都会讲，我们这个地方有多少家上市公司，我们每年从市场筹集多少资金。他都是从筹资的角度来理解这个市场，也就是大家所说的圈钱，他从来不会说我当地的上市公司创造了多少利润，为股东提供了多少资产回报，我的市场市值提高了多少，一般这些都不提。所以可以看得到，我们还是把市场看作一个融资的市场，在这种条件下上市公司当然并不注重回报。

资本市场从深层次的意义上来说是一个财富管理的市场，是一个企业资产价值发现的市场。应该说它是具有很强的投资功能的，所以如果你把它看成一个融资的市场，而不是投资的市场，那么这就会出现重大的偏差。因为这种深层次的认识就会影响到我们政策的制定，如果我们进行的是融资的话，实际上它需要的一个长期的战略的眼光，而不会去培育它，它就会置投资者的利益于不顾，而只关心融资者的利益和上市公司的利益，所以在政策层面上它多多少少会受到这方面的约束和影响。

从政策层面来看，从对市场直接影响的因素来看，虽然我们可以找到很多的理由，包括刚才所说的对国内经济预期的下降，包括国际上不稳定因素的出现，等等，但这些只是一个背景，实际带来这个市场直接下跌的是我们发展理念的影响。所以中国资本市场发展的一个宏观经济政策，应该说在供求层面上是不平衡的，也就是说我们长期缺乏一个能够保持市场供求关系动态平衡的宏观经济政策。

正如我刚才所说的这个市场更多关注的是融资，每年通过 IPO、通过再融资等方式要从这个市场上拿走大概 8 000 亿元到 1 万亿元的资金。这就像一个抽水机，要从水库里面抽走这么多，但这个水库上游又没有新增流量的水下来，也就是没有新增资金的进入，只有资金的流出，一旦没有资金进入的话，显而易见，这个水库的水位就会下降，随着水位的下降你会发现连河床都看到了。这样一来，这个市场就会长期低迷，就会影响到投资者的信心。

所以，我认为要改变目前中国市场的状况，从深层次上就是要把发展资本市场放在中国金融改革的战略高度，要放在金融体系现代化、国际化，以及建设国际金融中心的战略高度，我们才会去爱护它，你要爱护它首先就会想办法从政策层面上引导资金进入。

我们现在一方面融资的压力还是没有减轻，虽然最近一个月，你可以看到证监会的新增 IPO 没有出现，但是增发还是很多的，包括印花税、交易费用、佣金以及其他的融资方式这些都还是在进行，当然，这些东西还是需要的，因为这个市场如果完全没有融资功能，那这个市场也会有问题。但更为重要的是要采取一些有力的政策，要让新增资金进入，而且这个新增资金从流量的角度来看应该要大于流出的股份，这个市场才会有上涨，这个上涨倒不是说提倡资金推动型的上涨，因为这个市场的确具备了投资的价值。

那大家马上就会想到新增资金从哪里来，我们会说采取 QFII，但是这个规模很小，而且它进展的速度也非常慢，应该说这是远水解不了近渴，而且它也不能使中国的市场复苏起来。

所以也在想更大的资金，包括社保基金，这个社保基金主要是地方政府的社保基金，实际上有些可以进入市场。我从审计署的审计报告对国家和地方的社保基金的审计状况来看，他们要不就是放在银行作为现金活期存款存在的，显而易见挪用是对社保基金权益的损害，是一个违规违法行为。如果只是把用于为了保障人们退休的社保基金放在活期存款的状态，这是一个不负责的行为，因为它不会使你的社保基金增值。实际上这块我们可以通过一些政策进入其中，包括商业保险之中，包括我们很多大学也有大学基金，大学基金就是除了财政以外的捐赠基金，现在几乎所有大学的捐赠基金都会进入这个市场，所以实际市场上可以进入的资金是非常多的，但是我们没有采取有效的措施来进行引导，这需要采取一些有效的优惠政策。

所以从中我们可以看出来，我们还是要采取一些能够使这个市场实现动态平衡的资金供求关系的政策，这是我们思考的着力点。

主持人：现在有网友评论说：面对复杂的国际形势，各国反应不一，有人说美国感冒了、欧洲发烧了，中国干脆直接住院，那面对这样的国际形势为什么道琼斯指数前一段时间反而创了新高，而沪指一直在下跌，都已经快奔到 1 时代去了，您觉得这样的现象奇怪不奇怪呢？

吴晓求：我刚才说了，应该说这是不太正常的，因为中国经济虽然也碰到了一些困难，但是这个困难应该说比欧洲还是好得多的，应该说比美国也好得多，但是我们的市场则作出了非常剧烈的反应，刚才我说到这可能也是一个很重要的心理因素，但更为直接的是我们的这个市场实际上是不受爱护的。

现在证监会采取了一些措施是要推动这个市场发展，但是这个市场本身只有证监会一家是不够的，它需要更多的部门甚至国家层面来出台一些政策，包括分红税、红利税等，要采取一些政策去扶持它。如果你真的要发展它，那你就要采取一些优惠的政策，我们中国改革开放的经验都表明哪件事情要齐心发展，就要采取相对优惠的政策来发展它，否则的话它是发展不起来的。

主持人： 吴老师，您刚才也说到，这个市场每年大概融资在 8 000 亿元到 1 万亿元，有些人就说现在市场持续下跌的原因就归结在市场融资上，您觉得这个看法全不全面？

吴晓求： 市场融资的这个功能还是存在的，如果资本市场的融资功能完全停止，IPO 停止了，再融资停止了，这个也是不正常了，那人们就该怀疑我们要这个市场干什么？在那里只剩下类似于产权交易所的功能了。因为一个公开市场和所谓的产权市场相比较，一个最重要的功能就是它有再融资功能，有融资功能和再融资功能。

所以这不能简单归结为有了再融资功能就一定会使市场下跌，问题的关键是我们必须要保持一个能够使资金进入和融资的动态平衡，这个非常重要，你一方面卡住新增资金进入，另一方面又要从这个市场拿走资金，那这个政策就有问题了。所以再融资的节奏从现在看当然是应该放缓的，如果不放缓的话，这个市场还会进一步地恶化。

主持人： 刚才您也提到了证监会有一个月的时间 IPO 处于暂停的状态，那您觉得证监会的这个做法和市场化的初衷有没有矛盾？

吴晓求： 这个应该是没有矛盾的，因为这个市场的本身是一个特殊的市场，我们还不能以一般的、简单的供求关系决定价格的基本理论来管理这个市场。也就是说，不能等到这个市场下跌到融资者根本不愿意到这个市场融资的地步再停止融资、停止 IPO，显而易见这种理论主张是不能适用在资本市场的。因为资本市场融资、一个企业上市是有一个特殊的制度红利的，所以说在不得已的情况下，通过减少供给的方式让这个市场缓慢地达到平衡也是一个不得已的做法。

主持人：也有网友提出如果说证监会放弃 IPO 审核，当时郭树清主席刚上任就说新股不审行不行？如果您觉得他把权力下放完全交给投资者这个方法可不可行？

吴晓求：不可行。现一阶段中国还不具备这样一个社会、法律、道德和智力的条件。虽然对监管部门审核发行，人们可以指出很多的弊端，包括你又监管又是参与者，等等，但是从现在来看，如果没有一个相对严格和专业的机构来负责股票发行的信息审核的话，我想也许会带来更大的灾难。有人说就交给交易所，有人说就由证券公司去负责，中介机构只起到一种注册备案的制度，我想这也许是我们未来的一个方向，但是现阶段来看还不太可能，因为如果那样的话可能出现问题的概率会更大。

说实话，相比较来说，我不能说现今的发行制度一定是十全十美的，但如果是一个很劣质的企业通过公关去上市概率还是比较低的，虽然也有像绿大地这样非常劣质的企业，但总体上看大多数还是能起到一定的监督作用。

主持人：上交所前一段时间有这样一个规定：分红比例低于 30% 的上市公司需披露原因，但高于 50% 的就可以享受再融资的绿色通道。有人说证监会这样硬性的规定是值得肯定的，对中国老百姓提倡分红，但也有人说这对上市公司的微观经营行为是一种干预，您是怎么看这个问题的呢？

吴晓求：这的确也得从两方面来看，从《公司法》《证券法》的角度来看，上市公司以什么样的形式分红以及分红分多少，要根据它的财务状况、经济发展的阶段，以及它可能所遇到的问题来决定的。比如它的现金是非常充足的，像茅台酒这样的上市公司我想这就没有问题；但是对于一些可能要相对留住一些现金，也许我这个行业的竞争非常强，也许我可能已经进入衰退期，那就要留住现金，那它的分红比例可能就要低一点。所以从这个意义上来说，分红的确是公司治理结构的必要内容，是公司的董事会和经营层共同决定的。

另一方面，管理层要做一些引导，当然他是想要体现他的价值投资理念，比如银行股的市盈率那么低，现金那么充足，那显而易见应该分出，从这个意义上说因为他也没干预，你也可以不这样，但是如果你达到了 30% 或者 50%，那你再融资我就可以给予一些优惠，这也是监管部门的一种态度，他并没说你不这样我就处罚你，他也没说如果做得更好的话，那我可能会在再融资方面、排队方面就有优先权。

所以我想这可能都是从两方面看的，都是可以的。但是从现阶段看现金分红还是比较重要的，因为这是恢复市场投资功能的基本前提。要让市场恢复它的投资功能，投资功能就是我投了 100 万元，每年我分红 8 万元，我有 8% 的投资收益。当然按道理投资收益不仅仅有现金分红，还有资产溢价部分，两部分加起来才构成了投资收益。

但是对于那些长期的机构投资者、战略投资者，现金分红还是比较重要的，因为它的溢价有时候也并不完全是想卖掉，因为他要保留一个特殊的股权比例。所以在这里我也想强调一下，现金分红的比例对于恢复市场的投资功能还是有价值的。

主持人： 那您刚才也提出说要达到市场进入资金和融资资金形成一定的比例，如果上市公司为了满足证监会多分红的条件就去市场上多圈钱，出现这种情况怎么办呢？

吴晓求： 上市公司的融资根据它的发展还是需要的，这就体现在融资的合理性上，它是不是需要融资，是不是为了融资而融资，这在审核阶段还是要看清楚的。比如说茅台酒账上有非常充足的现金，如果它再提出要去融资，我不认为这是需要的；比如它的资产负债率极低，几乎没有负债，那我也不知道这个融资是要干什么，所以这里面有很多财务指标。

还有融资和再融资的说明书，它要说清楚这是干什么的，这是一个重要的指标。融资如果能够有足够的回报，比如融完资净资产收益率就可以达到 20% 这是可以的，因为它有一个比例上的评价。如果再融资后资产收益率大幅度下降甚至还不如再融资之前的利润，那这个再融资就有问题了，所以这里面还要具体观察。

主持人： 那现在我们市场里有没有对这个再融资出台这方面的政策呢？

吴晓求： 为什么再融资当然有一些比较硬性的财务和法律的规定。比如说最近 3 年没有受到处罚，没有虚假信息披露，没有会计师和审计师机构出具否定性意见或者不予肯定的意见，公司没有违法犯罪行为，没有资金被挪用的情况，等等，有很多硬性的规定。在硬性规定下如果有一个合适的项目提出再融资，我认为这也是合理的。

主持人： 吴老师您刚才讲到分红，我们知道现在很多大的商业公司同时在上海、香港甚至美国几地同时上市，但是到分红的时候我们却发现它的分红政策是差别化的。像我们大家争议很多的中石油，说美国总公司才融资 20 多亿美元，但是人家这几年分红已经分了 100 多亿美元，但是在国内却分红很少。您觉得造成这个差异化分红政策的根本原因是什么呢？怎么样去解决这个问题呢？

吴晓求： 首先，中石油因为在 A 股上市的时间相对比较短，而且上市之后在 A 股的发行的市盈率非常高，所以相比较它的这种高发行市盈率，它的现金分红确实是非常低的，当年中石油在海外上市的发行价格是非常低的，所以在这样的大背景下，它出现了这样的状况。

当然，如果在两地上市或者三地上市了，我也不认为它会采取差别化的分红政策，它应该是一样的，上市之后的分红政策应该一样的，要送股都送股，要分现金都分现金，分现金也要按照汇率来计算，不会出现在境外的股东分红高，因为这是一个严重的违法行为。它在三地上市之后的分红比例和政策我认为是一样的。只不过在国内的发行价非常的高，在国外，还有在中国香港，它当时的发行价格是相对非常低的，所以这样一比较，我们就发现原来在它那里投资回报非常高，在我们这里投资回报非常低。它有这样一个客观的历史原因。

主持人： 咱们再来谈谈退市方面的政策。自从退市新政出台以后市场反应还是很强烈的，尤其是上交所对 ST 板块进行了不对称涨跌幅政策的调整，一度引起了 ST 板块和 B 股板块的暴跌，您觉得退市政策是否合理呢？

吴晓求：退市政策的推出是非常重要的，包括中小板尤其是创业板退市规则的推出，对市场的理性投资和维护市场的秩序，按照市场达到一个正常的市盈率的这么一个水平，应该说起到了重要的引导作用。所以制度本身的意义还是很重要的，如果一个市场没有一个有效的退市制度，这个市场就没有效率，就会让那些滥竽充数的企业在这里交易，而实际上这种交易本质上是没有意义的。

另外，退市的制度推出之后，虽然我们可以通过实践检验哪些具体的规则如果的确不适当可以修改，但总的来说一旦修改完以后，再做修改就要慎重，就要经过认真的研究，不能这次修改以后，再过一年后又去对一年前的修改进行反修改，那人们就会说你的规则在多变。

所以从这个意义上说，我倒是觉得像主板的退市制度，过去采取的涨跌幅 5%，就是一个有差别的退市的规则要求，所以针对这样有差别的还要再弄一个不对称的，我认为就有点多余，而且也是不适当的。虽然这也是证监会所推崇的价值投资理念在退市规则上的一个表现，就如同是一个上市公司的现金分红，如果没达到 30% 要作出说明，如果超出 50% 再融资可以进入绿色通道的这样一个想法是如出一辙的，他们都是想在具体层面上实现价值投资理念，以及推动价值投资理念的实现。

但我还是要说，现在我本人也不反对价值投资理念，这也是一种投资的方式，虽然不是全部的方式，因为还有一些非价值投资理念，人们就是只看重未来，也许今天这个企业不太好，但是未来它将非常好，这也是一种投资方式。

我的意思是说我们不能因为一种投资理念就去改变一些规则，这会使人们产生一些错觉，觉得我们中国的市场在不断地修改规则。包括 ST 和 B 股的退市，因为我们制定了一些新的规则，按照规则有很多东西都要退，但是后来他们又作出一些解释，说你们可以通过比如说缩股啊又可以通过什么方式达到保留，这实际上就是自己一方面想制定严格的退市政策，另一方面还告诉大家你怎么做是可以不退市的，所以这就对冲掉你原来的想法了。

所以我想总的原则就是我们的规则本身还是应该保持它的稳定性，除非这个规则被实践证明确实有问题，那我们当然要修改。

主持人：您刚才说到像所谓的这种 B 股退市的政策，我理解的意思就是它甚至前后已经有点矛盾，出台这样的政策，我发现它前后相隔不到一个月，那么造成这种政策前后对冲甚至说矛盾的原因是什么呢？

吴晓求：我估计还是来自市场，因为突然间发现很多人退市了，而且那个企业一退市它的资产的流动性就不存在了。再加上的确也有缩股一说，因为它只是说交易价格低于面值，20 个交易日就可以退市。当然，从技术层面看，它能维持一个上市的点，但尽管如此这有什么意义吗？对上市公司有什么意义吗？对投资者来说也没多大的意义，原来是 6 000 股，现在变成 1 000 股，原来 6 000 股的时候交易价格比如说是 3 角，现在变成一块多钱，它的资产价值并没发生很大的变化。当然，它也给上市公司留下了喘息的机会，留下了改善它经营业绩的机会。但是我还是不主张左右摇摆、出尔反尔的政策，我们在出台之前就要想透，不要出台以后又再改。

主持人：其实我最近也在看一个报道说是这个缩股，一些公司产生了质疑，说已经低于这么长时间了，你的一些政策都拿不出来，这个缩股其实最终受益的还是一些大股东，我们这些散户最终还是成了受害者。

吴晓求：缩股对所有人都是一样的，大股东比如 6 股也缩成了 1 股，也是一样的。只不过从资产价值角度来看，都是一样的。

主持人：那相对国外，您刚才也说了连续 20 个交易日低于每股面值就将退市，比如说美国、日本的这个时间都比中国要长，您觉得这个对上市公司是不是有一些苛刻？

吴晓求：对，我们这个有点短，过于急促。这还是我们监管部门所倡导的价值投资理念的另一种反映。它希望人们别去买这些股票，都去买那些蓝筹股，你要买这些股票会有巨大的风险，会让你退市，所以它逼着投资者把这些股票卖掉进到蓝筹股里来，所以这是这个理念的保障吧。再加上都很着急，都想在价值投资理念方面表个态，大概有表态的一种嫌疑，所以就会弄得比较着急。中国政策的表态还是比较多的，有时候也不看它是否合适。

主持人：一提到退市就想到闽灿坤B，其实我们都知道在此期间闽灿坤还是分了几次红的，所以有人就说如果它不分红，可能这个股价就不会到现在这个程度。那有人就说了，这个退市新政其实就挑战了它的这个上市公司的分红，您怎么看待这个问题？

吴晓求：首先还是它的财务状况比较恶化，比如连续的亏损，这倒不完全是因为现金分红。因为一般说来一个公司的现金分红率在过去都到10%~20%，也就是说还有80%~90%是没有分的，还留在公司，所以说现金分红倒不一定完全是退市的一个重要原因。

主持人：那咱们来说说转融通业务，这两天也炒得非常热。现在可以说沪深交易所刚刚发布了这个规则，但是市场上多少还是有一些反应的，有人说可能会有一些"浑水模式"袭击了A股，尤其又是在现在大跌的点位推出，您觉得会不会加速中国股市进一步探底的状况？

吴晓求：这个转融通在什么时候推出的确也是需要思量的，现在这个时候推出，有很多人认为会加剧市场的下跌。因为转融通主要是一个融券，因为融资相对来说到哪里都可以融，但融券只有在证券公司的融资融券业务，还有金融证券服务公司、融资公司可以进行，所以在这个特殊时候，人们首先想到的会是做空。

转融通业务现在虽然还没有完全推出来，他们也说在开始的时候暂时不推出融券，只推出融资，实际上也就暗示了转融通在现阶段还是不希望做空的，这个政策的意图还是非常明显的。所以转融通本身在中国市场还是一项创新，因为在此之前融资融券只是局限于客户和证券公司的关系，证券公司库存里面的融券可以给有条件的客户进行包括融资这样的服务。但是这个量就非常有限了，因为可能我在这家公司要融券，融某一类公司的券，但是可能它的库存并不是很多，但是有一些证券公司则可能很多，它们之间不能调剂，所以转融通推出来之后，实际上是在全行业对它的这个券都可以进行一个整合和调剂。

一方面，它对证券公司的这个行业和证券业的发展提供了新的增长点，同时也为客户提供了一种新的交易方式；另一方面，它使这个市场的定价功能更加趋于合理。别看有时候市场下跌了，但是这家公司的股票的确估值过高了，过去估值过高了还没有太多的办法，只能做有限的融券交易，而如果这个时候这家公司的估值过高了，它通过转融通可以达到一个使大家都认可的水平。所以可以看到，融资融券和转融通现在的数量并不多，大概是 270 只股票，还有 7 个 ETF 品种，这个是融券业务的。所以我想转融通这个事情还是要正确地看待它，它本身并不是说有完全做空的功能，它还是能让市场的定价回到适当水平上，而且目前现阶段不转融券只转融资，所以市场还是要正确地解读它。

主持人：那么如果说是出现恶意的做空，因为前一段时间就有人说张裕、中信证券和苏宁电器股票的大跌是有些人在恶意做空，那如果真的出现恶意做空怎么办呢？

吴晓求：如果他真的有恶意地做空，他也能拿到足够的券，而且的确又有人做，那肯定是这家企业在某些方面可能还的确会有一些问题，如果企业非常优质，他恶意地做空，那做空者会吃亏的。做空有时候也会使上市公司的公司治理结构、信息披露更加完整。你必须及时披露信息，你如果稍有一点保留，而且保留的是一个负面的信息，那等做空的时候就会知道你会出很大的事情。所以我想转融通业务还是对改善公司的信息披露、公司治理结构能起到一定的作用的。其实我们也不怕，即使恶意的做空也是非常短暂的，公司基本面好了之后，它还是会回到应有的价位上，我们还是得相信这一条。

主持人：宝钢集团 50 亿元回购，当日引发钢铁股、中国石化、中国石油和银行业股票纷纷上涨，您认为中国股市会有一波上涨行情吗？

吴晓求：维护市场的稳定比如大股东增持和公司回购，这都是稳定市场的一个重要方面，昨天当然是昙花一现，今天就没有任何的变化。我想在这个时候还是要采取一些积极有效的措施来稳定市场、稳定投资者信心的。

刚才说到我们要想办法让新增的资金不断地进入这个市场，我想大股东的增持、上市公司的回购也是一个渠道。所以我鼓励这个时候大股东做一些增持，如果上市公司现金流比较充足的话。如果觉得你这个公司的现金价格严重偏离了我的价值，就是我本来应该值 10 元，为什么我的交易价格才值 5元，那如果你现金流充足的话可以回购注销掉，或者大股东直接增持，所以这应该说是一种应当鼓励的行为。

主持人：您刚才也说了应该再出台一些更积极的措施，我们新华社前一段时间也发文说：监管层遏制投机、塑造价值理念进行一系列的改革，但还是没有达到效果，而且投资者信心也降至冰点。那您觉得如果说我们再改革、再出政策的话，除了您刚才所说的增加回购、引入新增资金之外，还有什么更好的措施呢？

吴晓求：要让这个市场恢复信心，保持动态平衡，进入一个正常状态的话，两方面还是非常重要的：一方面是刚才我们提到的，要减缓新股发行的速度、频率，这是必须要做到的；更为重要的是另一方面，就是要让新增资金有序地进入，现在我们不是说蓝筹股有投资价值吗？不是号召普通投资者都去买蓝筹股吗？那既然这个很有价值，也没多大的风险，那可以让那些比如社保基金，包括全国的、地方的去进入嘛，他们进入的确好。我看过一个报道，说广东省的社保基金拿了 1 000 亿元委托全国社保基金理事会来进行投资管理，网上的新闻说它所要求的投资回报率不低于 4% 就可以了。我认为这个要求非常低，实际上如果我们的蓝筹股真的很有价值，我也认为有价值啊，那你不如把这些地方政府的社保基金，比如广东省的那个 1 000 亿元，比如你就拿出 30% 来进入这些蓝筹股。

比如现在银行股的市盈率大概只有 4.5 倍，这样的一个市盈率基本上都跌到净资产附近了，有几家已经跌破净资产了。如果是 4.5 倍市盈率，我的现金分红如果能达到 40%，投资汇报就可以达到 8%，那就让这些基金进入不就完了吗？你不是只要求 4% 吗？我这个可以达到 8% 啊，而且这是现金的回报，还没包括未来的资产议价呢。

所以，与其说只是让普通投资者、老百姓去进入，还不如让这些动不动就上千亿的资金去进入，那显而易见这个市场是会有起色的。所以我说动员这些社保基金，尤其是地方的社保基金去进入，还有一些其他的商业保险基金放宽一些限制，还有一些企业的年金，当然还要发展公募和私募，还有鼓励大股东的增值以及上市公司的回购，等等，再加上 QFII 等，像这些都是资金的来源。

如果这个时候建立一个市场的稳定基金，当然，现在我们国家好像谁也不会拿出一笔钱来建立市场的稳定基金，如果能建立的话实际上挺好的，它还是能够增值的。在这个时候比如国家建一个 500 亿元或者 1 000 亿元的稳定基金，我想在这个价格上它还是能够增值保值的。

所以我想应该从这些层面上去思考，不能只喊一些口号，说这个好啊，你们来吧。"你们"指谁呢？是指普通老百姓，还是指其他投资主体？要把"你们"这个范围扩大。

主持人：我们都知道这个市场投资就肯定有赚有赔，那么社保基金还有养老金这都是老百姓的养命钱，如果说赔了怎么办？

吴晓求：让普通老百姓拿钱进去，那可是他们生活的钱啊，你既然号召让他们进去，这些社保基金为什么不能进去？

所以有时候不要以为老百姓就不能忍受亏损，如果真的是有价值的，我认为他们也可以进入。对于这些社保基金、这些养老金，我们现在有一个提法叫"养命钱"，似乎"养命钱"就只能放在银行做活期存款，我们很多人在这种理念的支配下来管理这些"养命钱"。这样管理"养命钱"是完全不负责任的。你到成熟市场去看，它的养老金也好，它的其他的公益类的基金也好，他们的投资相对都是比较积极的，他不是说我把所有的钱都存成现金，那是非常不负责任的。

所以我经常说不要以为"养命钱"放在银行做活期存款就是负责任，那才是真正的不负责任。真正负责任的是在控制风险的前提下，让这部分"养命钱"增值保值，要让这笔财富有所成长。说实话财富存在银行是永远不会成长的，活期存款率就这么低，比通货膨胀率还低，每年实际上是亏损的，实际上从名义的资金上你在增加，每年增加 1.8%、2%，再加上你还支付这些人的工资，实际上它就没有任何的增加。

我们经常说有缺口，缺口不是静态的资金缺口，是动态的资金缺口，是这部分资产没增值所以才引起的缺口。所以我经常说我们老被一些口号忽悠"这是养命钱不能动"，养命钱不能动、锁在柜子里面就是负责任的。

如果现在买一些蓝筹股，比如说买银行股，我不相信工商银行、农业银行、中国银行、建设银行和招商银行这些银行会破产，会有大的问题，应该说他们的财务状况都是非常健全的，他们的市盈率都到了四倍、五倍了，你要求他们现金分红 40%，这 8% 的回报不就回来了吗？这很简单的事，你就买他们不就完了？

当然我不主张这些社保资金、养老基金去买 ST 股票，去买那些完全不确定的中小板、创业板，虽然个别的也可以买，但是不能全部的买成它，但是你绝大多数都是这些金融机构的我认为很好。所以我们这些养老基金、这些社保基金与其做商业银行的客户，把现金存在那里，我觉得现阶段不如做他的股东可能会更加增值。所以我们还是要从那样一个理念中，那样一种听起来非常恐吓的口号中摆脱出来，否则的话我们的财富永远不会增长。财富增长的唯一渠道就是投资，从来没有说不投资的资产能够增值，从来没有的，唯有投资才会使资产增值。

主持人：那我再替老百姓问一个问题，您觉得现在的股市是不是已经见底了？

吴晓求：这个我也不言底，但是我认为它已经在严重偏离中国经济的基本面，就是中国经济没有糟到如此忧心的地步。我们的参照系出了问题，我们老是拿 10% 的增长速度那时候中国经济的景气状况来看待今天，来作为明天的中国经济的参照系。应该说中国经济已经告别了两位数的增长，我认为从此作为一个长期的趋势将不再存在，但是我们习惯于两位数的增长，如果不达到 10%，至少 9.5% 的增长我们就诚惶诚恐。我们加入 WTO 的这 11 年，GDP 的增长平均都达到 10% 了。所以我们习惯于那种增长，习惯于只要一办企业就盈利，而且是暴利的这种心态。这个在一个经济景气的时候，在经济还处在年轻的时候是可以的，但中国经济正在慢慢地走向成熟，所以我们要慢慢习惯于有一部分企业就是不赚钱，能够赚钱的就是那些有竞争力的企业，我们不要让那些没有竞争力的企业也能赚钱，这种经济是不正常的。

所以，现在正在进入到一个产业集合的时期，也就是大幅度提升产业集中度的时期，通过购并，通过叫清算也好、破产也好的这种途径，去消除一些没有竞争力的企业，让这个产业的集中度提升，这样国家的经济才会有竞争力。所以我们要习惯于这样一个 7%~8% 的增长，这样一个 7%~8% 的增长还是不错的，只不过是可能有相当一部分企业已经不赚钱的，那么你不赚钱实际上你就是关门的对象。也许再过十年中国经济可能还不能达到 7%~8%，可能只有 5%~6% 的增长，它就是这样一个趋势。也许等到我们人均 GDP 达到 2 万美元的时候，可能中国经济只有 3% 的增长，它不可能维持 10% 的增长，因为这 10% 你没有动力来源，你没有那么庞大的市场。所以只要摆正这个心态我想就好办了。

主持人： 我们的股市严重偏离了现在的经济增速，我也希望咱们这个股市早点见底，见底也就是一个重新上涨的时候。

吴晓求： 我认为这个市场是黎明前的黑暗，应该离天亮不远了。

主持人： 我想问一个问题作为总结，针对中国股市这么多的问题，您也给出了很多"药方"，那我想问的是您觉得这个"药方"如果中国股市吃下去以后，见效会需要多长时间？您有没有这样的一个时间表？我去年在人民大学经济学院上课的时候，也有老师跟我说他认为 2015 年这些问题能解决好。

吴晓求：这些问题有一个逐步解决的过程，资本市场永远没有把问题解决完了的时候，尤其像美国这种如此成熟的市场也会不断地出现一些新的问题。但是我们的基本架构还在解决，到 2015 年之前中国能不能解决，我们为什么要发展资本市场，这样一个理念的问题我还深表怀疑。因为这个理念的确是根深蒂固的，是中国文化里面的，中国的传统观念里面，甚至是深入我们骨髓里面、灵魂深处都存在着对这个市场的偏见，尤其人们认为这个市场是一种投机的文化，是一种不创造财富的活动，所以大家并不是很高度地认可它的，这是一种偏见，是一种误解。实际上很多学者说这个市场就是不创造财富，我始终认为这个市场从一定意义上说是创造财富的，它是发现财富的。原来因为没这个市场，那块金子以为它不是金子，所以它很不值钱，有了这个市场以后发现：哦，原来很多企业都是金子，所以把不值钱的东西变得值钱了，这就是创造财富的过程。

所以在我们的观念里面根深蒂固地以为它就是一个不劳而获的地方，是一个投机取巧的地方，所以对它来说没有什么爱护之心。所以这一点在 2015 年之前能不能解决我还是表示怀疑，还需要一个很长的过程。

主持人：非常感谢吴老师今天给我们带来这么深刻的一个解读，对当前资本市场以及资本市场热点话题的解读，再次表示感谢。

对三任证监会主席的评价

——《南方人物周刊》记者的访谈

【作者题记】

这是作者2012年4月接受《南方人物周刊》记者王燕青的访谈。访谈稿由王燕青整理，发表在《南方人物周刊》2012年第13期。

一、与郭树清相识

1987年9月，中国第一家专业证券公司——深圳特区证券公司成立。这一年，吴晓求刚考上中国人民大学的博士生。硕士毕业后，吴晓求留校任教一年。当时的他思想活跃，跟着老师辗转全国各大经济改革论坛，跃跃欲试发表自己的观点。

吴晓求与郭树清的相识相交也起于这些经济改革论坛。当时郭树清正在中国社会科学院读研究生，比吴晓求高两届。他们经常在一些重要论坛上碰面。

论坛之外，吴晓求经常在人民大学组织一些研讨会。他常去社科院邀请郭树清当演讲嘉宾。

吴晓求本有机会去金融监管部门，但他放弃了。比起机关，他更喜欢留在学校做研究。通过博士论文答辩后一个月，吴晓求被提拔为副教授。这一年，上海证券交易所成立。次年，深圳证券交易所成立。

二、误成证券专家

现在，吴晓求被业内人士冠以"中国证券理论奠基人"的头衔，学术地位让他在资本市场改革中拥有话语权，但其实他是半路出家的。

1992 年，深圳爆出"8·10"舞弊事件，沪深股指暴跌。国务院证券委员会和中国证券监督管理委员会随即成立（两者于 1998 年合并）。刘鸿儒被任命为证监会首任主席。吴晓求此时虽然在学界小有名气，但研究方向为宏观经济，还没沾上证券研究的边儿。

这一年，吴晓求将要被破格提拔为教授，但存款只有 800 元。这让新婚的他生活异常窘迫。发家致富的同行们给他出了主意——出书。有个熟门熟路的同学甚至帮他承担起了销售的工作。吴晓求抱着试一试的态度开始尝试。

半年后，奠定吴晓求在证券市场理论研究地位的著作——300 万字的《股票债券全书》面世。这套书成为早期证券从业人员的启蒙读物，让吴晓求走上了金融与资本市场理论研究的道路。

第二年，吴晓求又组织编写了一套 8 本的《中国证券业从业人员资格考试系列教材》，梳理了证券市场和证券投资学的结构。

1996 年，在原有中国人民大学证券研究所的基础上，吴晓求创立了中国人民大学金融与证券研究所（FSI），并任所长。除了理论、政策研究外，FSI 还为国内外上市公司提供包括市场调研、项目策划、反收购、战略规划、资产重组方案等在内的多项咨询服务。FSI 产学研一体化，开始了在资本市场的全线出击。

三、证监会主席周小川的使命

2000 年 2 月 24 日，周小川任证监会主席。"周小川是一位有很高理论素养的学者型官员。"这是吴晓求眼中的周小川。

清理历史问题时，在很多节点性的重要事件，证监会主席周小川都会邀请有观点、有研究的学者出谋划策。吴晓求有时也会参与一些讨论。

1999 年 12 月，中国嘉陵、黔轮胎首尝国有股配售失利。吴晓求意识到，从国民经济结构和证券市场的结构调整来看，国有股减持是势在必行的改革。

2000 年年底，吴晓求集合 FSI 的研究力量，完成了《国有股减持修正案的设计原则、定价机制和资金运作模式研究》，系统陈述了国有股减持的运作原则、方案、数量。这篇论文不断见诸报端。吴晓求也在各大论坛、访谈中发表观点。

2001 年 6 月 12 日，国务院五部委联合发布《减持国有股筹集社会保障资金暂行办法》（以下简称《减持办法》）。《减持办法》规定：股份有限公司首次发行和增发股票时，均应按融资额的 10% 出售国有股，且减持的价格执行市场定价。

《减持办法》引起了轩然大波。首先是"定价"问题。当初以极低价格购入的国有股如今按市盈率产生的高价出售，有违市场原则；其次与新股捆绑配售，这动摇了投资者对股市的信心。包括吴晓求在内的一批专家学者对此持反对意见。

《减持办法》首发 4 个月内，沪指暴跌三成，至 2001 年 10 月 22 日的 1 520 点，1.7 万亿元市值被蒸发。

10 月 22 日午夜 12 点，证监会宣布："在具体操作办法出台前，停止执行有关国有股减持的规定。"同时，证监会承诺"将会同有关部门在广泛征求各方面意见的基础上，研究制定具体的操作办法，稳定推进国有股减持工作。"

2001 年 11 月中旬，证监会规划委在网站上公开向社会各界征集对国有股减持的建议和方案。到 12 月初，建议和方案已达 4 000 份之多。2002 年 1 月 26 日，证监会在其网站上公布了《国有股减持方案阶段性成果——折让配售方案及配套措施》，同样引发股市大跌。

吴晓求接受媒体采访时坦言："这种国有股减持原则和思路是错误的，注定不会成功，而且严重影响了中国资本市场的发展。"

他认为，证监会公布的这套阶段性成果方案与 2000 年财政部公布的方案同样存在致命缺陷：高价减持、高价流通；"是一个主观主义的东西，没有尊重市场化原则"。

2002 年 1 月 31 日，证监会主席周小川邀请他到证监会参加座谈会商讨股市暴跌问题。当日，参加座谈会的还有全国人大财经委员会副主任董辅礽、北京大学金融与证券研究中心主任曹凤岐、中国社会科学院金融研究中心王松奇、中国社会科学院金融研究中心主任李扬等。周小川希望这些智囊团成员们帮他推进国有股减持改革。

此后，证监会主席周小川又多次组织国有股减持内部大讨论。吴晓求提出了国有股减持"附加条件"。这个附加条件后来演变为"通过送股对价获得上市流通权"。

在推进国有股减持改革后，证监会主席周小川打算将股权分置改革提上日程。还未启动，他就调任中国人民银行。证监会迎来第五位掌门人——尚福林。

四、尚福林的改革

"尚福林是中国资本市场改革的集大成者。前任们想做而不能做的，他都顺利完成了。股权分置改革、券商综合治理改革、蓝筹股的回归，包括后来推出的股指期货、融资融券，这些都是非常重大的改革，在他任上基本都完成了。"吴晓求给证监会主席尚福林很高的评价。

证监会主席尚福林上任不久，吴晓求意外地接到了其秘书打来的电话："尚福林主席有很重要的事情要跟您交流。"

证监会主席尚福林同吴晓求说："中国金融体系的核心是资本市场。要推动中国资本市场的发展，必须要完成股权分置改革。"

吴晓求说："尚福林主席，你任期之内首先要做的事情一定是股权分置改革。哪怕 IPO 停下来都要做股权分置改革。"

在 FSI 主办的 2003 年年度中国资本市场论坛上，证监会主席尚福林受邀参加。论坛的议题之一就是"全流通基本原则和方案比较与实施"。随后，吴晓求在《中国资本市场研究报告》中专门从理论上证明了股权分置的八大危害。这是尚福林进行股权分置实质性改革时的理论基础。

2005 年 4 月 29 日，在经过了多次理论论证和专家研讨会之后，证监会宣布进行股权分置改革试点工作。每一次研讨会，吴晓求都参加了，并且对研讨报告、政策设计提出看法。

5 月 8 日，长假后的第一个工作日，吴晓求至今仍记忆犹新。他和智囊团其他专家到证监会和尚福林见面，这是股权分置改革实质性推动前的最后一次专家咨询会。作为组长的尚福林再次认真听取了智囊团的意见，详细论证了改革的每一个步骤和试点方案。股权分置改革的核心灵魂仍然是国有股减持的"对价"理论。

下午，吴晓求带着试点方案直接来到试点单位——三一重工，在当天召开的记者会上，详细阐述了股权分置改革的思路、原则与方法。

证监会主席尚福林推进股权分置改革的过程中，甚至把 IPO 停下来了。当时证监会内部出现了很多质疑声，包括证监会副主席对此都持否定意见。一众学者也纷纷质疑：股权分置改革有这么重要吗？

吴晓求多次在公开场合呼吁："股权分置改革是中国资本市场改革里面头等重要的事情，是脱胎换骨的里程碑似的改革，没有这个改革，一切都会走向原点。"在与尚福林的多次交谈中，吴晓求也毫不忌讳地这么讲。事实证明，这项改革成为尚福林任期最重要的业绩之一。

尚福林对吴晓求的支持也可见一斑，在任 8 年，证监会主席尚福林参加了五届由吴晓求发起的"中国资本市场论坛"。

随后，证监会主席尚福林推进了券商综合治理改革、蓝筹股的回归等一系列资本市场基础性制度改革，并且建立了多层次的资本市场框架。在这些重大问题上，吴晓求也都有参与。

五、郭树清的"新台阶"

2011 年 12 月 30 日，中国人民大学世纪馆北大厅，2011 年"中国金融学科终身成就奖"颁奖典礼上，证监会首任主席刘鸿儒与时任证监会主席郭树清共同为王传纶教授颁奖。这次大会，也是证监会主席郭树清在履新两个月后第一次见到吴晓求。

这次，郭树清与吴晓求又私下谈起了中国资本市场的改革与发展问题。不同的是，两人的身份发生了变化，一个是证监会主席，另一个是经济学教授。

区别于尚福林的低调处事，证监会主席郭树清上任后马不停蹄地展示了一套组合拳：完善创业板退市制度、强制上市公司分红、发展公司债、打击内幕交易和证券期货犯罪、推动长期资金入市、提升 IPO 审核公开……每一次新政出台，都成为资本市场焦点。

"IPO 不审行不行？"证监会主席郭树清惊天一问，还是问住了发审委委员吴晓求。中国目前的社会环境下需要一个什么样的发行制度？发行制度市场化改革又究竟应该走向何方？

证监会主席郭树清的改革思路是"以公开透明为核心加强市场制度建设"，从制度上改革以期资本市场更好地服务实体经济。但任何一场改革，都将是利益集团之间的一场博弈，包括新股发行制度的改革。

吴晓求认为"新股发行不审"暂不可能，"我们的信用条件、信用环境不完全具备，有一个尽责的发审委比没有发审委，完全遵守保荐人推荐、备案制上市要好"。

新股发行的定价问题，也困扰着郭树清。吴晓求给证监会主席郭树清提建议："市场化的定价还是基本的方向，但在报价和申购价、申购数量上要做适当的把关。"

现在存在一些盲目报价抬高股价，最后却放弃认购的现象，吴晓求有时候也怀疑这种报价和保荐人、上市公司之间有利益勾结之嫌。他建议证监会主席郭树清在这些细小的环节上做一些修改，"比如报价可以，到时候一定要买，也可以是从高到低的原则"。

证监会主席郭树清推进的改革之路将面临重重阻力。吴晓求认为："资本市场大的制度改革在证监会主席尚福林任期完成了。证监会主席郭树清面临的问题是如何再上新的台阶。"

这个"新台阶"，吴晓求认为是推动中国资本市场的国际化发展。使中国资本市场成为全球最重要的资产配置中心，一个金融交易中心，这是证监会主席郭树清要完成的。

根据国务院要求，到 2020 年，上海将"基本建成与我国经济实力和人民币国际地位相适应的国际金融中心"，"具有全球航运资源配置能力的国际航运中心"。

不仅是上海，吴晓求认为深圳也将成为国际金融中心。"这才是中国整个金融改革，也包括资本市场发展最重大的目标。"吴晓求建议证监会主席郭树清以此为目标来推进制度的改革、政策的完善。

中国银行业需要结构性改革

——《凤凰卫视·新闻今日谈》栏目
阮次山先生的访谈

【作者题记】

这是作者 2012 年 4 月 5 日接受由阮次山先生主持的凤凰卫视《新闻今日谈》栏目的访谈。

一、风险管控与金融创新需要平衡

阮次山：过去我们其实忽略了一点，中小企业对于改革开放的成果贡献良多，如果转型或者要增加规模了，贷款就有困难。在这种情况之下，您觉得现在金融体系改革要让民间银行设立的话，政府现在的顾虑是什么？

吴晓求：现在的顾虑主要还是风险。因为我们对教训有深刻的体验，过去很多案件都和民间资本参与金融有一定的关系，再加上这次 2008 年金融危机也使我们有某种的思考，但是我想金融本来就是一个风险相对比较高的领域。不能因为有某种的风险，我们就停止了改革，停止了创新，一定要正确地看待这两者之间的关系。当然最没有风险的一件事情，就是把钱存到银行，银行谁都不贷，最多买一些国债，或者把钱存到央行，这是没有风险的，但这不是金融机构的功能。金融机构的功能还是服务实体经济，老百姓把钱存到你这里，你要贷出去，但贷出去的同时，当然首先要符合风险控制原则，其次要推动整个经济的发展。正确的处理风险与改革创新的关系要走到一个平衡点，过度担忧风险的确会停止改革，停止创新。有时候把制度弄得很完善，会压抑了金融创新的生命力。比如说我们的资本要求很高的，资本充足率达到 11%，存款准备金率达到 20.5%，同时我们的拨备至少要达到 150%，现在各大金融机构商业拨备都超过 200%，当然这本身没有错，但是有时候，中国金融业的重点是在控制风险的同时，还是要推动改革，推动创新。

二、温州事件凸显金融体系重大缺陷

阮次山： 吴教授您觉得，现在开放一个民间资本成立小银行来服务社区，服务中小型企业，是不是应该是时候了呢？

吴晓求： 应该是时候了。的确过去一段时间，民间资本进入金融领域一般都采取堵的方式，不让它来，我想还是要疏导，还是要让它们进来。温州的事件反衬着我们的金融体系、金融结构是有重大欠缺的。与此同时，掌握民营资本的这些企业家，也要有一种服务社会的心态，不能有暴利的心态，才可以不出事。民间资本进入金融领域，所有出事儿的都是过度地追求暴利。

三、中国至少需要几千家村镇银行

阮次山： 当然我们大家也都知道，过去一年多、两年，温州这个地方的一些企业主，因为融资困难跑了。在这种情况之下，过去这些银行为什么对于中小企业融资犹豫、不是很配合呢？

吴晓求： 我想从外围来看，就是碰到的竞争压力小了。因为中石油、中移动这样的特大型国有企业贷款，一贷就是 500 亿元，这个很好，利润很丰厚，哪怕我的贷款利率打个九折、八折都合算，因为风险小。

阮次山： 没有风险。

吴晓求： 而且还有规模效应。如果说创造一种制度，让中石油、中移动这样一种企业到债券市场融资，发行公司债，而且可能发行公司债的利率比向银行贷款的利率还低一点，这样公司融资的成本就降低了，显然四大国有商业银行的客户服务中心就要下一级了，因为资金一定要放出去，搁在这儿是亏钱的。所以说要创造一种竞争的压力，让商业银行有压力，让那些大型的国有企业，可以比较容易地到市场上去融资。但只有外部的压力还不够。

从内部来看它的动力不足。因为商业银行也是商业性的机构，除了赚钱以外，还必须控制风险，因为还要必须保证存款人的利益，不能使存款人把钱存在我这里，转眼之间没有了。贷款放出去，收不回肯定不行，所以控制风险又成了各家商业银行一个首要的目标。

在一般情况下，小企业的风险当然比大企业要大一点。这就启发我们，如果要让这些中小型，包括小微企业能够容易得到贷款，或者是比较方便地得到贷款，我想只有做两件事，一个就是要加快发展一些小型的，针对特殊客户群的一些特殊金融机构。当然现在我们有村镇银行，有小额贷款公司，但是规模非常小。

我们到目前为止村镇银行也就是几十家，中国这么大，几十家怎么够。我想村镇银行怎么也得几千家，因为他们了解每一个小微企业的实际情况，能够把握风险的来源，说实话工商银行总行把握小微企业的风险是把握不住的。

阮次山：不可能。

吴晓求：对，不可能。它的链条太长了，但是当地一些小的金融机构知道这个客户信用怎么样、现金流怎么样、能不能给他贷款，所以说要大力发展。在加强监管的同时，民间资本应该在这个方面进入。不要让民间资本进入金融机构之后为自己服务，这就有问题了，要严加监管。

第二个就是要有一些优惠的政策，无论是大型商业银行，还是这些小的金融机构，都能够感觉得到，为中小型企业服务能够有某种的便利，包括减税。我想这些政策都要配套才能够完善起来。

四、中国银行业存在三大垄断竞争不够

阮次山： 您刚才所讲的是四大银行垄断。这些小银行为什么不能产生，从而对四大银行有竞争、辅佐的作用呢？

吴晓求： 第一，现在中国的小银行也有个冲动，也希望做大。做大实际上是有问题的，像工商银行、农业银行、中国银行、建设银行已经很大了，我们不需要再有大的商业银行了，我们要的是一个有特色、能够服务当地经济发展，同时企业能够便利地进行融资的金融机构。但是，他们的目的都要做大，都想兼并。

第二，小银行的资金规模也相对有限，而且那些当地的商业银行也会服务当地的地方政府所属的企业，所以，有时候向那些商业银行要贷款，从一定意义上说，可能比工商银行、农业银行、中国银行和建设银行还难。它还要防范风险，因为它说我的金融机构太小了，如果我给你的话，我可能还要承担风险，成本还要大幅度提高，因为你毕竟要的贷款非常少，我付出的成本是一样的。

从这里面可以看到，中国整个金融体系最大的问题是结构出了问题。为了促使我们商业银行无论是大的、中的、小的，要为中小企业服务，为客户服务，我想重要的一点是要推动中国金融结构市场化的改革。中国的金融体系中，银行所占用的金融资源太大，我们还是要大力发展资本市场，大力发展债券市场，通过债券市场的发展，来构成对整个商业银行提出挑战。但是我们国家在债券市场发展方面步伐一直非常慢，股票市场发展相对比较快，债券市场发展非常非常落后，这就带来了商业银行有一种垄断的特点。

五、商业银行不需做大应提供特色服务

阮次山： 我们的四大银行真是举世瞩目，比如说我们在去年一年，四大银行的净利990亿美元，比美国排名前面的四大银行多了两倍，难怪温家宝总理讲这个获利太容易了，因为我们的GDP还没有美国的40%。所以在这种情况之下，我们的四大银行就像4只恐龙，从头部的中枢神经传到脚就很

慢了。过去这些年来，这种垄断的结果对经济发展有什么样的坏处呢？

吴晓求：的确，中国的经济规模是美国经济规模 34%，但是我们四大国有控股上市银行贷款占了全部商业银行的 67% 左右，资产规模也超过了65%。所以从这个意义上，的确有某种的垄断行为。我是主张在金融体系，特别是在银行之间，要提倡有序的适度竞争。

现在也许是有序的，但是竞争是不够的，所以需要对这种金融体系，银行的机构要进行改革和调整。中国银行业存在的主要问题主要是三个方面：

第一个就是制度垄断，表现在准入的限制，我们对外国资本倒没有特别的限制，只有一个就是股东持有单一商业银行的股份不能超过 20%。但是在这个条件下，外国资本可以来进入中国的金融机构，特别是商业银行。

对民间资本虽然也没有明确的限制，但是在执行过程中，我认为是有限制的。现在我们在历史上也会找到很多民营资本发起设立金融机构时，的确有一些曲折，比如说过去很多的城市和农村信用社都是民间资本来发起设立的。城市和农村信用社在当时弥补国有商业银行服务欠缺方面，应该是起到一定的作用，但是它的确带来某种混乱，可能是这种意识的影响比较大，制度垄断还是比较明显。

第二个就是价格垄断，主要表现在利率不是市场化的，无论是居民的存款利率还是贷款利率，都不是很市场化的。存款利率是没浮动的，贷款利率根据客户性质的不同有一定的浮动，但是应该说这个并不是市场化的。价格垄断会使得商业银行的利差达到 2.9%~3%，是非常大的，温家宝总理说很容易赚钱指的是利差过大，所以应该推进利率市场化。

第三个就是市场垄断，占的份额太大。中国人认为大银行还是有安全感的，所以很多存款也到这些大银行里存，很多企业要贷款有时候到小的金融机构很难要到，因为本来就很少，到大银行又等不起，比如说小微企业要10 万 ~20 万元贷款，因为有缓慢的程序，况且程序过了以后，能不能要到贷款还是个问题，他找不到一个新的服务金融机构。这就带来了金融能否服务于经济的疑问。

六、银行业在 2008 年后改革创新步伐变慢

阮次山：国务院总理温家宝在 4 月 1 日到 4 月 3 日，在南方几个省份进行调研，进行经济政策座谈的时候，提到了一个观念，就是现在国内各银行赚钱太容易了，他甚至还说中央已经统一了思想，要打破这种银行垄断的状况。这句话出来以后，引起海内外各个媒体，各个行业一阵非常大的反应。吴教授，从您学术界的观点来看，对于温家宝总理这番讲话，您的感觉如何？

吴晓求：首先，温家宝总理这个讲话指明了未来金融改革的方向。中国的金融从 20 世纪 80 年代以后，一直在进行逐步的改革。中国金融的历史文化和法律传统一直都是追求大机构，从最开始只有一家银行，20 世纪 80 年代后来慢慢的，工商银行、农业银行、建设银行和交通银行都出现了，之后也有多元化的金融机构，包括证券公司、信托、基金、财务公司，这些金融机构都出来了。到了 20 世纪 90 年代初，资本市场也开始发展，在新世纪初以后资本市场才有蓬勃的发展。

从历史轨迹来看，中国的金融业进步还是非常理想的，尤其是在 2007 年之后，工商银行、农业银行、中国银行和建设银行这四大国有商业银行逐步改制上市，使得中国的整个金融体系，特别是银行体系的市场化程度得到明显提高，所以从历史轨迹来看，应该说都在朝着一个多元化和市场化的方向在发展。当然这种方向到了 2008 年金融危机之后，也在某些方面做了一些调整。

但总体上看到的就是改革的步伐，创新的意识没有以前强了，也许是跟对金融危机原因的理解有关系，因为很多人以为金融危机就是创新带来的，是改革带来的，是国际化带来的，很多方面就停步了。所以温家宝总理这个讲话，实际上是要倡导我们整个金融体系还是要进行市场化的改革。

七、民间融资能量巨大应合法化阳光化

阮次山：吴教授您刚才提到，我们还没有在债券上面做改革，在这方面

您能不能为我们分析一下呢？

吴晓求：主要指的是对企业融资有三种方式，第一个就是进行股权融资，包括IPO；第二个就是向银行贷款；第三个途径是通过向市场发行债券。一般说企业的外部融资，主要是通过这三条来完成的，当然还有一些是通过民间的，最近的改革主要是要把灰色地段的融资阳光化。

从企业融资需求的角度来看，股票市场应该说还是有一定程度的发展，银行的信贷规模非常大，但是我们缺的是两条，这两条也是我们下面所要进行的改革重点，一个就是发行公司债。在我们国家，公司债一直都是有相对严格的限制，很多企业说要申请发行公司债或者是企业债，那比起上市还要难。

"活熊取胆"一类企业上市没有价值

——《证券日报》记者的访谈

【作者题记】

这是作者接受《证券日报》记者韩喆、见习记者李文的访谈。访谈稿刊发在 2012 年 2 月 25 日《证券日报》上。

已有 22 年历史的中国资本市场如何进一步创新？能否依托资本市场平台构建起适合中国实际情况的现代金融体系？国债期货、柜台交易、新三板等多层次市场该如何构架？带着这些问题，《证券日报》记者日前专访了中国人民大学金融与证券研究所所长吴晓求教授。

建立现代金融体系需要大力发展资本市场

《证券日报》：您曾经说过，中国经济要实现一个长周期的增长发展，光靠人口红利是不够的，靠制度红利也是不够的，需要科技进步和创新，需要找到一个产业革命的原动力。那么，您认为创新对于中国资本市场来说，处于一个什么样的地位？

吴晓求：先说科技创新。科技进步及创新带来的产业革命会深刻地体现在金融市场中，比如创业板的设立，就体现了创业板企业的活力及其未来巨大的成长性。统计数据表明，在过去一百年内，在整个股票指数运行中，来自科技型企业、中小型企业，特别是两者结合的科技型中小企业的成长性远远高于其他企业，远远高于蓝筹股。这是科技创新带给资本市场的巨大贡献。回想这几十年来，金融之所以有如此快速的创新，显然与科技变革密切相关，因为这会引起产业结构的调整，但同时也会带来新的成长和新的不确定性。

技术创新引领产业革命，是经济发展最原始的动力，也是第一推动力。在这个层面上，技术创新引起的产业链革命，的确能够推动经济长周期的增长，同时也能够推动金融的创新。金融的变革是资本市场持续成长的基石。

我认为，为实体经济服务的创新都是来自新技术，新技术推动了风险资本的发展。在以前技术缓慢变动的时代，传统金融占据了主导的地位；20世纪中后期以来金融创新加快，是因为当时新技术变革的速度在加快，在产业中传递的速度也在加快。

再来说金融本身的创新。金融本身的创新也可以分为两个部分，一是为实体经济服务所进行的创新，其创新的动力来自科技型企业。目前，科技型企业要求的金融服务已超出了传统金融服务的范畴，也就是说，传统的商业银行对科技型企业服务是不到位的，因此，这就需要一个新的、基于科技变革的金融创新。另一种技术层面的创新是由于金融体系内部的风险加大，产生出很多为锁定风险而出现的创新，比如衍生品种的产生，相当多的都来自金融体系内部的不确定性。有一个比较好的例子就是股指期货，你很难说它是科技进步的结果，它显然是金融体系内部的一种创新。

《证券日报》：美国的现代金融体系和金融结构是以资本市场为基础的。参照美国的经验，未来中国的现代金融体系是不是等同于资本市场经过创新后的产物？中国应当建立一个怎样的金融体系？

吴晓求：以资本市场为平台或者基础的现代金融体系应该是中国未来追求的金融体系。所谓现代金融体系，是与传统金融体系相比较而言的。以传统商业银行为主体和基础形成的金融体系，一般被认定为银行主导型金融体系，存在的历史比较悠久。而以资本市场为基础和先导的金融体系，存在的时间比较短，被称为现代金融体系，它是未来发展的一个方向。

我认为，中国应该选择一种什么样的金融体系，这其中要考虑很多的因素，比如经济结构、文化、法制法律体系等的特点，以及中国未来的战略目标。之所以这样讲，是因为这样的体系有几个特点，一是能使风险流动起来，能形成一个很好的风险配置机制；二是可使金融资产多元化；三是可以让投资者享受到经济增长的成果，并使全社会的存量金融资产得到有效增长。确立这样的金融体系，显然需要大力发展资本市场。

国际化是未来 10 年资本市场改革重要目标，新股发行可在四方面加以改革

《证券日报》：新股发行制度改革也是市场创新的一个主要内容，您认为目前新股发行中的主要问题是什么，又应该从哪些方面改革进行或者创新呢？

吴晓求：一般意义上说，中国资本市场制度的改革在大的层面上都已经基本完成了；如果说还有什么地方需要改善或者探索的话，概括地说应该是如何推动中国资本市场的国际化，这也是未来 10 年资本市场最重要的战略目标。

过去的 10 年里，也就是尚福林任中国证监会主席期间，推出了许多改革措施，包括股权分置改革、蓝筹股回归、股指期货、融资融券交易、创业板、中小板，还有券商综合治理等，这些都是很重要的制度建设。在这些大的改革完成的情况下，如今要做的是如何推动中国资本市场的国际化，如何使其成为 21 世纪全球的金融中心。

在这个大的目标下，有一些制度上的完善，就包括新股发行制度的改革，也包括创业板退市制度。这些都不是大的制度变革，是在现有的基础上进行完善。制度的完善需要方向和切入点，主要包括：

1. 是否需要发审委审核。我不认为在当今中国的信用体系下，企业能够在没有发行审核的制度下如实地披露信息。虽然审核制度不能过滤掉所有的虚假信息，但是能帮助投资者尽可能地过滤掉虚假信息。我们不能指望在现

有的条件下，只依靠企业的诚信，或者依靠保荐人的保证恐怕不行。中国的市场经济发展的历史还很短，加上对诚信缺失的处罚机制不完善，违规成本很低。所以，我认为至少在现阶段看来，审核环节不需要取消。

2. 在发行上，是单纯的增量发行还是存量和增量并行发行。我个人赞成存量发行和增量发行并列进行，这对于抑制发行价格的泡沫化能起到一定作用。

3. 发行定价机制的创新。我认为，在大的方向上，市场竞价是没有问题的。但是要克服一些存在的问题，有的承销商或者发行人本身，故意找报价高方合作，这样一来，他们之间有什么内幕交易不得而知，但一定有利益输送。建议采取一个制约措施，要求竞价高的那一方全部买走。

4. 上市政策的完善。有些企业可以鼓励它上市，而有些则应当设立严格的标准。资本市场还是要有产业政策的。这也是新股发行阶段需要重视的问题。我对最近几年来，创业板、中小板新股发行政策提出质疑。就像目前"活体取熊胆"事件，还有如同"洗脚城"这样的企业，上市有什么意义又有什么价值呢？这反映出我们的有些政策需要再梳理一下，在过去一段时间可以说出现了严重的偏离。

柜台交易不应该成为资本市场的重点，国债期货市场仍需要协调

《证券日报》：据了解，原先的"新三板"扩容方案出现了重大变化，新方案可能将以地方性场外市场建设为基础，待时机成熟后再扩建至全国性统一监管的场外市场。您认为，"新三板"将会何去何从？柜台交易又有哪些潜力可挖掘呢？

吴晓求：我认为，"新三板"是中国资本市场发展中的一个步骤，但是绝不是重点。它一定是整个资本市场的补充部分，主体还是场内市场。

我也不认为"新三板"未来会很红火，如果红火起来，那说明一定是出了问题。现在各个地方政府都想去搞"新三板"市场，这都是急功近利的表现。一个企业，八字还没有一撇就想上市交易，都想圈钱，如果这个风头风靡起

来，哪里还有什么百年老店。所以这个"新三板"到底还有多大的价值，我们拭目以待，我还是主张要脚踏实地做企业。柜台交易也不应该成为资本市场的重点，柜台交易也不应该是公众交易的主要场所。因为信息不那么透明，而且竞价机制也不够健全。

《证券日报》：*您对近年来期货市场创新如何评价？*

吴晓求：现在期货品种开始多了，但对国民经济真正起到重要影响的，还是类似石油、焦煤之类的产品。

我认为，如果国债期货正式上市交易，很多数据就会变得非常敏感，比如 CPI 的变动。中国的国债绝大多数还是在银行间市场交易，而且是在银行间市场交易的重要的基础性资产，如果在公开市场交易衍生资产，这样一来交割起来会很麻烦。如果放在银行间市场交易又达不到推动国债期货的目的，因为银行间市场交易主要是金融机构之间的交易，所以国债期货的推出还需要制度上协调。

要踏踏实实做企业

在与吴晓求的对话中，记者深切感受到，这位专注于资本市场制度建设的经济学家对于资本市场走出稚嫩期充满信心。同时，他对于市场中存在的一些弊病也十分担忧。

对于业内讨论热烈的"新股发行改革"，他表达很直率，即不赞成所谓"取消发审委"的说法。他认为，依照目前中国的诚信状况，取消发行审核、扩大承销商配售权等都是不可取的。

吴晓求强调，金融行业不能脱离实体经济，最终都要服务于实体经济，并且推动它的发展。美国的金融创新在一定时期里背离了这个宗旨，从而才会引发所谓的金融危机。一句话，实体经济需要什么，金融才去创新什么。

在整个采访过程中，吴晓求"要踏踏实实做企业"的话虽朴实简单，却给记者留下深刻印象。创新是资本市场谋求进步的必然要求，但在创新的同时，我们还需要做好眼前事，一步一个脚印地向前走。

2011 年的访谈

要强化资本市场投资功能而非融资功能

——《深圳特区报》记者的访谈

【作者题记】

这是作者接受《深圳特区报》记者谭德波的访谈。访谈稿由谭德波整理，刊发于 2011 年 12 月 29 日《深圳特区报》。

近期，资本市场大事不断：创业板退市制度呼之欲出，过会率也明显下跌，"哭过发审委"越来越难，创业板欲"洗心革面"。同时，随着地方自行发债试点，启动债市再成投资人热议焦点。但在另一些人看来，资本市场要大发展，还有很多宏观以及基本层面的问题有待解决。日前，记者针对以上问题采访了证监会前发审委委员、中国人民大学金融与证券研究所所长吴晓求教授。

一、审视发审制度应从现实角度着眼

《深圳特区报》：说到资本市场不得不说创业板，您曾提到寻租股东是创业板两大问题之一，创始股东和寻租股东互惠互利，各自发财，股民很不高兴，您怎么看？

吴晓求：在《中国创业板成长与风险》一书中，我概括出了创业板十大

问题。核心问题是两个，第一个就是寻租股东，很多人认为创始股东和寻租股东互惠互利，我觉得不能这么认为。寻租股东严重地损害了创始股东的权益，但创始股东很多时候没有办法。寻租股东"成事不足，败事有余"。实际上，寻租股东成了股东并不一定能使企业上市，他们常说他们有打通关系的能力，实际上未必有这种能力，但他们有能力让企业上不了市，所以创始股东不敢得罪他们。在我看来，寻租股东严重破坏了市场公平，对企业发展所做的贡献很小，上市后马上套现走人，把市场环境搞得一团糟。

创业板的另一个大问题是退市机制。没有退市机制，市场就不能吐故纳新，市场也就没有建立一个完整意义上的风险机制，市场必然充满了垃圾和泡沫。创业板存在一定泡沫，但如果有一个高效的退市机制，泡沫就会慢慢消除。现在，监管部门正积极推进退市制度的建立，我认为这是好事。

《深圳特区报》：创业板的问题，很多人认为和发审制度有很大的关系，对这个制度，您认为需要改革吗？

吴晓求：审视发审制度，一个是从理想的角度，另一个是从现实的角度。从理想角度来看，发行审核和监督分离是正确的，因为在同一个主体下，既做发行审核又做事后监督，的确会引发很多问题。因此也有人建议发行审核放在交易所，而监督由证监会负责，现行的两个交易所组建发行审核委员会。在我看来，未来的方向应该是这样的。

但从现实角度出发，现行的发审制度的约束作用还是非常有效的，出现内幕交易的可能性客观上被降低，如果把权力下放到交易所，约束力恐怕没有这么大。因为权力重心下移后，"找人"的机会会更大，审批的人受到诱惑的可能性更大。约束效果是否比得上现在的发审制度？我很怀疑。发行审核制度固然有很多缺陷，但在中国现阶段的信用体系下，这个制度约束力毕竟很强，不能轻言否定。发审这个环节没有人认真把关，市场一定会出大事。

《深圳特区报》：您曾是发审委委员，找您"疏通"的人多不多？

吴晓求：当然有，通过各种关系找，但我保持高度警惕，任何时候都要想他是什么意思。但有时你防不胜防，比如一个同学电话说喝茶，那你肯定得去，可旁边坐了几个不认识的人，你就要警惕了。发审委委员绝大多数对自身还是比较有约束力的，当然我没有证据表明他们每个人都很好，但从我个人经历来看，的确无时无刻不在提醒要约束自己。如果发行审核平台下移，市场化程度突然提高，风险无疑会大幅增加，对此我还是有点忧虑。

二、货币政策要关注资本市场发展

《深圳特区报》：除了创业板退市制度正在推进，郭树清任证监会主席后，还加大了投资者分红的监督，同时过会率也在降低，您怎么看？

吴晓求：企业过会与否，发审委有自己独立的判断。从宏观的层面讲，我们应该更关注市场供求的动态平衡，过会率哪怕是 1/10，如果把进入市场的资金全部卡死了，那市场仍然会下跌。所以，过会率不能成为衡量市场健康与否的标志。企业符合标准便可以上市，但上市意味着"供给"增加，因此如何在"需求"方面让更多资金进入市场，不断达到平衡，这才是政策设计方面应该考虑的问题。政策应给资本市场更多关怀，这不是证监会一家能做的事情。比如说，我们一方面采取紧缩政策，另一方面却希望从资本市场筹集大量资金，这样市场是不可能发展起来的，市场可能最终变成干涸的河床。供求关系要平衡，相关部门的确应认真考虑如何给予市场政策平衡，不要让资本市场边缘化。

说到分红，这么多年来，很多人更关心市场的筹资功能，忽视了投资功能。强化分红是正确的，意义在于培育市场。简而言之，现阶段一定要强化市场的投资功能，而不是强化市场的融资功能。

《深圳特区报》：您多次提到要从"灵魂深处"理解资本市场对中国未来的战略意义，难道我们对市场重要性还认识不够？

吴晓求：中国经济要增长，甚至像美国那样百年增长，构造稳定而高效的现代金融体系至关重要，这样的金融体系既能有效配置资源又能顺畅地分散风险，构建这种金融体系的基础是资本市场。长期以来，很多时候我们都从实用主义角度去理解资本市场，要筹资的时候就去力挺，带来"麻烦"的时候就把它边缘化，或者稍微涨一涨就说它有泡沫。目前一些人，特别是一些重要部门对发展资本市场缺乏准确理解，这是我原话的初衷。

《深圳特区报》： 当前宏观环境对资本市场影响如何呢？

吴晓求： 外部环境对中国股市的影响并没有想象的那么坏，影响只在信心层面上，没有严重的直接影响。美债特别是欧债危机的爆发，对出口有较大影响。中国的经济增长，从 2008 年金融危机以来，平均每年都是 9.5% 左右，但市场反应很差，没有体现经济基本面的价值。上海市场平均市盈率只有 15 倍，银行股更低，只有 7~8 倍，有人对银行股持悲观看法。实际上，中国商业银行股份制改革和上市以来，加上近年监管的强化，在制度建设、风险对冲机制、资本充足率提升等方面都有明显进步，总体情况比较健康。总的来说，我们没有理由怀疑中国的资本市场。但货币政策较长时期关注 CPI 或者关注经济增长，我希望货币政策也要适当地关注资本市场的发展。

三、发展债市，改变市场"畸形"状态

《深圳特区报》： 在发达市场，股市、债市、衍生品市场各个品种已形成完整体系，中国债市发展水平远不如股市，资本市场的这种"发育不良"有何负面效应？

吴晓求： 从结构看，中国资本市场的确比较畸形，重股市轻债市。债券市场不发达，资本市场作用就会打折扣。从融资来看，企业选择融资工具的空间很小，除了发股票就是贷款，后者易受到政策周期性影响，宏观调控来了，融资就比较困难。完善的资本市场会有效地降低企业的财务成本，还能对冲周期性政策风险。从投资来看，很多基金都希望购买债券进行资产组合，包括养老金、社保基金等。这些基金的发展离不开债市完善。债券市场不完善不利于金融市场国际化。由于股票风险相对较高，外部投资者进入中国市场往往是先买债券，比如一些蓝筹股的公司债，然后再慢慢进入股票市场。

　　我国股市结构已比较完整，有主板，有中小板，有创业板，现在还在筹划新三板、国际板。债市则非常落后。中国债券发行实行多头管理，发改委要管，财政部要管，人民银行要管，证监会要管，可能国资委还要管一管，其实一个部门管理就够了。

　　《深圳特区报》： 债券市场发展，对商业银行有什么意义？

　　吴晓求： 从各国的经验看，给商业银行带来挑战并促进其改变盈利模式的主要是债券市场，而不是股票市场。如果债券市场很发达，好企业可以选择发债，而不去贷款，发债成本一般都比银行贷款要低，而且是一次性融资，不受政策周期的影响。债市的发展都伴随着银行大客户的流失，这就逼迫商业银行进行创新，银行就不能老盯着中石化、中石油了，目光就会下移，就会盯着中小企业。这样一来，银行服务下移，同时金融创新也会加强。因此，发展债市对商业银行市场化改革意义深远。

中国资本市场对美债信用
下调反应过度

——《搜狐财经》记者的访谈

【作者题记】

这是作者 2011 年 8 月 12 日接受《搜狐财经》记者的访谈。

美债信用评级下调的利空"炸弹",袭击了全球金融市场,A 股市场也随之大跌。美债危机为何重创 A 股市场?这两天为何 A 股能率先突围?中国的投资者是否应该在这个时候抄底?下半年 A 股的走势如何?中国应该怎样摆脱美元陷阱?怎样减少外汇储备?中国紧缩的政策是否应该继续?人民币是否应该一步升值到位?中国还能扮演救世主的角色吗?《搜狐财经》就这些热点问题独家专访了中国人民大学金融与证券研究所所长吴晓求,以下是专访的内容。

《搜狐财经》:为什么美国信用评级下调会引发全球资本市场"大地震"?美债危机会给全球市场尤其是中国市场带来哪些影响,哪些方面影响比较大?

吴晓求:美国国家信用评级从 AAA 级下调到 AA+ 级,客观上反映了美国国家信用或者说美债信用的现实状况,信用级别的下调预示着美国国债从长期来看有一定的风险。短期看,由于美国国会提高了债务上限,可以通过发钞票的形式来支付短期到期的美债本金和利息，因而短期偿付不存在风险，一年内应没有问题的，因为毕竟提高了 2.4 万亿美元的债务上限。

从 AAA 级到 AA+ 级，从短期支付的角度看，从违约的角度看，没有太大的变化。信用评级的下调，对美国国家信用本身是历史性的事件，因为自从有了信用评级记录之后，美国国家信用就没有低过 AAA 级。美债信用从 AAA 级到 AA+ 级为什么会引起全球资本市场的大幅度波动（下跌）？主要是信用受到严重打击，市场如此大幅下跌，实际上是美元之忧。当人们慢慢明白这个道理的时候，就会发现风险实际上并没有那么大。美债的信用评级下调对市场的影响主要是心理的影响。美元和美债是国际上最重要的金融资产，也是必须配置的金融资产，现在突然发现它也有潜在风险了，全世界都有点惶惶然。

美债信用下调，对中国资本市场的影响，应该说也主要是心理上的，是一种心理传导，实际的影响应该不会太大。在可以预见到的未来，美元还不可能成为一张废纸，美债也还是没有太大的问题。可是中国股票市场为什么会有这么大的反应？我只能说反应过度了。这两天市场已经对当时的过度反应做了一个校正。8 月 11 日晚，我在中央电视台《新闻 1+1》栏目明确说了，中国市场反应过度了，没必要作出这么激烈的反应。中国上市公司并没买多少美债，即使买了美债也没有太大损失，这与 2008 年 9 月爆发的金融危机不同，那时的次债及其衍生品是有毒的，而美债目前看还不能说是有毒的。

美债信用评级下调虽然对中国资本市场的影响有限，但对中国外汇储备资产带来的影响就比较大，会有比较大的减值。中国外汇中有 1.16 万亿美元的美债，约占美债市场 14.29 万亿美元的 8%。美债信用评级一调低，市场价格就会下跌，从市值角度看，资产会有一些缩水，所以风险还是比较大的。

《搜狐财经》：最近这两天 A 股逆势而动，为何 A 股能率先突围、一枝独秀？市场的反弹能持续多久？

吴晓求：中国的股票市场一方面反应有些过度，另一方面，也应看到有一些忧虑的因素在诱导市场下跌。这个忧虑因素是长期因素，不可能在一两天内释放，包括市场对经济政策的担忧，对巨大融资压力的担忧，这些都会引起市场的下跌，只不过这是一个长期的影响因素。中国市场不像外国市场这两天坐过山车一样，昨天跌 4%，今天涨 4%，明天再跌 4%，波动幅度非常之大，中国股票市场在标普调低美债信用之后即 8 月 11 日下跌的非常之快，后来就相对稳定了。

美债信用下调与 A 股市场上市公司的业绩实际上没有太大的关系，投资者发现了这个道理后，也就没有那么恐慌。市场反复会持续多久，尚不清楚，但我个人认为，2 600 点应是一个正常的合理水平。有人做了研究，结论是 8 月 9 日跌到 2437 点时候的市盈率相当于 2008 年国际金融危机 1 660 点时的水平。这两年中国经济增长这么快，市场跌成这样，应该说背离了市场的基本价值。现在人们的恐慌情绪开始稳定了。

《搜狐财经》：面对振荡的市场，投资者应该做好哪些准备以应对接下来的挑战？您有什么建议？昨天金价又创了新高，这时候买入黄金是不是好的应对措施，买入黄金股是不是好的选择？

吴晓求：未来欧洲几个大国的信用评级也可能被下调，我们应该冷静地处置。应该看到，这些国家的信用从最高级下调一级对我们的影响不是特别的大，虽然在一定程度上会影响到我们的出口，但不会在根本上影响到我们的经济增长。

未来不要说黄金，甚至包括石油以及资源品的价格都会上涨，这是基本趋势，是美元贬值预期的必然结果。为了应对经济的衰退和市场的大幅度下跌，美联储推出 QE3 的概率明显增大，美联储最近承诺维持两年的 0.25 个百分点的联邦基准利率不变，这意味着市场上美元会进一步泛滥。在这种条件下，要应对全球金融市场大幅度的波动，同时又要面对经济衰退，美联储只能靠美元的泛滥政策来应对。未来黄金也好，石油也好，其他资源品也好，价格上涨应该是无疑的，没有太大问题。黄金股还是不错的，因为黄金在不断地上涨。

《搜狐财经》：巴菲特说市场不会持续低迷，应该在市场恐慌时抄底。您认为中国的投资者在这个时候是不是也应该抄底？

吴晓求：谁也不知道什么是底，一般恐慌的时候是可以买入的，恐慌的时候，都是人们比较不理性的时候。从总体上看，中国的股票多数还是具有投资价值的，没有太大的问题。

《搜狐财经》：全球资本市场大洗牌会持续多久，幅度会有多深？如何看待下半年 A 股的走势？

吴晓求：全球资本市场现在很难说是大洗牌的时机，只是一个振荡，一个大动荡，大动荡就有大机会。美债的偿付风险至少一年之内是不存在的，一年以后美国增加的债务上限就用完了，如果还不能解决问题，那时候可能会出现问题。现在有现实风险的可能是欧债，欧债的主要危险源在意大利和西班牙。意大利的经济体是比较大的，它要是出了问题欧债就会出大问题。从短期看，欧债风险实际上要比美债风险大得多，全球市场一定还会出现大的动荡。中国的 A 股不会独善其身，不过，波幅会小些。欧债出了问题会在一定程度上影响到我们的出口，对经济增长有一些影响。下半年总体来看，市场波动的非常重要的外部因素是欧债。加息也会对市场产生一些影响，会不会加息现在变得难一点，加息的可能性在变低。

《搜狐财经》：2008 年国际金融危机对中国来说是不错的机遇，这次美债危机会不会也给中国带来新的机遇，如果有的话具体会在哪些方面？

吴晓求：美债危机对全球金融体系、国际货币体系以及对中国的影响都是双重的。一方面是市场风险在积聚加大，美元也好、美债也好都是全球最重要的货币和金融资产，它出现了波动，中国所拥有的美元和美元资产都面临着贬值的风险，全世界其他国家也是一样的。短期来看是不利的，这是风险的一面。从长期来看，美债大幅度波动，信用评级的调低有利于全球货币体系的改革，有利于全球金融市场结构的调整，有利于新的元素、新的力量的成长，有利于从美元本位制的国际货币体系向多元化的国际货币体系的过渡。对中国来说，我们的美元和美元资产存在着风险，但是对于人民币的国际化和中国金融体系的现代化、市场化和国际化则提供了新的契机、新的可能。

《搜狐财经》：作为美国国债最大的海外持有者，不管美国出现债务违约还是评级下调都可能令中国外汇蒙受比较大的损失，中国应该怎样摆脱这种美元陷阱？

吴晓求：在现有的国际货币体系下即美元本位制的国际货币体系下，这是一个怪圈，这个怪圈被称为美元陷阱：减持美国国债，美元就会贬值，美元贬值人民币就会升值，人民币升值会影响到我们的出口和经济增长。为了稳定人民币汇率又要买大量的美元，因为美国国债的流动性比较好，规模也最大，短期支付风险不大，所以买了美元又要投资美债。这就进入了一个怪圈。这个怪圈无论是中国还是日本都似乎拔不出来。要拔出这个陷阱只有两条路：一条路是从根本上改革美元本位制的国际货币体系，未来新的货币体系应该是稳定的或者说具有可选择性的，而不是单元的或者说美元本位的。目前的现实是欧元和欧元资产比美元和美元资产要更加动荡不安。日元更不行，规模太小，经济前景渺茫，在这种国际货币体系格局下，没有什么选择的余地。只有推进多元化的国际货币体系的改革，使人民币成为多元中的重要一员，人民币是重要的国际性货币，可以对冲美元所带来的波动。这个改革是根本之举。另外，则要调整中国的经济增长模式，使我们的内需不断扩大，不能长期让进出口贸易占据特别大的份额，要扩大内需在经济增长中的作用。大家都意识到，这两条路都是一个漫长的过程，短期内变化不会太大。短期内唯一能做的是，对外汇投资主体要作一些改革和调整，不见得一定要国家外汇管理局去投资，国家外汇管理局投资只能投资流动性很好的金融资产。可以让其他的投资主体，通过适当方式，去投资一些战略资源、股权乃至黄金。全球黄金的确太少了，面对泛滥的美元黄金是不够的，买一些具有战略资源的上市公司的股权也是可以的。我想我们也只能这么做。重要的是推进汇率制度的改革，把风险由现在的央行一家承担变成成千上万的主体承担，这就是汇率制度彻底市场化的改革。

《搜狐财经》：中国外汇储备多元化投资应该如何推进，3.2 万亿美元怎么用出去？进一步来讲，怎么减少外汇储备？

吴晓求：外汇储备不能用出去，但可以形成不同收益和风险的金融资产。3.2 万亿美元外汇储备对应的是 6 倍多的央行的基础货币发行，人们需要外汇的时候，还是要换回去的。外汇储备虽然从形式上看是央行资产，但其严格对应的是 6 倍多的央行负债。所以，央行要想办法让它负债所形成的资产在防范风险的同时，也要有相应的收益。有人主张要把这 3 万多亿美元外汇储备分掉，这是很荒唐的。适当减少外汇储备是对的，有两条途径，就是刚才说的推进人民币汇率制度改革和经济增长模式的转型，当然也可以买一些我们特别需要的技术和商品，进口规模可以大一点。现在中国加工工业非常发达了，有些商品我们的价格比美欧便宜质量也很好，我们为什么要去买它呢，没有必要了。我只能买我缺少的不能生产或者能生产但成本高的货物或技术，美国人卖我们航空母舰是可以买的，但是他不卖。他卖我们除了民用之外的武装直升飞机和战斗机，都没问题都可以买，但是他也不卖。本来形成了产业分工，高科技的产品可以卖给我们，但他们也不卖。没有科技含量的我们比他们的好。所以，核心问题是美国政府和美国市场要更进一步开放，要让我们去买我们所需要买的东西以及投资我们需要投资的企业。美国市场不太开放，不乐意我们去，所以，问题的根源在美国。

《搜狐财经》：中国紧缩的政策是否应该继续，中国是否应该顶住压力坚持加息升值调结构，您赞同人民币一次性升值到位吗？

吴晓求：现行的紧缩政策不应该再紧。全球金融市场都在大幅度波动，不确定性已经非常明显了，而且会在一定程度上影响到中国的经济增长。在目前的情况下，中国的宏观经济政策要考虑外部需求的变化，考虑外部金融市场的动荡，而不只是考虑 CPI 的变化。CPI 虽然仍是宏观经济政策特别是货币政策导向型指标，但是在目前特殊条件下，要适当考虑外部市场波动的影响。中国的宏观经济政策应该具有某种灵活性、针对性和延续性，同时要采取结构性的定向宽松政策。全面总量紧缩的政策应该结束了，现在加息的可能性仍存在，但是可能性在下降，现在负利率达到了3%，即使加息也只具有象征意义。在这样一个复杂的外部环境下，加息的负面作用在增大，所以说加息的可能性在降低。

所谓人民币一次性升值，其实质是汇率制度的彻底的市场化改革。汇率制度完全市场化后，央行可以干预，但不是主要的日常交易主体。如果人民币被低估了，央行可以买进人民币，如果高估了央行可以卖出人民币，现在还不完全是这样。人民币一次升值就是指汇率制度的完全市场化改革，人民币成为一个完全可交易的货币。从这个意义上说，我们的确可以研究人民币在目前条件下成为完全可交易的货币的时机，同时，也要研究完全可交易对经济究竟会有多大的影响。但有一点可以肯定，加快人民币完全可自由交易的改革应该进入到我们的时间表里。

《搜狐财经》：目前具备这种条件吗？

吴晓求：条件已经具备了，中国经济规模这么大，中国企业应该说也有相当的市场竞争力。

《搜狐财经》：这次美国债务危机和2008年国际金融危机有哪些本质不同，中国会不会重演2008年的情形，房地产调控会不会放松，房价会不会重新暴涨？

吴晓求：这次的美债危机，实际上是2008年国际金融危机的延续，是国际金融危机的中期表现，其本质上都是对美国经济增长模式的质疑。2008年国际金融危机实际上是对微观层过度信用的警示和校正。长期以来，在美国经济金融活动中，微观层面私人部门通过过度信用、过度负债、过度需求拉动经济增长，通过提前消费拉动经济增长，这样的模式已经走到了尽头。所谓的次贷，就是把最底层人未来的消费都消费掉了，所以才会有那场金融危机。这次美债危机，则是对美国政府过度信用的警示和校正。美国政府通过过度的财政扩张，过度的负债来维护高水平的社会福利，同时维护完全超出自身需求的国防能力。通过这样的财政扩张，这样巨大的赤字来维护"两高"，即高福利、高国防开支。这种模式一旦到了一个临界点，政府的信用危机就会爆发。

美国是一个过度成熟的国家，过度成熟的国家如果想通过过度的负债去维持高福利和超强国防能力，其经济增长潜力是不能够涵盖新增的过度债务的。如果是经济成长型国家，像中国就没问题，因为经济成长10%，可以靠新的、巨大增量涵盖掉存量债务。所以说，2008年的次贷危机也好，现在的美债危机也好，其根源都是来自美国扩张型的消费模式和难以为继的增长模式。

中国不会重蹈2008年的覆辙。2008年国际金融危机主要是微观层面很多人没钱了，不消费了。现在美国政府也快没钱了，但是这次美债危机对于普通老百姓来说，对实际收入的影响较小，对中国经济的影响要远远低于2008年的情况。在这种条件下，房地产调控不会放松，但是货币政策会做某种结构性调整，包括定向宽松的变化。我们不会重新启动房地产市场去维护经济增长，现在还没有这个必要，也没有这个需要。

《搜狐财经》：这次中国还能扮演救世主的角色吗？2008年为应对金融危机中国推出了4万亿元的经济刺激计划。

吴晓求：2008年中国经济的复苏计划对全球经济的稳定起到一定的作用。中国要成为全球金融市场主导型的稳定力量现在还不可能，现在仍然是美联储，美联储仍然是全球金融市场主导型的稳定力量，因为美元是国际化的，除非哪天人民币是世界上重要的国际货币，那时中国的确能起到主导型的作用。

《搜狐财经》：美联储最近宣布了2013年之前维持低利率，对中国有什么影响？

吴晓求：会使得美元泛滥，对中国的汇率会带来很大的冲击，会进一步推动人民币的升值。美元泛滥必然带来美元贬值，对中国的影响，短期和长期不尽相同。

《搜狐财经》：美联储会不会实施 QE3，有多大的可能性，如果有的话中国怎么应对？

吴晓求：QE3 推出的概率现在大幅度增加。美联储真的要推出 QE3，会得不偿失，因为最后的结果是对美元信用带来很大的风险，如同美国国债上限的提高对美债市场带来新的风险一样。QE3 的推出会使美元进一步宽松，进而会对美元信用带来长期的消极影响，贬值会进一步加剧，作为全球第一大国际性货币的影响力会逐步下降。美联储必须考虑这样一个影响。QE3 对经济短期有效，长期则危害很大，就像有些药吃了后病的症状马上会消除，但是这个药的毒性比较大，会停留在体内，常吃这个药就会出大问题。

QE3 对中国的影响也是两方面：一方面会引起人民币的升值，同样也会一定程度上影响中国的出口。大宗商品价格会上涨，会带来全球性的通胀，同时使中国控制通胀的局面更加困难。另一方面，有利于人民币的国际化。事实上，如果这个时候推出人民币国际化，也许全球机构投资者包括全球私人部门可能就不会持有那么多美元，转而增持人民币，显然这有利于人民币国际化进程。

《搜狐财经》：标普降级是否会真正改变美国"借债成瘾"的经济发展模式？

吴晓求：从目前的模式看，美国社会如果不借债，经济就会走向严重的萧条，要借债就会出现重大的危机，所以美国也进入了一个怪圈，即美国模式怪圈。不借债这个社会的高福利不能维持，更不可能做世界警察，要维护高福利又要做世界警察，维持强大的军事实力就只有借债了。标普降级只是长期风险的指示，要彻底扭转目前的格局很难，除非美国的全球战略和经济增长模式发生根本性变化。

《搜狐财经》：世界金融格局和国际货币体系由此会发生怎样的重大改变？美元体系会崩溃吗？

吴晓求：2008年国际金融危机意味着世界金融格局和国际货币体系的改革在悄然进行，这次只不过是加速了这样一个进程，使得人们更加清楚地看到了现行国际货币体系所存在的重大缺陷，使人们更加迫切看到建立多元的、有约束力的国际货币体系的重要性，同时也使人们看到了国际金融市场结构也在发生很大的变化。新兴国家特别是中国的金融市场作用日益重要。当然，中国还是要加快金融改革的步伐。中国金融改革和国际化的步伐从目前看，不适应国际货币体系改革的要求和世界金融格局变化的步伐。美元本位制短期内还不会消失，但其主导性影响在慢慢衰弱，衰弱的过程是很缓慢的过程。只有新兴力量的兴起，才会使美元及美国金融市场缓慢地退出主宰性的历史舞台，进而调整主导型力量的结构。从目前看，美元当然不会崩溃，仍然会在相当长时间扮演重要的角色。

《搜狐财经》：中国如何才能成为真正的债权大国？中国如何把对美国的债权转换为对美国的金融话语权？

吴晓求：中国已经是一个债权大国，中国发展金融市场不是要成为债权大国，而是要成为债务大国，或者说成为一个债务规模与经济成长相匹配的大国。全球金融改革的核心是要使全球金融资源保持相对均衡的分布，中国金融资源要有合理分配和增长，这与中国金融发展的战略目标是一致的。对中国来说，最重要的是推动中国金融体系的国际化、市场化和现代化，同时要推进人民币的国际化，要推进中国金融市场包括股票市场和债券市场的大发展，金融改革和发展是我们当前面临的最重大的任务。

如何看待美债危机

——《人民网·强国论坛》上与网友的对话

【作者题记】

这是作者 2011 年 8 月 11 日在《人民网·强国论坛》回答网友提问的实录。

[**网友一天一地一广仔**]：请问吴教授，美债风波背后到底有哪些因素在起作用？对中国的影响有什么？

吴晓求：美债危机的导火索是对美国政府信用的调低。就目前来看，因为调高了债务上限，应该说短期来看不存在支付性风险。之所以调低美国政府的信用评级实质上是要提醒投资者，从长远来看，美债是有风险的。实际上，欧债可能比美债的风险会更大一些。无论是美债还是欧债的信用问题，背后的原因主要是对其长期存在着的过度消费和过度负债的质疑。这次美债危机引起的市场大幅度波动，实际上是 2008 年国际金融危机的延续，或者说是 2008 年国际金融危机中期的一种反应。2008 年国际金融危机是从微观层面体现出来的，就是个人消费通过过度的负债、过度的信用来拉动经济的增长，同时又没有对风险进行有效的揭示，结果导致了金融危机的爆发。这次是国家信用的调低，也是对美国政府过度负债模式，即通过过度负债维持高的社会福利和超过其本身需求的国防开支的一种质疑，是从宏观上对这种模式的一种质疑。美国的公共债务水平正在向越来越不安全的边界运行，特别是从小布什政府开始，这种债务上限在不断提高，债务上限的提高意味着宏观风险的提升。美国政府之所以长期采取过度负债的经济增长模式以维持高福利，其实质来自现行的国际货币体系，也就是美元本位制的国际货币体系。这是这个危机的根源所在。

对中国的影响主要表现在，我们的外汇储备资产结构中的美元资产部分，它对中国的上市公司所带来的影响，相对来说要小于 2008 年 9 月开始爆发的那场金融危机。所以，从这个意义上说，我们的市场在标普调低美债信用等级之后最初的市场反应是过度了。当然，美债危机对中国的外汇储备资产的保值安全带来了很大的挑战，正在出现现实的风险。

[E 政建议 12745 号]：美债危机，是老天赐给中国的大好机会！进一步推广超主权储备货币的理念。早在 2009 年，周小川行长就倡议：应创造可保币值稳定的超主权储备货币。周小川行长的这个方案，正是解决美债危机的治病良药！您如何看？

吴晓求：美债危机从全球和中国的角度来看，既有不利的一面，也有有利的一面——短期看是不利的，是风险；长期看，则是有利的，是机遇。说短期看是不利的，是指中国的外汇储备资产中，美元资产部分，包括美债部分，的确有减值的风险，有的实际上已经减值了，这就意味着我们财富的流失。说长期是有利的，是说美债的危机正在从根本上动摇美元的长期信用基础。美国政府要稳定美债市场，要尽早使美国经济走出衰退的阴影，找不到什么特别好的办法，大概只有多发货币，也就是说实施 QE3 的概率大幅度增加了。多发货币实际上就是在损害美元的长期信用基石，这对全球货币体系结构的调整是有利的。同时，也有利于中国人民币的国际化，减少人民币国际化的一些障碍，有利于推进中国金融市场的发展，提升中国金融体系包括人民币的竞争力。

[网友一天一地一广仔]：请问吴教授，目前由于美国主权信用评级被标

普下调引发 A 股巨震，股民们应该做好哪些准备以应对接下来的挑战？

吴晓求：从现在看来，中国股票市场或者是资本市场的外部环境已经越来越严峻，内部因素越来越复杂。中国股票市场目前条件下的确有点内忧外患。现在这个外患不仅仅是美债，而且也包括欧元区非常重要的国家，比如法国，未来可能也包括英国，西方主要经济体都有可能会被调低国家信用等级。这种下调对人们的心理影响非常之大，因为中国的资本市场不是一个与世隔绝的市场，它也会受到全球主要市场的波动的影响。虽然美债对中国上市公司的业绩没有特别明显的影响，但可能会对那些出口型企业带来一定的影响，但这种影响整体上看要小于 2008 年的金融危机。所谓外患主要表现在心理影响的传递。

内忧主要是我们遇到了通货膨胀，加上经济的复杂性程度越来越高，所以宏观经济政策特别是货币政策，既要考虑外部复杂环境大变动的情况，又要对付内部的通胀，这的确会带来新的困难，再加上中国资本市场的融资压力非常巨大，所以对中国股票市场的确会带来较大的心理压力。在这种不明朗的情况下，从投资角度看，也许观察是上策。

[**网友 abceasy**]：请问吴教授，有人说买美债也是损失，不买美债也是损失，只是买美债能救美国，您怎么看？

吴晓求：中国经济的外向型或对外依存度是比较高的，进出口贸易对经济中的影响很大，但中国的汇率制度改革还没有完全到位，所以中国的外汇储备有时候会增长得很快，这其中热钱应该是占据着非常重要的份额。中国是一个结售汇的国家，这在人民币升值预期下会形成超额的外汇储备。外汇储备资产安全是首先的，其次才是增值。目前，全球金融市场能够向中国提供规模和流动性都适当的资产的国家比较少。在没有调低美债信用之前，我们主要还是在选择美债作为主要投资对象。

现在如果放弃美债，投资就难以找到可以替代的资产了。欧债和欧元资产、日债和日元资产都存在着更大的风险。黄金价格又太高、规模也太小，各种大宗商品也不能作为长期的投资资产，所以明知美债有风险，有时候也还难以减持，这就是一个怪圈。

为了破除这个怪圈，只有两条路走：一条路是推进国际货币体系的改革，逐步形成多元的、有约束力的国际货币体系结构，人民币是其中的重要成员，由此就要大力推进人民币的国际化。另一条路是要推进中国经济增长模式的转型，要从主要依靠外部需求拉动经济增长转到主要通过内需、内需中又以消费需求为主的经济增长模式。

[**网友 s 逆向思维**]：请问嘉宾：中国要这么多的外汇储备干啥用？是不是超出了我们国家对外进口商品的需要？是不是超出了我们的国力？

吴晓求：中国的外汇储备规模，总体上看是很大，实际上超过了我们的需求，同时也给我们的外汇资产带来了很大的风险。中国外汇储备每年增长额实际上是大于进出口贸易的顺差加上 FDI，超出部分的绝大部分都有"热钱"的嫌疑，这些钱都是来投机的。投机主要是投两个方面的"机"：一是人民币升值之机；二是利率之机。这两部分加起来，通常能有 8.5% ~ 9% 的无风险收益。在现有的汇率制度下，外汇储备的增量通常都会超过我们的需求。要使我们的外汇储备处在适当的水平上，一是要调整我们的外汇储备的投资渠道，二是要改革现行的汇率制度。除了投资于美债和欧债等西方主要债券外，还要通过各种途径投资于一些实体经济和战略性资源，以分散风险。

[**网友小土过后是多云**]：请问嘉宾：这两天，人民币大幅升值是不是接受了格林斯潘的命令？

吴晓求：这两天人民币升值速度明显加快，反映出美元贬值的趋势在加剧，这也是此次美债危机的一个必然结果。因为美债危机会从两个方面加速美元的贬值趋势：一是人们投资于美元资产的积极性会大幅度下降，也就是说投资者会大幅抛售美元资产，包括美债、美股，这样一来，市场上就充斥着美元；二是为了稳定金融市场，美联储要么实现很低的利率政策，要么会实现进一步量化宽松的政策，这些也会使得美元泛滥。在欧债动荡、日元和日债不明朗的情况下，很多资金都会想办法进到中国市场来。市场看淡美元，这就给人民币汇率带来新的压力。这就是这几天人民币和美元相比较升值比较快的原因。

[**网友千重山**]：美元一旦成了废纸一张，我们的巨额外汇储备和美债将怎么办？我们做好这方面的准备了吗？

吴晓求："美元成为废纸"还是不会的，但美元一定会贬值。要调整中国的外汇储备资产及其结构，很重要、很基础的就是要改革现行的国际货币体系，要改革美元本位制的现行国际货币体系，建立多元的国际货币体系，而人民币就是多元体系的重要组成部分。如果现行的国际货币体系能够改革，实际上是建立了一种风险对冲机制。与此同时，美元作为目前全球主要的国际货币，美国政府理应承担稳定本国市场、制定并实施稳健的货币政策的责任。

[**网友剔尖 2009**]：美国会还债吗？我反正不信，你们是不是又信了？

吴晓求：美国的国家信用从 AAA 级调到 AA+ 级，只是说在揭示美债长期看来已经有一定的风险，但并不意味着现在就不能还债。因为在提高债务上限的前提下，从理论上说，美国还是有还债能力的，只不过它是通过发行美元来还债。这实际上是对美元市场注水的行为。不过未来美国能不能很顺利地还债，我也有疑虑。

[**网友我这块牛粪最大**]：过去解放区与白区做生意就用一种货币——白银或黄金，都知道各自货币都是废纸一张，出口为什么不用黄金结算？

吴晓求：用黄金或白银作为贸易结算的工具已经成为历史了，因为黄金和白银的量非常小，不足以满足现代社会如此之大的国际贸易规模的需要，而且也非常不方便，会极大地损害贸易效率。人类社会既不能回到贵金属作为货币的时代，也不可能回到金本位的纸币时代，就如同人类社会不可能回到物物交换的时代一样。现在面临的最重要的问题，从全球的角度来看，还是要形成多元的国际货币体系。目前金融市场如此动荡，如此频繁的大幅度动荡，根源就在于美元本位制。也就是说，根源就在于全球国际货币体系是以美元为本位的。如果这种国际货币体系的结构不改革，未来还会有更大、更多的动荡。

[网友一江一水一稻草]：请问嘉宾，现在有一种观点："美国信用降级对中国来说是一件好事"。为什么美国信用降级对中国是一件好事？

吴晓求：信用评级的下调实际上是对一个国家主权债务新增风险的揭示，从一定意义上说，会影响到这个国家的金融能力，特别是国际资本的吸引能力。在一个正在变革中的全球金融体系中，美债信用的降级意味着新兴市场吸引力和筹资能力的提高。从这个意义上说，也是传统力量慢慢消退的标志、新兴力量提升的契机。美国信用降级虽然对中国目前的外汇储备资产会带来新的风险，但对中国金融体系的改革和在全球的地位、对人民币的国际化，应该说是有利的。

[网友老狸灰猫]：请问吴教授：为了减少外汇储备，是否可以考虑允许美元在国内流通使用？

吴晓求：美元在中国大陆流通是法律禁止的，但是作为外汇存款是可以的。

[网友云雨和尚]：为什么美国发行大量的美元却没有通货膨胀？

吴晓求：美元现在在全球的货币市场中占据着 65% 以上的主导份额，美元的离岸业务和本土业务大约各占 50%。因为美元是国际上的主要货币，所以过多的美元通常会迅速地流入他国，会对他国带来一定的冲击，这也是目前很多新兴经济体出现通货膨胀的重要原因。另外，各国政府和央行过去都把美元作为重要的外汇储备，把相当多的美元吸纳了。各国政府为了适当稳定汇率、防止本币升值，有时候还要购买大量的美元。所以，美元的过量发行并没有对美国带来明显的通胀的重要原因就在于：美元的国际化把风险分散了。但是，美元过量发行到了一定量的时候，必然会引起全球的通货膨胀，这个结果迟早会出现的。

中国金融崛起的标志与障碍

——《华夏时报》记者的访谈

【作者题记】

这是作者 2011 年 5 月接受《华夏时报》记者任孟山的访谈。访谈稿由任孟山整理。

一、中国金融崛起的四个指标

《华夏时报》：您最近一本书的副标题是"探寻中国金融崛起之路"，暗含的意思是中国金融还没有崛起，可以这样理解吗？

吴晓求：可以。中国金融还没有崛起。

《华夏时报》：那我们现在是个什么情况？

吴晓求：中国金融要想崛起，首先是要开放，高度开放，它要成为全球真正意义上的金融中心。如果这个成不了，你的银行再大，也成不了推动中国经济几十年持续稳定增长的发动机。所以，衡量中国金融崛起的重要标志第一是一定要开放的，第二是市场化的，第三应该是全球的金融中心，这三个是联系在一起的。第四个方面它应该是全球的财富管理中心。这四个方面全都具备了，中国金融才算真正崛起了，才能实现维持中国经济百年增长的目标。

《华夏时报》：按照这个说法，我们现在一个标准也达不到。

吴晓求：当然还达不到。不过，现在我们在朝这个方向走。我们的金融现在还是半开放半封闭的，国际化程度还比较低。这本书是想说金融危机之后暗示着全球的金融体系、金融市场、货币体系在发生结构性变化，要发生重大调整。每次大的危机之后都有大的调整，全球金融变革的时代已经来临了。变革，显而易见就有新生力量的出现，就有新增主导力量的出现，意味着维持了60多年（布雷顿森林体系）的金融体系要发生革命性的变化。在这个变革的条件下，给了中国的金融发展一次历史性的机会。说实话，如果没有这次金融危机，中国金融崛起的时间表一定会向后推的。我不只是喊口号，我这么说是因为中国具备了某些条件。第一，中国的经济规模越来越大。第二，人民币的强劲势头在相当长时间内将会存在，而这也是国家金融崛起的一个基本条件。如果说本币都是很颓势的，那不可能崛起，因为如果说人民币本身不具有信用，不具有吸引力，你还让人们对以人民币计价的资产抱有很大的信心，那是不可能的。而以人民币计价的金融资产对全球具有吸引力，是中国金融崛起的重要力量。所以，中国金融崛起具备了基本的经济条件，具备了货币国际化的条件，也具备了国际金融变革的条件。现在关键是要把握住机会，向这个方向推进。

二、中国金融崛起的两个障碍

《华夏时报》：我们向这个方向推进的障碍是什么？

吴晓求：主要是两个必须解决的问题。除了保持经济持续增长以外，经济不能过早地进入衰退期。这个不谈，因为中国维持20年甚至更长时间的增长应该没有太大问题。第一件事情，必须要推进人民币的国际化，没有这个就没有中国金融体系的国际化，也没有中国金融市场的国际化，中国不会成为全球财富的管理中心。所以，人民币的国际化势在必行，人民币在全球金融变革中要成为新的主导性货币之一。按照我的说法，人民币国际化是个先头部队，是个尖兵。当然，其中会有困难。首先会遇到已经成为国际货币的国家的杯葛。一方面，以美国为代表的传统世界货币国家要求人民币完全可自由兑换，要求人民币由市场的供求关系来决定，形成高度市场化的形成机制，他们老提这个东西；另一方面，等到真是这样了，人民币市场份额提高了，他们一定会采取措施。就像中国加入世贸组织之后，中国的商品份额在大幅提升，但是西方国家都在采取非关税壁垒的措施来损害自由贸易市场的机制。

《华夏时报》： 他们会害怕人民币构成威胁？

吴晓求： 是的。他们会非常矛盾，与中国加入 WTO 前后的心态是一样的。这是外部因素，还有内部因素。人民币国际化首先是个认识问题，它意味着中国经济活动会完全开放。金融开放是最大的开放，说实话，贸易开放不算什么开放。金融一旦开放，这个国家就是一个高度开放的国家，因为它的财富可以自由流动，货币可以自由交换，而且它的宏观经济政策不仅要考虑本国情况，还要考虑其他拿到人民币的国家与人的利益，不能只顾自己，就像今年的美国一样，不管别人，我就搞量化宽松第二轮，这完全是从美国经济快速复苏的角度来考虑的，没有考虑全球的经济平衡。当然，一旦人民币国际化，会考验政府的驾驭能力。而且，一旦开放了，单纯通过政府力量来干预是很难的。但是，中国要成为真正意义上的大国强国，还是一定要走这条路。否则，不会成为领袖型的国家。

第二个要做的事情，围绕中国崛起，就是要大力发展中国的金融市场，要改革中国落后的金融体系，特别是要大力推进资本市场发展，因为就像刚才我说的金融崛起的标志之一，你得是全球金融中心。现在的金融中心不仅仅是个清算结算功能，最核心的是财富管理，因为资本市场会慢慢成为人们的财富管理平台，发达国家的居民财富 80% 左右都是金融市场的，不像中国只有 20%，这还是全社会的数字，不光是居民资产。因为上市公司中国有资产占到了 50%，居民资产占比很小，所以中国有很多人将不动产作为财富管理模式，这个很落后。未来会有变化，其中以股票、债券为主要形式，现金部分、银行存款比会下降，现在比重很高，这是有问题的，这很难打造大的金融市场。

《华夏时报》：我们的 IPO 数额已经全球第一了。

吴晓求：这只是增量部分，但是它的存量部分比较小，居民财富进入到这个领域的投资份额不大。所以，要大力发展资本市场，只有这样，人民币的国际化才能真正完成。人民币国际化分为两步，第一是完全可自由兑换，第二是成为储备性货币。只有第一步不行，港元、韩元都是完全可自由兑换，但它们不是储备性货币，不是财富储备的符号，美元就是财富储备的符号，人民币的目标显然不是港元、韩元，它要成为全球财富储备的符号。这样一来，人民币财富符号的持有者要能投到你所在国的、流动比较好的金融市场上去。这样，国际储备货币的目标才能实现。美元之所以成为美元，因为它有一个以美元计价的极其庞大的金融市场，包括国债市场、公司债市场、股票市场等。不能指望人们只拿着人民币现金，不能指望人们换成现金之后存到工商银行，这不可能，就像我们不会拿着美元存到花旗银行一样，一定会投资。所以，如果这两个问题解决了，金融崛起的最必要条件都具备了。没有这两个，一切无从谈起；有了这两个，其他如法制基础的改善、信用机制的完善等，这些软条件都好办。

《华夏时报》：现在看，人民币国际化比资本市场发展动作更多。

吴晓求：对。人民币国际化理应要比资本市场的国际化要快些，因为它是前提。但是都很重要。金融资产的快速发展与资本市场有关系，与银行没关系的。因为资本市场有杠杆率啊。看美国的百年历史，只有七八个年头是衰退的，其他时间都是增长，早年是百分之四五，现在是百分之二三，这么大的经济体，不得了，没有一个大国做到过，为什么？其中一个原因就是金融资源源源不断地推动。中国也是如此，光靠银行存款是不行的。

三、不能依靠房地产

《华夏时报》：可还是发生了金融危机。

吴晓求：这里面确实有需要注意的地方。中国金融体系要国际化，首先要注意杠杆率，金融杠杆的运用要适度。美国危机，你可以说它的深层原因是美元的单极货币造成的，也可以说是全球经济的失衡。但是从技术层面看，是过度追求高的金融杠杆，危机之前，几大投行金融杠杆率都达到了四五十倍，它一个公司比一个单品期货的价值还要高，太恐怖了，所以要吸取这个教训。其次，一个国家的经济增长，包括金融体系的建立，包括金融资产规模的增长，不能完全或者主要依靠房地产的发展，这也是个教训。如果一个国家的金融资产中，来自房地产中的抵押资产太大，这个问题很大。无论 20 世纪 90 年代的日本泡沫经济时代，还是 2008 年国际金融危机，都跟房地产有关系，都来源于房地产的泡沫，通过杠杆率，通过资产证券化，通过一系列衍生产品，无限放大了风险。最后，金融要发展，但不能过度。

《华夏时报》：怎么讲？

吴晓求：比如英国。英国现在基本上就只有金融了，很少有其他东西，呈现了高度的产业空心化。现在它的目标是如何实现钢铁业 8 000 万吨的产量，中国都 6.5 亿万吨了。美国也在接近产业空心化，只不过它有些高科技产业，但是传统产业它已经空心化了。

《华夏时报》：这不是产业升级吗？

吴晓求：对于一个小国来说可以，比如新加坡，不可能面面俱到。但是，对于一个大国来说，像美国和中国，我不认为这是好事。就像 2008 年国际金融危机发源于美国，但是英国受到的冲击最大，损害最大，因为它高度空心化。所以，我想还是要平衡好实体经济与金融市场发展的关系，甚至 50 年以后，中国发达以后，很多传统产业都还应该保留，比如说制鞋、制衣，这些产业的抗金融危机的能力是很强的。

《华夏时报》：我们现在从政策角度来看，或者从发展战略、发展框架上，有金融崛起的明确规划吗？

吴晓求：我个人认为没有，没有金融发展战略规划。我不知道是因为敏感，还是因为这个事情讲不清楚，还是根本没有意识到，或者说这个问题太复杂了。我个人认为是没有认识到，或者说没有深刻认识到现代金融对我们国家的战略价值。邓小平同志讲过，金融是现代经济的核心，这句话很精辟，很多人没有理解，或者只是表面理解。

《华夏时报》：你说过 2020 年中国建立现代金融体系，现在有改变吗？

吴晓求：没有。这个我 2008 年说过。

《华夏时报》：这么判断有什么依据？

吴晓求：第一，到了 2020 年，中国的经济规模可能接近美国的 80%。也就是说，我们完全具备了人民币国际化的条件。第二，是国务院提出来的，2020 年把上海建成国际金融中心，具有实现的可能性。第三，国际货币替换还是有时间表的，我不能说人民币会替换美元，实际上也替换不了，但是人民币一定会成为第二重要的。1916 年美国开始慢慢进入国际市场，那时英镑统治全世界，到 1926 年，美元在国际市场的份额开始超过英镑了。用了 10 年时间，到了 1944 年，就正式用各国协定的方式来确定美元的主导地位。当然，现在还难以估算，因为这是一个基于历史轨迹的思考，所以，我说是 2020 年。

《华夏时报》：没几年了？

吴晓求：是。2008 年提出时，还有 12 年，现在只剩下 9 年了。

《华夏时报》：从这 3 年推进速度来看？

吴晓求：比较慢。不过，现在在推进人民币的离岸结算、人民币的 FDI、人民币债券的海外发行，还有人民币的贸易结算，都在按照这个目标走。

政策的转向把股市吓住了？

——《英才》记者的访谈

【作者题记】

这是作者接受《英才》记者郑景昕的访谈。访谈稿由郑景昕整理，发表于《英才》2011 年第 3 期。

从数据上看，虎年（2010 年）的经济增长可谓猛虎下山。然而反观同期的资本市场，这头猛虎似乎又病快快，全年大盘下跌 14.3%。优异的经济增长数据，对应着的却是疲软的资本市场，到底是什么原因？是华丽的经济数据掩盖了真实的经济问题，还是中国整个金融体系出现了病症？

创业板作为中国资本市场的新生事物，经历了一年多的运行，总体平稳，但同时亦面临着泡沫化、寻租等舆论压力。中国的创业板有没有希望？一年来所反映出的问题又需要如何去解决？此外，兔年（2011 年）的资本市场会不会一跃而起？投资者可以关注哪些板块？

带着以上问题，《英才》记者特别专访了中国人民大学金融与证券研究所所长吴晓求教授。

一、政策转向太快

《英才》：统计数据显示，中国 2010 年的 GDP 增长率为 10.3%，全年 CPI 为 3.3%，对于这样一份优异的"成绩单"，您怎么看？

吴晓求：我大体上认为这个数据是真实的。10.3% 的经济增长、3.3% 的 CPI 上涨，加上人民币的小幅升值、对外贸易达到一个创纪录的水平，2010 年中国的经济总体上来看是非常好的，2008 年国际金融危机之后，没有哪一个主要经济体能达到这样的经济状况。

与经济增长相对应的，资本市场不尽如人意，大盘下跌了 14.3%。主要问题一个是食品价格涨得稍快，另一个是房地产价格在去年上半年涨得也较快。无论是普通老百姓还是管理者，都觉得好像有什么大事，实际上没有什么大事。

对 2010 年的经济，我们相对主流的判断还是过于悲观，而且在这种相对悲观的条件下，我们政策转向的速度太快了，不能因为农产品的价格上涨就把整个经济政策方向给逆转了。当然我们是要关注普通老百姓的生活，这是政府的一个基本责任，但也要看到经济的整体，要恰如其分地分析 2010 年的中国经济，才能制定出一个科学、准确、实事求是，同时有利于中国经济持续稳定增长的宏观经济政策。

《**英才**》：你对 2011 年的 GDP 和 CPI 的判断是怎样的？

吴晓求：目前，对中国 2011 年的经济预测，主要认为 GDP 能够维持 9% 的增长，CPI 在 4% 以下，我也赞成这个观点。但我还是觉得如果我们政策转向太快，能否达到这个目标值得怀疑。

政策转向太快之后，CPI 可能会下来，经济增长也可能会下来。我担忧的是 2011 年 8 月以后，货币政策又开始松动。中国经济波动的频率已经非常快了，这个"快"主要就来自政策的变动。

我们现在需要一个相对稳定的货币政策期，不要一会儿松一会儿紧。不能只加油门或踩刹车，开车大多时候还是处于一个相对稳定的状态。我们对经济运行还是要有一个常态化的概念，政府有时候也不能太"有所作为"了，我们需要克服这个东西。

二、摆脱股市泡沫论

《英才》：刚才您也提到了美国经济不如中国，但资本市场却要优于中国，这个悖论的原因是什么？

吴晓求：美国的经济还在复苏过程中，中国的经济已经步入了正常增长的轨道。美国的股票市场比较恰当地反映了美国经济的状况和预期。但中国的情况非常令人疑惑，反映了中国文化对资本市场是一种抑制的作用。

我们的文化始终没有摆脱泡沫论的压力。中国经济增长是全球最好的，但股市只要涨到 3 000 点，有人就说有泡沫了。我们几乎容不得这个市场有比较好的增长，一有增长就要调控，中国人的调控思想太重，什么都要调控，压抑这个市场的发展。

我们常常听到"要把资金引入实体经济"这样的观点，其潜台词是资金进入资本市场就不好。这种提法是有问题的，资本市场的发展一方面需要实体经济强劲的增长，另一方面也需要资金进入这个市场，不要人为地去阻碍它、引导它。

况且中国的市场并不是一个泡沫化的市场，它有很大的空间，加上现在流动性又相对大，让这个市场去消化一些流动性总比 CPI 去消化流动性好。这反映出，我们从理念上对这个市场缺乏一个战略的理解。

我们政策调控的声音很大，但效果如何不知道。声音很大，把股市吓住了，其他的倒没完全吓住。"城门失火，殃及池鱼。"房地产失火了、蔬菜价格涨了，却把股票价格弄下来了。

三、成了融资黑洞

《英才》：除了调控之外，还有什么因素吗？

吴晓求：还有融资压力很大，这个市场承担了各类企业的无限融资；包括商业银行，成了一个融资黑洞，它们去年融资了 7 000 亿元，2011 年还得融。商业银行要达到一个监管标准，按照审慎监管的原则，大家都拼命融资。融资后，资产又要扩张，信贷资产一扩张，又得继续融资，因为它资本金又不够了。所以商业银行就无限地膨胀，无限膨胀之后就对资本市场无限融资，让市场难以承受。

这反映出中国整个金融体系存在结构性问题。按照这个路子下去，一方面是商业银行无限的大，另一方面资本市场将难有起色，在这个结构性的问题上，我们需要大的改革。

《英才》：改革主要指什么？

吴晓求：解决商业银行为什么无限膨胀的机制。商业银行每年7万亿～8万亿元资产的增长，就需要5 000亿~6 000亿元的资本金的补充，它的体量就越来越大，就必须解决它体量越来越大的内在机制，是不是它吃饭太多了，是不是它有饥饿症？首先要对商业银行当前的存量资产做证券化处理，其次要减少资产增量或降低增量速度，就是要在资本市场的结构里面大力发展债券市场，让企业去债券市场融资。这就是要对金融体系做系统改革。

四、创业板的寻租股东

《英才》：你曾提到90%以上的创业板公司10年内将退市，这是一种客观的必然，还是我们创业板目前存在的一些不完善的制度缺陷造成的？

吴晓求：我的原话是从最广泛的意义上说，50%会退市，30%~40%会很一般，只有10%是属于高成长的。全世界都是这样的。它是一个高成长高风险的市场，高风险就是指高退市率，倒不是大幅度的波动。

《英才》：创业板的核心制度是什么？

吴晓求：两条，"一进一出"。"一进"是指保证进入创业板的公司是符合创业板标准的，防止让那些寻租股东大量流入。现在有很多寻租股东，为纯粹套利来的，它不参与企业的成长过程，不承担企业任何风险。

"一出"，就是要建立高效、快捷的退市机制。退市标准需要认真讨论的。创业板的退市标准和主板是不一样的，主板两个最重要的标准是，财务3年亏损和净资产为负。但在创业板里面这两个恰恰不是最重要的标准。对创业板来说，退市标准可能是虚假信息披露、严重的大股东操纵市场的内幕交易，或创业板公司募集资金后却变成投资公司了，有这些情况的公司必须退市。

虽然这两条是创业板的核心命题，但又很敏感、很难做。前面一条是有权力，为什么有些企业的 IPO 价格会如此之高，我怀疑这里面有寻租股东运用其资源对这个价格产生了影响，而这么高的发行价与没有一个退市机制也有关系。

五、股票比黄金楼市好

《英才》： 2011 年投资黄金或楼市是否可取？

吴晓求： 投资黄金是没有意义的，乱世投黄金可以，盛世怎么可以投黄金呢？在 1 000 美元的时候是可以的，但现在 1 400 美元，我不信会再翻番。黄金本来的价值就不大，工业上也没有什么需求。从长期来看，有很多投资是要大大超过黄金的，即使黄金好，也不如买生产黄金企业的股票。

我更不会去买房子作为投资。房子作为投资没有意义，房租的钱比不上还贷利息的钱。房价还会涨到 6 万元 / 平方米吗？即使会涨到 6 万元 / 平方米，也遇到两个问题：一是流动性问题，要能够卖得出去；二是即使能卖得出去，那也不如去买房地产企业的股票。房价上涨，地产公司的利润会大幅增加，而且还有一个市盈率 20 倍的杠杆率，房产增加一个亿的利润，地产股票市值就能够增加 20 亿元，投资房产才翻番，但股票却翻 20 倍。

《英才》： 2011 年投资者该如何配制股票篮子？

吴晓求： 首先，是资源板块，它是不可再生的，从长期趋势看永远会涨的，今天看很贵，10 年后再看就会很便宜；其次，由于我们处于城市化、城乡一体化的大背景下，我也会考虑房地产板块；再次，我会选择产品符合未来产业发展方向或消费方式的高科技股；最后，再选银行股作为流动性管理的配置，银行股的估值很低，它的市净率为 1.3 倍，市盈率为 7 倍，假定市场不好，也不会跌到哪里去，它的配置不是因为其成长性，而是与风险结合的配置。但银行的前途是非常不乐观的，它的问题是非常大的，我已经讲过了，银行体系不改革，银行的确没有未来。

2010 年的访谈

资本市场做 QE2 池子应有前提

——《华夏时报》记者的访谈

【作者题记】

这是作者 2010 年 11 月 9 日接受《华夏时报》记者的访谈。访谈稿发表于该报 1115 期第 29 页。

G20 首尔峰会之前，美国启动 QE2，之后，中国等新兴市场经济体国家，对泛滥的流动性潮流来袭的担忧成为普遍心理。但究竟该如何应对？中国人民银行行长周小川近日有关围剿入境"热钱"的"池子"计，引人瞩目和猜想，也引发各种争议。

央行行长周小川所谓的"池子"计，有人认为大概是指针对入境"热钱"，采用总量对冲方式，将可能流入的短期投机性资金放入"池子"中，以防止或减少其对中国经济的冲击。但这个"池子"如何建立，建在何处，能否挡住洪水，则是人们普遍的疑惑。

中国人民大学金融与证券研究所所长吴晓求最近曾就中国资本市场 20 年来如何成为推动国家经济持续增长强大发动机的问题，有全面深入的分析阐述。吴晓求如何评价 QE2 对于中国经济的影响？如何预测中国股市和货币政策将要发生的变化？记者 11 月 9 日特别专访了他。

热钱进入路径很难完全堵住

记者： 您最近曾发表观点称今天的中国资本市场已经成为中国市场经济体制的基石，已经或正在成为推动中国经济持续成长的强大发动机。那么，您如何评价当下这个基石和发动机因 QE2 而可能产生的所谓快乐与忧虑？

吴晓求： 美联储推行第二阶段量化宽松的货币政策，是为了应对美国经济长期的不景气所采取的一个措施，对全球货币市场会带来非常大的影响。从长远看，也会严重影响美元的长期信用。应该说，这是一个不太好的措施，因为其扰乱了全球货币市场的秩序。量化宽松的 6 000 亿美元，说大不大，说小也不小，但势必造成全球货币市场流动性的泛滥。

在中国，从政策的倾向看，并没有走宽松的货币政策道路，而是反其道而行之。虽然 2008 年底到 2009 年初货币政策有一些比较宽松的迹象，但从 2009 年下半年开始，慢慢偏向中性。特别是 2010 年以来，货币政策呈偏向中性但略微宽松的走势。

美联储量化宽松政策对中国经济的影响通过两个渠道产生。一个渠道是通过大宗商品价格包括黄金价格，以及资源品价格的上涨，传导至中国的资源品和资产价格上涨，这被我们称为国际输入的价格上涨。另一个渠道是直接通过热钱的进入，推动资产价格和资源品价格的上涨，进而也会引起消费品价格的上涨。因为价格就只有三种类型：资源品或大宗产品、资产和消费品。

由于加息这一工具的运用本身会使人民币升值的压力更大，也使热钱套利的空间更大更丰厚，使中国成为国际资本回报稳定的非常安全的岛屿，从而吸引大量国际资本进入。虽然加强对不正常的热钱进入的防范，是中国金融监管部门非常重要的任务，但热钱进入的路径很多，能否将其堵住，这是个问题。而等热钱进入之后再建立一个池子，可能就很难了，也是不现实的。除非将这个池子建在外面，那才是可行的。

这是我的一个基本判断。现在全球进入了一个流动性宽松的时代，这是我们所不愿意看到的事实。

蓝筹股可发挥吸纳资金作用

记者：您刚才说，所谓的"池子"应建在外面？是否可以将"热钱"围堵在 A 股中？ A 股会成为套住热钱的"缰绳"吗？

吴晓求："池子"建在外面，我们就管不了。其实热钱很难被控制住，更谈不上被围堵，它总会通过不同渠道或不同方式出现。若不走股市，就走楼市，楼市收紧了，就去大宗商品市场。而被称作热钱的货币，一旦进入，就会形成购买力。

正如我刚才所说，现在全球进入一个流动性宽松的时代，其结果一定会引起价格体系的变化和商品价格不断上涨的趋势。无论是去资源品市场或资产市场包括股市和楼市，还是去消费品市场，流动性不可能不找个地方去消化。否则就意味着要通过政策引导，让其沉淀在银行体系内，但这基本上不可能。因为热钱来了一定要寻找投资和保值的渠道。摆在我们面前的，是一种权衡，即什么样的价格上涨，风险要小一些？

消费品价格大幅度上涨，显然不利于社会公平和稳定，也会引起整个经济秩序的混乱。所以消费品价格应该保持在一个适当的水平上，而不能无限制地上涨。资源品价格适度上涨也难以为继，因为其是输入型的，并非可以控制其涨或不涨。从这个角度看，资产价格的上涨，也许是一种方式，让它成为一种可以削弱宽松流动性的地方。如果央行行长周小川所说的"池子"，是建立在资本市场的含义上，那么这的确是一种好的方式，它比让楼市价格上涨也要好一些。

但资本市场要作为一个"池子"，必须要有一个前提，这个市场的资金来源必须与商业银行信贷规模没有关系，否则必将对整个金融体系带来损害。如果资金来源与商业银行没有直接关系，那无论产生什么后果，将都是投资者自己的事情。这在逻辑上非常清楚。这样我们就可以看得出来，热钱应该走向哪里，其顺序应该是什么。同时我们也可以看出，蓝筹股可以发挥吸纳资金的作用。而金融衍生产品，若以之对冲短期投机性资金，目前看来，其可以吸纳的资金太少。

美元通过三个因素影响 A 股

记者：据说索罗斯的香港办公室业已开始工作，我们能否请您预测一下热钱进入中国内地股市的时机和规模？

吴晓求：显然，从全球来看，中国是一个投资回报非常稳定的市场，谁都想进入这个市场。索罗斯对投资者进入中国市场，应该有一种潜移默化的引导作用。

记者：当此流动性泛滥之时，面对人民币升值和物价上涨压力，货币政策能做怎样的选择？人民币还能升多少？年内第二次加息有可能在什么时候？

吴晓求：货币政策现在处于非常两难的境地。继续加息，会引来更多的热钱和更多正常资金的进入，套利空间会更大。加息虽能在一定程度上收缩流动性到银行体系中来，却也会在一定程度上扩张流动性，会通过套利空间的扩大，让热钱和正常资金以更大的数额和更快的速度进入中国市场。这样会使央行的外汇占款规模越来越大，而且基础货币投放的规模越来越大，两者之间还有一个对冲，最后发现其所起的作用微乎其微。现在加息唯一的好处，是可以对 CPI 的上涨产生心理上的抑制作用。但不加息，通胀加剧怎么办？所以，无论加息与否，都是难题。

在我看来，如果通胀在 4% 以下，就不要再加息了。如果超过 4%，可以做些变化。

至于人民币年内还能升多少，目前这很难说，因为人民币升值是美元泛滥所导致的。

记者：上述背景下的中国资本市场走向将有怎样的特征？

吴晓求：在 2010 年剩下的两个月时间里，中国资本市场向上的趋势，应该不会有太大的变化。

记者：您认为美元短期内再度走强的可能性有多大？届时其对 A 股的负面影响如何？

吴晓求：短期内美元再度走强是不可能的。美元的变化主要通过几个因素对 A 股产生影响。一个是人民币相对的升值，会带来 A 股价格向上趋势；另一个是刚才所说量化宽松通过两个渠道影响 A 股。所以，美元实际上是通过三个因素影响 A 股。

G20 会议必须讨论的四个问题

记者：中国目前的外汇体制能够做到对资本项目实行有效管理吗？

吴晓求：总的来说，人民币汇率机制应该是一个不断开放的汇率机制，应逐步走向由市场来决定汇率。这是一个基本趋势。

记者：面对美元霸权，中国怎样做才能从根本上解决问题？

吴晓求：美元独特的相对强势的地位是历史形成的，其在国际货币体系中，占据主导性地位的状况，未来一段时期内仍会存在，但美元的强势程度会有所下降。这意味着全球货币体系面临着重大的改革，因为全球经济不能被美元这种对自身没有多大约束和对世界经济没多大责任与帮助的政策所破坏，所牵引，所绑架。反思全球的货币体系所存在的重大缺陷，得到的启示是，实现多元化的可以相互制衡的国际货币体系，应是一个基本方向。其中，人民币应该在适当的时候，成为国际货币体系中一个非常重要的组成部分，这涉及人民币汇率形成机制的改革的方向。这个方向不能改变，而且速度还应该快一些。

记者：在您看来，马上就要举行的 G20 首尔会议，在建立一个多元化的可以相互制衡的国际货币体系上，将会有多大进展？

吴晓求：我个人认为，本次 G20 会议必须讨论几个问题，也是过去三次会议的延续。第一，必须讨论一个有效的国际货币体系如何形成。因为目前显而易见，美元从美国利益出发，采取相对放任的政策，肯定是危害极大，所以，建立一个有制衡力的多元化的国际货币体系，应该要加快速度。已经谈了三次了，虽有些进展，但进展不很大，包括中国在 IMF 的投票权和股权比重虽有改变，却仍没有根本性的改变。这应该成为一个非常重要的话题。第二，在短期内，如果不能改变全球货币体系的格局，那么，充当世界主要货币的国家的货币，其政策应当是稳定的，而且要有一种约束力，也应当是均衡的。第三，要建立一个自由的、透明的全球贸易和投资体系，这是克服当前和未来全球经济困难的一个重要措施。第四，要加强全球金融和经济的协调。

关于当前资本市场若干热点

——《人民网》记者的访谈

【作者题记】

这是作者 2010 年 6 月 10 日接受《人民网》视频记者的访谈。

主持人：您好，这里是《人民网》视频访谈。我是许博，今天我们非常有幸地请到了中国人民大学金融与证券研究所所长，著名经济学家吴晓求教授。吴教授您好，欢迎您做客人民网。

吴晓求：各位网友大家好！

主持人：吴教授长期以来一直从事金融证券的教学和科研工作，最近股市二次探底让许多投资者损失不少，您认为最近期市、股市持续下跌的原因是什么？

吴晓求：股市持续下跌的原因，我想主要是有这么几个方面：

1. 对宏观经济政策转向的一个担忧和预期。2009 年我们实行宽松的货币政策，因为当时要防止经济大幅度下滑。进入 2010 年以后，因为经济发生了一些变化，我们经历了从非常困难的一年到非常复杂的一年的转变。

2009 年，一般认为是中国经济非常困难的一年，2010 年到 2011 年是中国经济复杂的年份。所以说 2010 年中国宏观经济政策可能会发生某种微调，包括今年货币政策已经调整了 3 次，也就是说通过银行存款准备金率的上调，实施货币政策的调整。

现在 CPI 有一些上涨的迹象，一般认为，上半年会超过 3%。这将引发人们对经济政策转向的预期调整。

2. 对大规模融资的担忧。昨天，农业银行发行审核已经过会了，加上一些已经上市的上市银行，还有其他的非银行金融机构、保险公司都提出了融资需求，特别是上市银行的融资需求非常大。

2009 年信贷规模新增非常大，是 5.9 万亿元，今年会到 7.9 万亿元左右。还有银行资产一味地扩大会耗掉很多资本，这对市场融资压力非常大。再加上农业银行要上市，融资 1 400 亿元，这个是非常大的概念。

3. 由希腊债务危机引发的欧洲主权债务的危机。中国和欧元区有密切的经贸关系。现在欧洲主权债务危机似乎还在蔓延，现在已经开始从南欧蔓延到东欧了，如果这么下去的话，可能也会对中国的经济和中国的出口带来一定的影响。

4. 一些行业政策的变化，也影响了股市的变化。比如说房地产政策调控。房地产的产业链条是比较长的一个行业。上游有钢铁、建材、水泥，下游有装饰等。买了房子要装修房子，下游的产品非常多。

我个人认为，房地产市场调控的政策是正确的。因为中国的经济如果过度依靠房地产来带动，一定会进入泡沫化的状态，这会给未来中国经济的发展会带来相当大的危害。所以，对房地产市场应当进行必要的调控。

5. 像股指期货这些新产品推出来以后，应该说对市场的下跌带来了某种加速度。我经常说股指期货这种产品，也包括融资融券这种交易，本身它没有什么利空或者是利多。但是，在一定的环境、一定的趋势下会加速趋势的变化。比如，这个趋势总体上是下行，那么，股指期货这种产品就会加速它的下跌，起到加速器的作用。但是如果环境改变了，很多因素都有利于上涨，它也快速推动市场上涨。

这五个方面，应该说是这次市场下跌的重要原因。

主持人：那么，您如何看待 A 股未来的走势呢？

吴晓求：总体来看，A 股未来走势，2010 年下半年乃至 2011 年，应该说不会太坏。2010 年的上半年非常不好，尤其是 4 月以后突然加速下跌。市场这种下跌的动能应该说已经消耗得差不多了，特别是和股指期货有关系的这些标的股，下跌的空间非常小。

银行股平均低于 10 倍的市盈率，市净率平均下来在 1.8 倍左右，没有超过 2 倍。中国银行业整体上看是安全的、健康的，质量没有太大的问题。即使房地产价格下跌，我想还不至于影响到银行的资产。

一般认为，房地产价格下降了 30% 的时候，可能会影响到银行资产的安全性。但是，目前还没有到这个警戒线。所以说没有必要对银行的质量有怀疑。

中国经济的基本面也不容怀疑。有人说中国经济会进入到滞胀，一方面是严重的通货膨胀，另一方面是经济停滞或者是经济低速增长。这种担忧可以理解，但是不太成立。

中国经济未来出现恶性通胀的概率非常小。由三点可以来判断：

第一，经过 30 多年的改革开放，中国经济市场化能力非常强大，也就是说，中国经济供给能力比较强，不像改革开放之前或者之初那么弱，更不像拉美国家。中国经济市场化力量非常强大。

第二，中国人非常勤劳，价格涨得很高，一个行业只要有利可图，很多人会从事这个行业，资本会流入这个行业，只要有利可图，资本就会进入。

第三，内需的启动。现在我们面临着经济结构的转型，经济结构转型是为了经济更健康地发展、更具有竞争力。内需市场刚刚启动，内需市场孕育了非常大的能量。我们过去的经济增长速度非常高，应该是外部需求拉动占据了非常大的比重。

从 2001 年加入 WTO 到 2008 年，中国经济平均以 9% 左右的速度增长。同时，进出口贸易以 30% 的速度增长。那几年中国经济增长应该说外部需求起了重要的牵引作用，内需市场还没有充分激发出来。现在我们正在推动经济增长模式的转型，要不断地通过内需的增长来推动中国经济增长。

主持人： 那么您觉得现在 A 股市场到了 2 500 点，是不是就已经到底了？

吴晓求： 首先我不是做市场分析的，我不言底，也不言顶。但是，我想说，第一，市场是有规律的。股票市场上涨是趋势，下跌则不是。

如果下跌是它永恒的趋势，那这个市场就会消亡的。之所以能生生不息地发展，会有越来越多的人把资金配置到这个市场中，是基于资本市场的主旋律是成长。当然成长过程中会有一定的波动，成长过程中的下跌是必经阶段。市场的成长是在波动中实现的。

第二，现在这种波动能量已经释放得比较多了，但是，是不是还有其他的负面的因素会出现，这不排除。市场也许还会有所下跌，但是空间不会太大。比如说开征资源税，这会对资源类上市公司带来重要影响。当然，开征资源税，资源类的上市公司会把资源税的成本转嫁给消费者，这也是完全有可能的。但是，总体上来说，资源税会对整个行业带来一定的负面影响。

综合各种情况看，只有一两个因素在影响着我们的市场。一是欧洲的主权债务危机对中国经济的影响还有待观察。就像当年美国的次贷危机，人们没有充分地认识到其对中国经济有如此大的影响。2008 年国际金融危机过后，才认识到影响很大。二是政策走向，特别是货币政策走向，会不会沿着常态的趋势变化。如果沿着这个趋势走，中国经济还会面临着很大的问题。现在，我们不宜采取过于谨慎的货币政策，因为我们必须要考虑到外部环境对中国经济的不利影响。

外部需求有可能会进一步收缩。如果这个时候还要紧缩内部需求，中国经济会出问题。中国的宏观经济政策必须考虑内外均衡，不能只考虑我们内部因素，必须同时考虑外部需求的变化。中国宏观经济政策应该兼顾内外因素，实现内外发展的均衡。

主持人： 现在是不是意味着市场二次探底呢？

吴晓求： 在全球股市中，2010 年中国的股市是最差的，但是中国经济是世界上最好的，这形成了一个大的反差。

市场的下跌，从一个周期来看，也许是正常的，但投资者要保持一种理性。坚定信念非常重要，特别在市场恐慌过程当中，如果信念不坚定，就会作出错误的投资决策。

主持人：很多网友认为股指期货导致了股市的下跌，您怎样看待这个利弊？

吴晓求：刚才我说了，股指期货是影响当前这一轮市场下跌的五大因素之一。五大因素分基本因素、外部因素、加速的因素等。股指期货属于加速因素，条件具备时杀伤力比较大，如若条件不成熟时，也起不到什么作用。

只不过股指期货是在市场相对偏高的点位上推出的，也就是 3 100 点推出的。3 100 点虽然从一个大的均衡的区域来看，还属于相对均衡，但它属于均衡区域里面偏高的一个区域。

在这样的条件下，再加上出现了欧洲主权债务危机和房地产调控，把这些基本面考虑进来，市场就会下跌。如果没有欧洲主权债务危机或者对房价的严厉调控政策，市场也不会出现这样的情况。在这样的环境下，股指期货显示出了它的杀伤力。

主持人：现在我们关注一下网友所关注的热点问题。从 2009 年 6 月 IPO 重启以来，这样一个高市盈率是如何造就的？我们应该如何运用？

吴晓求：IPO 的高市盈率，主要体现在创业板或中小板上。这两个市场 IPO 的市盈率的确非常高，创业板平均 70 倍的市盈率，太高了，会对中国市场带来很大的风险。我怀疑它能否持续下去？我不相信它能持续下去。也许要不了太久，就会回归到它应有的价格。

不要指望中国创业板企业个个都会成为微软、英特尔、苹果，绝无可能，投资者要保持理性头脑。当然不排除创业板市场上未来有高科技领袖企业，但是比例很低，90% 的企业慢慢都会被淘汰，或许只有 10% 左右的企业能生存下去，也会出现领袖型企业。

吴晓求：现在似乎每家企业都想成为领袖型企业，所以估值就比较高，但是有些企业没有核心竞争力，是捆绑在其他企业身上的，我不知道这有什么价值，像暴风集团。

现在主板市场上有很多股票是跌破发行价的，在这里概念和理论是不一致的。主板市场发行市盈率不高，3 100点是25倍到30倍，相对于创业板70倍的市盈率仅是一半。

这引起我们的思考，对不同产业区域的企业，如何进行有差别的定价？不仅要考虑盈利能力，还要研究股本规模、股东结构、产业属性等，这些都会影响到定价。

股东结构有时候也会影响到市场定价，这是一个重要的命题，需要认真研究。企业定价的理论基础在哪里？以前只关注盈利能力，看来显然不够。影响企业定价的因素很多。

现在主板市场的企业，特别是国有控股的那些上市公司、大型的企业纷纷跌破发行价。有人把这个归结为发行定价机制出了问题。我不完全同意这个看法。发行定价机制经过了多次的改革。这次改革是2009年5月21日开始的，差不多是一年了。

吴晓求：这次改革比较彻底，体现了市场化原则。发行价格的定价机制一定要走市场化的道路，如果只靠证监会发行部几个人拍拍脑袋，这不是市场化。不能说跌破发行价就是制度问题。

主持人：现在大家讨论比较多的是股市是不是要恢复T+0制度，因为股指期货是T+0。

吴晓求：期货投机的成分比期货所涵盖的基础资产的投机成分要大得多，同时它的活跃成本也高很多。股指期货进行T+0的交易是恰当的，符合金融衍生品的特性。

我认为基础资产交易不能太活跃，如果太活跃了，市场风险会人为加大，而且交易成本也高。券商都赞同T+0，可以反复收取佣金，这本质上是在消耗这个市场上的资金。从长期看，投资者在T+0股票交易中未必就能控制风险，虽然影响股票变动的因素短期内是相对稳定的或者是比较明确的。实行T+0对投资者是有害的，不利于市场的稳定性。投资是需要一个冷静观察思考期，有时候脑子一热就容易出错。所以，在股票交易制度设计上，我是非常反对 T+0 交易制度的，T+1 比较恰当。不是说股指期货 T+0，基础资产的股票交易也要 T+0，因为交易标的性质不同。

主持人：现在老百姓关注的一个话题就是房子。您认为，中国房地产当前存在很大泡沫，那么这个泡沫有多大？目前解决房地产问题还需要哪些措施？

吴晓求：关于房地产问题，我研究的很少，在很多场合都不谈房地产问题。谈房地产问题的专家太多了，我谈不出比他们更高明的观点了。既然你问到了，我简单说一下我个人的看法。

房地产市场发展的思路要重新梳理。这个市场之所以如此混乱，在于发展思路和发展战略的不清晰或者错位。从源头开始出现问题，所以非常乱。

第一，财政特别是地方政府的财政和土地收入有高度的相关性，来自制造业的税收收入增长速度并不很快，来自土地出让金的收入规模非常大，利益链条使得地方政府和房地产开发商融为一体。房地产价格高，土地价格就高，财政收入就多。这是体制性的问题。

第二，发展思路。我们不能指望房地产商把全中国人的住房问题都解决。房子是一种商品，不是公益产品，千万不要指望房地产商不赚钱，做雷锋，都去建廉价的房子。地方政府也会不同意的，因为财政收入就没有了。

所以说，房子分两种：一种是商品，根据地段、质量、需求的多少来定价。还有一种是准公共产品，这是政府提供的。价格高的房子，中低收入阶层是买不起的。但是在我们国家，要让人有一个栖身之地是必要的，房子面积可以小一点。廉租房是需要政府提供的，但是也不是无条件的廉租。

今天来之前我看到，深圳提供豪华的经济适用房，这有问题。这样的经济适用房可能会演变成一种权力寻租，谁有关系、谁有权力就可以买到这样的经济适用房，再过几年就转换成商品房了。我认为，经济适用房、限价房都要取消。

廉租房面积要小一些，比如说 60 平方米，最多 80 平方米。因为是廉租房，支付的成本很低，有的是象征性收一点点，比如说，低保户可能只收 10元。每个月三四千元收入的低收入阶层住廉租房，租金可能比低保户稍高，租金不能高到他们付不起的水平。

如果有一天你发了财，觉得在这里住没面子，你就买商品房，那就到市场上去买。我们要把这两个东西分开来。在这中间，我们插了一个经济适用房、限价房，这就有问题。房地产的核心问题第一是体制问题。

第二是思路混乱。很多人把很多的气撒在房地产开发商上，房地产开发商没有义务提供廉租房。我们要把这个问题分开思考。我相信，我们能找到一个正确的思路和办法。

主持人：不少人认为，国务院《关于坚决遏制部分城市房价过快上涨的通知》（以下简称"新国十条"）的出台是本轮股市下跌的导火索，房地产调控也对中国经济起到了降温和速冻的作用，您怎么看房产新政呢？

吴晓求：我不希望房地产价格涨得如此之快，虽然房地产市场的住房是商品，但是我仍然不希望这么暴利，让中等收入阶层的人都买不起房。年薪20万元，在今天的中国算是中等收入阶层，如果年薪 20 万元的中等收入阶层在中国买不起房，那说明房地产市场出了问题，开始泡沫化了。

如果中间阶层买不起房，这个社会会很不稳定。每年通过暴利的房价消灭了很多中等收入阶层，把他们贫困化了。买了一套房就一无所有，天天为这个房子奋斗，这个社会就变得非常焦虑、不稳定。

这几年 GDP 的增长，房地产贡献率很高。从短期来看很美，但从长期看有风险，对中国经济竞争力的提升没有什么价值。

主持人：您对投资股市，还有房市给我们网友一些建议吧。

吴晓求：对投资来说，我还是强调金融资产投资比房子作为投资品要好得多。说实话，你买几套房子，一套是你的生活必需，有了钱你再要买一套房，也还可以理解，可以用于休闲，进一步提高生活质量。买第三套房就不可理解了，尤其是买十几套房用于投资（投机）的，就要思考我们的机制、规则和政策了。房地产新政要打击的就是第三套以后的行为。这种行为要约束它，无端地抬高了房价，使得中等收入阶层、急需房子的人买不起房，或者是要付出高昂的成本。一方面，中国还不是一个很富裕的国家，我们所有的政策要鼓励人们去劳动、去创造财富。另一方面，我们要采取必要措施，促进社会公平，让低收入阶层有基本的生活保障，让中等收入阶层买得起房。与此同时，金融要创新，为投资创造新的市场，疏导资金流动。股票、基金、国债，这些都是可以投资的品种。从流动性、收益性看，股票作为金融资产，我始终认为比房子要好，如果你真的要买房子进行储蓄，还不如买房地产企业的股票。

如果你想通过银行储蓄获得利息，还不如买银行股票，获得的回报会超过你的利息所得。如果你真的想买黄金，还不如去买生产黄金企业的股票。

美国有一个学者对 1896 年到 1996 年四类资产的收益率做了一个统计分析，这是有说服力的。这四类资产收益率最高的就是股票，其次是美国的长期国债，再次是房子，最后是黄金。在中国，有不少人认为黄金是最好的投资品种，也有人认为投资房地产是最好的。这与研究的结论有很大差异。

主持人：最近水电、煤气、农产品的价格一路上涨，人们对通胀的担忧进一步升温了，2010 年通胀会不会来？CPI 的走势会怎么样？

吴晓求：2010 年会有轻微的通胀。因为 2009 年我们面对当时困难的局面，采取了宽松的货币政策，主要是应对经济下行对中国经济的负面影响。大量新贷款出来以后，会对消费品价格、资产价格带来影响，会形成购买力。价格上涨的压力是存在的。不上涨那是违背规律的。那么多钱出来了，会形成购买力。控制是控制不了的，要通过价格上涨去消化新增的购买力。从这个意义上来说，2010 年，CPI、资产价格适度的上涨是正常的。这也是我们 2009 年采取宽松政策的一个成本或者代价。你不能指望经济上去了，物价也没变化。

如果避免了 2009 年经济大幅度下跌，2010 年和 2011 年价格适度的上涨，是可以接受的，也是一种不错的组合。

中国人是勤奋的，消费品价格上涨，可以涨几天，发现有利可图，市场就会形成有效供给，进而通过供给增加平抑价格。比如说大蒜贵，他就开始种大蒜了。关注老百姓的生活是非常重要的，通货膨胀太高，对老百姓的生活会带来严重影响。中国目前不会出现恶性增长。

如果要我来一个组合的话，就是经济的持续稳定增长，与不超过3%的通胀率组合。这是一个比较好的组合。不太可能收入大幅度增长，物价不变或下跌。这违背了经济规律。

主持人：之前您提到了2010年3次调整了存款准备金率，有人认为整个货币政策已经在转向了，甚至担心加息很快要来了，您怎么看待这个问题？

吴晓求：上调存款准备金率的空间已经不大，最多还有一次。如果货币还要转向，如果物价进一步上涨，当然不排除加息的可能性。但是现在从各种经济数据来看，我们还没有到加息的时候。

考虑物价上涨因素，我们的储蓄利率实际上是负的。我们可以寻找新的投资品种，不少资产的收益率是超过物价上涨的。

中国货币政策的首要目标是维持中国经济持续稳定的增长，财税政策也是这样。在中国，货币政策在宏观政策中承担了太多的职能，财政政策在调控经济增长中的作用似乎比货币政策要低得多，财政政策的功能要进一步提高。

中国财政政策的主要目标是增加财政收入，较少看到它的调节职能。财政政策对经济的调控力度和影响力度远远弱于货币政策，这不符合宏观经济政策的常识。中国的财政政策要更积极一些，不能只是单纯的收税、增加财政收入。有时候经济不好了，税赋要下降，要稳固税基。今年我们的财政收入会超过8万亿元人民币，这个是很大的概念。有的时候我在想，通过税费的适度降低，把有些钱留在民间，提高老百姓的收入，可能会比财政收入的增加更好。

中国经济增长，内需的作用很大。内需核心是消费需求，让老百姓的收入增加，内需才能启动。这就涉及收入分配体制的改革。这里，核心的问题是如何处理好政府、企业、个人三者之间的关系。

主持人：2010 年是资本市场 20 周年了，您作为见证资本市场成长的经济学家，在这 20 年的发展过程当中，资本市场取得了哪些成绩，还有哪些地方需要去完善？

吴晓求：中国资本市场 20 年从无到有，从小到大，这是中国金融改革 20 年中最辉煌的历史。没有资本市场的发展，很难有中国金融体系的市场化改革，很难有中国金融体系竞争力有如此的提升。有了资本市场，才有工商银行、农业银行、中国银行、建设银行、交通银行的上市。

如果没有资本市场，它们就不可能上市，它们的资产质量就难以有如此大幅度的改善，很可能会在金融危机当中受到很大冲击。所以说资本市场为现代化银行制度的建立提供了一个市场化的平台和基础。

我认为，中国金融改革的核心，就是大力发展金融市场，而金融市场又以资本市场最为重要。中国金融改革不是说把金融机构做大，这不是重点，重点是搭建中国金融体系市场化的平台。

在 20 年前，人们的观念还非常保守，还会受到非常浓的意识形态的约束，还有对"姓资姓社"的深刻意识。在那样的环境下，两个交易所诞生了，这是里程碑式的事件。由于受观念的约束和认识上的不足，中国资本市场的发展非常曲折，走了很多弯路。到 2005 年，股权分置改革前，中国资本市场只有 1 万亿元左右，规模小、发展速度慢，这是因为那些年没有想清楚我们为什么要发展资本市场。

指导思想没搞明白，政策就会摇摆，一会儿打压、一会儿促进。我们的制度设计也有问题。由于理论认识上的约束，国有股、发起人股都不能流通，所以才会有股权分置改革。

现在我们正在认识到发展资本市场是中国金融改革的核心，是中国金融现代化建设的基础。所以，2005 年启动了股权分置改革，把不流通的部分改造成流通股，这涉及几千万投资者的利益。我们终于在 2007 年初完成。股权分置改革是一项里程碑意义上的改革。

除设立交易所外，股权分置改革是这 20 年来最重大的改革，是可以进历史档案的。

主持人：好，非常感谢吴教授，非常感谢吴教授做客我们演播厅来为网友解读这些热点经济话题。

五大因素导致 A 股持续调整

——《新华网》记者的访谈

【作者题记】

这是作者 2010 年 5 月 31 日接受新华网邀请，与网友在线交流，谈如何确保资本市场健康有序运行等话题。

吴晓求：五大因素导致近期 A 股持续下跌

主持人： 您刚才提到存量资产的提升，现在很多网友的问题基本上是关于股市的问题。最近股票持续下跌，开始了噩梦般的旅程，至今已经累计下跌 15%。您认为近期股市持续下跌原因是什么？

吴晓求： 股市下跌已经一个多月了，原因非常复杂，既有宏观的，也有微观的；既有国际因素，也有国内因素。

第一，对整个宏观经济政策转向的担忧或者预期。我们在 2009 年说是最困难的一年，所以我们采取了非常宽松的政策来刺激经济。当时为了应对那样一种局面，采取如此宽松的政策，那是对的，因为那是救火，顾不了其他的，先要把火灭掉。到 2010 年，有迹象表明，中国很多政策在比较快速地转向，2010 年被认为是经济的正常之年，那政策回到正常姿态也是可以理解的。比如我们在 2010 年三次调整准备金率，这可以看出来整个经济政策，特别是货币政策，应该在转向。

但是现在人们更加关注会不会转向紧缩的货币政策，比如说 CPI，第一季度达到 2.8%，一般认为如果超过 3% 的话就有加息的动力，加息是货币政策趋紧的重要标志。所以我个人认为，宏观经济政策保持一个中性常态化的政策是正常的，我们不应再走向紧缩的政策，因为中国的宏观经济一定要注重内外平衡、内外协调，一定要有预见性、前瞻性和灵活性。这个不是空话，包含了欧洲主权债务危机进一步蔓延有很大可能会对中国的经济带来消极影响，现在南欧从希腊、西班牙、葡萄牙，甚至意大利，经济状况都不是很好，而且欧元资产已经受到严重影响。所以欧洲市场会有大幅度的萎缩，我们的宏观经济政策，特别是货币政策要考虑这个外币需求的不确定性，在这个时候宏观经济不能再紧缩，保持常态化。

第二，国际市场上越来越模糊、越来越不确定性的市场情况表示了担忧。刚才说以为 2010 年的全球经济都会进入复苏，看来还为时尚早，所以中国的出口、中国的经济还会受到一定的影响，也许不会比年初更好，年初很乐观的，现在正在慢慢谨慎起来。

第三，对大规模的融资担忧。包括农业银行也说要在 6 月 IPO，农业银行是一个非常大的金融企业，它的市值能排在二三位，和建设银行差不多，同时它的 IPO 部分规模也很大。更为严重的是，这些存量的上市银行，包括其他的上市公司也都纷纷提出融资需求，金融企业，包括证券公司，也包括保险，特别是包括商业银行，因为它们都有补充资本的需求。现在商业银行的资产规模越来越大，就是越来越大地消耗了它的核心资本。作为商业银行，它的核心资本只能来源于资本市场。

当然，这也从侧面反映了中国从金融危机以来，金融改革和创新的步伐停顿了，特别是商业银行，整个银行体系的创新部分停顿了，这是有问题的。我们不要被金融危机吓住了，很多人以为金融危机来自由刺激贷款变成刺激证券引发的金融危机，由此就认为我们不能走证券化。中国银监会采取了非常严厉的审慎监管原则。在中国的金融改革中，如果商业银行的创新能够启动，就能够减少商业银行的融资需求，能够减轻资本市场的融资压力。

但是现在只能不断对资本市场提出融资需求。金融危机之后，整个银行体系创新不够、改革不够，所以带来如此大的压力。

第四，部分行业的政策变动，给市场带来深刻的影响。比如说前一段时间发布的关于房地产调控的十项措施，这十项措施从战略意义上说我是赞成的。其一，中国的经济发展不能通过房地产来带动，它一定要有核心，一定要把高新技术企业放在首要位置。其二，中国房地产市场的价格不能如此泡沫化，一是影响了社会公平，二是投机，三是让很多人，特别是中产部分都买不起房，这是有问题的。低收入者买不起房可以理解，但是年薪一二十万元、二三十万元的都买不起房，这一定出了问题。

所以从战略意义上说，我赞成这个办法。但是从实际效果来看，这个办法出台以后，市场作出了负面的反应。因为房地产是链条很长的行业，上有钢铁、建材、水泥等，下有装饰品，还有就是建筑业本身，它的旁边还有一个产业受到影响，那就是银行。现在个贷成为商业银行非常重要的贷款部分，这样一收缩，整个商业银行的这部分贷款就收缩，也影响它的盈利。那以房地产为上下游的行业加起来，市值超过资本市场的 40% ~ 50% 了，如果房地产行业下来了，整个就下来了。这是楼市着火，股市遭殃。

第五，像股指期货这类产品推出来，包括融资方式的一些改革，在一定程度上可能加速了市场的下跌。股指期货这个产品本身没有这个功能，是做空还是做多，但是它在一定环境下会加速一种趋势的变化，比如说这个环境是一个偏空的环境，是一个不利的环境，它会使股值下跌。从这个意义上说，我认为它是股市下跌的助推器。

吴晓求：下半年 A 股不会大幅下跌

主持人：您如何看待未来的走势？您认为现在 A 股市场跌破 2 500 点是否已经见底了？

吴晓求：今天没有到 2 500 点，那是前几天的数字，是非常短时间的。我想下半年不会再出现上半年这么大幅度的下跌。人民大学金融与证券研究所专门发布了一个报告，针对 2010 年市场整体走势的报告。我们提出，2010

年中国市场指数变动幅度是 2 400~4 100 点，当然现在已经快到我们的底线了，但是离上限还很远。我的意思就是下半年不要太悲观，我刚才说了五个方面影响了市场的下跌，但是下半年还是有一些积极的因素会出现。

第一，这个市场已经做了大幅度的下调，一些不确定性、一些泡沫化的东西已经得到了有效的释放。

第二，中国的经济基础还是好的，这一点没有太大问题。中国是这次金融危机之后率先进入复苏的国家，我想这次金融危机之所以没有出现很大的问题，和中国经济的率先复苏有关系，因为它是很大的经济体，它把周边都带起来了。所以中国经济在下半年维持 10% 左右的增长，这个没有太多疑问。

第三，我希望我们的宏观经济政策不要出现大的转向，我认为这个希望会成为现实。现在政府还是能更广泛地听取一些看法。宏观经济保持常态化的运行，能使得资本市场有一个很好的发展环境。

第四，进出口贸易。虽然欧洲主权债务危机还在蔓延，现在认为 2010 年进出口贸易还会达到 2008 年的水平。从这点来看，我们也没有必要太忧虑。

主持人： 4 月 17 日，出台"新国十条"，不少人认为，这就是本轮股市下跌的一个导火索。您认为地产股是否已经跌到底部？

吴晓求： 我不能对每个股票作出准确的预测。应该说，房地产的一些政策似乎还没有完全出尽，"新国十条"只是一个指导性的原则，最后还要落实到一条一条政策，一些地方政府也会慢慢出台相关政策，比如上海市政府今天就拟定了一些措施上报中央，这些都是针对投机性的行为来制定的，目的还是很明确的，要使房地产市场进入到一个健康的轨道。但是这里面还要区别一条，如果全中国人的住房需求都要由房地产商来满足，这是不现实的，一定要分开来，把市场供给的住房和政府所能提供的住房区分开，这是两条路线，这两条要同时走，政府提供的住房一定是廉价的，一定是给低收入阶层的，但它一定不是拥有产权的，一定是租的。

吴晓求： 我们过去走了一段时间建设经济适用房和限价房的路。我认为这不是正确的思路，因为经济适用房你不知道卖给谁，因为谁拿到了这个谁就拿到了钱，因为你不知道给谁。政府可以建廉租房，租金很便宜，但是规模一定很小的，比如说 60 多平方米。我看北京早年经济适用房达到 180 到 200 平方米，那这怎么能叫经济适用房呢。所以一定要分开，低收入者住政府提供的廉租房，你有钱就搬出来去买市场上的房子。如果把全部需求统统推向市场解决，那就乱了。老百姓希望房价越低越好，那房子也有成本，太低也是不可能的。所以思路理清楚了，就看怎么找到正确的办法。

房地产税应该征收但不要重复征

主持人：您认为房地产税是否应该征收？

吴晓求：我认为从社会公平的角度，公平地使用社会土地资源、占用资源，我认为应该开征的。说实话，有钱的人可以买那么多房子，但是要多付出，没钱的人就不要付出，这也是我们社会走向公平的一个重要途径。我始终认为政府的政策一定要注重公平性，一方面要大家有积极性去创造财富，另一方面一些政策也要适当地体现社会公平，所以房地产税有利于抑制投机行为。但是这里面就有一个重复征税问题，比如说土地出让金那么高还要征税，那就有问题了，因为意味着已经征了，再征就不合理了。

吴晓求谈资本市场六大成就：股权分置是最重要的制度变革

主持人：2010 年是资本市场 20 周年，从 1990 年我们的零起步到 20 年后的成就瞩目。在 20 年的发展当中，资本市场取得了哪些成就？

吴晓求：我梳理了一下，20 年来资本市场取得的辉煌成就大概有这样几方面。

第一，它是从无到有、从小到大的一个市场，现在市值超过了 20 万亿元人民币。从最初的几十亿元人民币到现在的超过 20 万亿元，应该说速度非常快。

第二，上市公司的结构得到了很好的调整，数量规模也得到迅速增长。现在已经有近 1 900 家上市公司，同时市场结构也由原来单一的主板市场变成由主板市场、创业板市场、中小企业板市场还有股指期货、国债市场组成的资本市场，而且这些市场都得到了很好的发展，也就是说投资品种非常丰富。

第三，制度和规则，包括法律日益健全。20 年来，制度变革最重要的就是 2005 年启动的股权分置改革。在 2005 年之前，中国资本市场在迷茫中探索了 15 年，找不到方向。2005 年我们启动了股权分置改革，从而在制度层面上树立了一个新的制度市场。到 2007 年初，股权分置改革基本上完成了。正是股权分置改革推动了最近 5 年资本市场快速发展。当然，在制度和规则以及法律的完善方面，除了股权分置制度变革，还有一个非常重要的就是资本市场资金管理制度的改革，这个也是按照股权分置改革大体上在同一时间推进的。在 2005 年、2006 年，客户的保证金是由证券公司保管的，证券公司基本上承担了准银行的职责，所以在相当长一段时间，证券公司是风险的放大器。后来资金管理制度改由证券公司以外的第三方保管。

第四，投资者的规模、投资者的数量在不断扩展。其中非常重要的，QIFI，也包括机构投资者，在中国资本市场的投资份额逐步提升。机构投资者加起来已经占到中国资本市场市值的 50%~60%，中国资本市场正在慢慢告别散户交易的时代，这对中国未来资本市场的发展起了很好的奠基作用。

第五，中国资本市场的国际化方面开始有所展现，其中包括和国际监管组织的合作，包括在全球金融市场、资本市场的影响力。以前资本市场完全是自成一派，完全是一个投资性的市场，现在这个走势受到国际上的影响，比如 2008 年美国次贷危机引起的国际金融危机，给中国资本市场带来了比较大的影响。再比如中国资本市场的发展，包括中国宏观经济上的一些变动，会通过中国资本市场而影响其他市场，比如说影响韩国市场、日本市场，甚至影响美国市场的一些变动。包括 2008 年下半年全部的 4 万亿元经济刺激计划，包括"国十条"，其实对周边市场也带来影响，说明资本市场的国际影响力也在提升。

最后，中国资本市场的透明度还在逐步提高，比 20 世纪 90 年代有了非常大的改善。透明度实际上是实现资本市场公平、公正、公开"三公"原则的基石，如果市场不透明，人家就不会来。所以在这些方面，中国资本市场都取得了非常明显的成就。

吴晓求：金融危机对资本市场的影响小于实体经济

主持人：刚才吴教授说到中国资本市场受到两方面的影响。我们现在来说说金融危机对资本市场的影响有什么样的启示作用？

吴晓求：国际金融危机对中国经济和资本市场的影响是比较明显的。原来我们以为一年多的时间，国际金融危机会慢慢地走出阴影，进入复苏的周期。现在看来，这次金融危机还是没结束。现在欧洲的主权债务危机有某种蔓延的迹象。2008 年 9 月的国际金融危机给中国经济带来了非常直接的影响，主要是外部需求迅速下降，使得中国经济出现了自由落体式的下降。所以当时中国政府采取了非常重要的措施，就是刺激经济计划，以弥补外部需求的不足，保持中国经济持续快速稳定增长。

进入 2010 年之后，我们政策的走向似乎向退出方向走，现在看来退出还为时尚早，因为欧洲的主权债务危机有蔓延的迹象，而且欧盟也是中国的第一大贸易体，如果它的主权债务危机引起全面需求的下降，会对中国实体经济带来非常严重的影响。所以中国的宏观经济政策应该看到负面影响已经来临。中国经济除了考虑自身的状况，还要考虑外部需求的变动，以实现宏观经济政策内外部的平衡。今天的中国和 10 年前与 20 年前已经不一样了，中国经济的对外开放度、国际交往、经贸关系都日益加深，而且中国经济现在规模很大，一举一动都会影响到全球的经济，所以中国的宏观经济政策应该慢慢告别只关注内部的政策，应该也注意外部变化，这样才能未雨绸缪。

国际金融危机对资本市场的影响，远远要比对经济的影响来的轻，虽然资本市场在金融危机时期下跌的幅度很大，在某种意义上说超过了经济衰退的幅度，但是对资本市场的实际性影响并不像对实体经济影响那么大。因为在这次金融危机发生之前，中国资本市场的对外开放度还不是很高，对外投资在那个时候也并不是很多，外国投资者进入中国的市场也并不太多，所以从这个意义上说虽然有影响，但不是很大。但这个现象不能成为我们不继续开放的依据，如果这样的话就是错的。所以我们还要对这次国际金融危机有深刻的理解和认识。

吴晓求：让百姓存量资产得到增长会促进发展方式转变

主持人：今年温家宝总理提出加快转变经济增长方式刻不容缓。对资本市场提出什么样的要求？要如何改变？

吴晓求：2008年国际金融危机给中国经济很大的一次警示，这些警示在胡锦涛总书记和温家宝总理的很多讲话里都已经非常明确地提出来了，就是加快经济增长方式转型是中国的重要国家战略，我认为这是对的。因为中国这样的大国，如果整个经济的发展过度依赖外部需求，这会对中国的经济带来很大的不确定性和风险。中国不是一个小国，中国经济增长一定要建立在自身需求基础上。我认为，在早期，中国要赚取外汇，那没有办法，但慢慢地我们要转型。这次金融危机给我们什么样的警示？那就是警示我们要加快经济增长方式的转型，主要包括以下几方面。

第一，中国经济增长的动力来自哪里？也就是说在投资、消费和出口这三驾马车中，以前出口占据非常重要的地位，特别是加入WTO之后，到2008年国际金融危机之前差不多7年多的时间，中国经济快速增长，但是我们的进出口贸易，特别是出口增长非常快，以30%的速度增长，这是很好的迹象，表明中国的经济和企业是有竞争力量的。进入这个快速时期之后，中国经济增长要逐步放到内需市场上，一个是投资需求，另一个是消费需求，现在我们是靠拉动投资维持内需的增长，这是一方面的，但不是最终的，最终是要靠稳定的消费需求，这是经济转型的核心内容。

第二，整个收入分配体制也要转型。如果说政府投资需求只是一个应急之举，而居民消费需求是维持中国经济持续增长的最终力量的话，那就意味着整个收入分配体系要进行调整。前十几年中国经济快速增长，中国财政收入是用比GDP快得多的速度在增长。收入体系要进行调整，要想办法让老百姓收入有所增长，要想办法让老百姓安心消费，这样政府就要建立社会保障体系，建立一个覆盖全社会的社会保障体系，老百姓的收入会越来越多地用在消费上。还有一个层次就是让老百姓的存量资产得到有效增长。资本市场是孵化存量资产的，我有钱不消费，无非就是存在银行或者买股票或者买国债、黄金等，这些都变成存量财富，如果这块不能得到有效增长，那我现金的消费也要降低，因为赔了，所以就要补充那一块。所以这个也会影响到现期的消费。胡锦涛总书记在党的十七大报告里提出来要让老百姓的存量资产获得很好的增长，就是财产与收入有很好的增长。所以这个经济增长方式，很多人只理解第一个层面，第二个层面就不说了。如果不认识第二个层面，第一个层面是实现不了的。

第三，我们要节能减排、低碳经济，这是对的，因为全球变暖，很多高耗能、高污染、对环境破坏的企业都要慢慢淘汰掉，进行节能升级，这也是经济转型的一个方面。从这个意义上说，资本市场对推动中国经济增长方式转型能起到非常重要的作用。

吴晓求谈理财：不主张买房投资　看好金融资产收益率

主持人：股市和房市已经成为老百姓理财的渠道，网友也反映说，其实老百姓选择理财的渠道不是特别多。您对资本市场在拓宽老百姓理财方面有什么样的建议？

吴晓求：现在理财的工具比以前要多很多。比如说没有资本市场的时候，20 年以前，中国没有理财，因为它的产品非常少，没有理财的选择空间，就给你存银行，提供很多不同利率期限的储蓄，要么就是买国债，买国债还不能卖，卖国债也是属于投机行为，属于扰乱市场秩序。以前也没有房子，黄金也不能流通。慢慢有了股票，中国老百姓不把股票看成是一种理财，而是看成一种赌博、投机。到了今天，开始有越来越多的人认为这还是一种理财，因为它还是有回报的，如果你买了这个股票的企业，它的成长性很好，那你的收益也很好，因为它毕竟是企业的一部分。你买了一万股，可能占了企业的万分之一，那万分之一的企业就是你的。所以本质上就是一种资产。现在人们把股票作为一种资产的理解越来越多了，以前从来没有人把股票当做资产来看待，但是他会把存款和国债当成资产，不会把股票当成资产，实际上这些东西都是金融资产。

到了现在，中国人的金融理财渠道不是很多，但也不算太少，比如现在有1800只股票，商业银行除了存续产品，还提供了众多所谓的"理财产品"，我加了所谓，因为它那个就不叫理财产品。还有大量的基金，因为它是和股票连在一起的，特别是股票型基金，70%都是要买股票的。更重要的是黄金，黄金市场开放了，人们都可以买，既可以买期货的黄金，也可以买现货的黄金。还有QDII，这也是一种基金，你买完以后可以到海外进行投资。所以现在倒是很多，一般上了年纪的人已经看不懂了，不知道这是什么东西，年轻人开始明白，这里的风险不一样，收益不一样，流动性不一样，就看你是什么样的风险偏好，就看你需要什么样的收益，都可以买。

当然还有房子，房子既是一种资产，也是一种消费品。从概念来看，房子性质上是一种资产，但是用处更多的还是消费品，如果把房子作为主要投资产品，那很多人就开始买房子了。如果把房子作为非常重要的资产来投资，它是有缺陷的，比如说它的流动性差，比如这次房地产一调控，就很难卖掉。一旦资产没有流动性，这个资产就不能成为主流的、最重要的资产。但是很多老百姓觉得房子是风险比较小的，这是一种误区，因为他看到的是实物。从我的角度来看，我不主张把买房子作为最重要的资产来投资，现在"国十条"就是打击这种行为的。

吴晓求谈创业板企业发行审核问题：责任最大的是保荐人

主持人：有网友问，最近有些创业板企业已经通过发行了，但是又被叫停了。您如何看待发行审核的制度？

吴晓求：最近创业板发行上市的公司发行审核通过了，有的股票都发出去了，但是没让交易，后来查出一些问题。创业板的企业都比较小，审核起来也比较快，不像主板企业审核非常慢。创业板、主板的一些发行审核出现了一些问题，有些是发行审核的问题，有些是初审的问题，有些是承销商、保荐人的问题。更多的是发行人的问题，就是发行人刻意隐瞒事实，这是非常严重的问题，保荐人有责任进行调查，因为保荐人拿的钱很多，你拿那么多钱干什么？就是要对市场的投资者负责任。

保荐人是防范拟上市公司出现虚假信息披露、材料不实的第二道关，当然发行人首先要非常诚实，不能隐瞒事实，这是第一道关。第三道关是初审。最后一道关就是发行审核问题，因为很多细节把握不清楚，很难做实地调查，当然有经验的发行审核是能够看出来的，因为很多财务指标是不衔接的，要从一系列的指标文件里找到蛛丝马迹，就是最后一道关也要认真履行责任。所以出了问题，环节很多，有些人仅仅把它归结为发行审核这道关，这也有失公允。我认为问题最严重的就是保荐人，他负有不可推卸的责任。当然，初审、发审也负有一定的责任。所以连带责任要建立起来，比如说保荐人永远不能进入市场，包括这家公司永远跟资本市场无关，那要根据责任，比如初审有没有问题，如果中间有某种串通，那就违法了。

人民币如何推进国际化

——《经理人杂志》记者的访谈

【作者题记】

　　这是作者 2010 年 4 月接受《经理人杂志》记者周建华的访谈。访谈内容刊于 2010 年第 5 期《经理人杂志》(以下简称《经理人》)。作者认为，人民币国际化需有稳固的实体经济支撑，需有与之匹配的金融市场，缺任何一个，都走不远。作者认为人民币国际化当前急不得，需要 10 年分两步走。

金融必须与实体经济相平衡

　　《经理人》：您是怎么理解人民币国际化的？

　　吴晓求：人民币国际化包含两层含义：第一是可以按市场汇率自由兑换，没有任何管制。第二是成为世界重要的储备性货币，作为财富资源进行储备，不仅仅是交易性货币。目前，第一层含义我们还没实现，第二层含义更谈不上，当然周边国家有些人已经把人民币作为储备手段了。

　　《经理人》：现在人民币国际化讨论很热，大家觉得 2008 年国际金融危机之后，中国好像很强大了，这一进程应该加快完成，您怎么看？

　　吴晓求：人民币国际化首先是进行人民币汇率机制的改革，实现由市场供求关系来决定人民币汇率，可以自由兑换，目前来看还有一定距离。以前相当长一段时间里，我主张中国的金融体系应该尽快实现现代化、市场化、国际化。但今天看来，从金融与经济的关系看，我觉得还有一个顺序问题。经济有足够竞争力，能够持续稳定地增长，真正地从金融危机中走出来，同时比较好地进行产业结构调整，这可能是目前更为重要的任务。这与金融体系实现现代化、市场化、国际化之间有个平衡问题。汇率改革横跨在两者之间，是一个桥梁。金融毕竟是虚拟经济，必须要有非常扎实的实体经济基础做支撑。维持实体经济持续增长，采取有效的政策推动产业结构的转型，看来还是当前宏观经济政策的首要目标。汇率政策也是宏观经济政策的组成部分，人民币一步到位的国际化、市场化的改革，还应稍稍的往后排，保持人民币的相对稳定，维持人民币缓慢的、可控的升值，进行渐进式的改革，我认为是一个恰当的选择，它能平衡好金融发展和实体经济之间的关系。

两步走实现国际化

《经理人》：您曾经提出，人民币国际化需要10年时间，应该分几步来走？

吴晓求：的确需要10年。也许最近两三年还是渐进式地升值，到2013年或2015年，人民币的完全可自由兑换，估计是可以实现的。届时再用5年，让大家了解中国经济还会持续增长，人民币会慢慢变成储备性货币。同时通过重建国际金融秩序，实现人民币的储备功能，实现第二个层面的国际化。人民币国际化，除了需要有一个稳固的实体经济支撑之外，还需要一个与此相匹配的开放的金融市场，如果没有后者，人民币国际化也走不远。

《经理人》：那么，理想的与之匹配的金融市场，应该是怎么样的？美国那一套出问题了，我们还能学吗？

吴晓求：这样的金融市场非常复杂。第一要有足够的规模。第二是品种要具有多样性，除了基础产品，如股票、债券、基金等之外，还需要衍生产品。衍生产品我们正在推出，如股指期货，还需要改善市场的交易方式，比如融资融券等交易方式。资本市场上的产品要有财富管理和财富储备的功能，人们觉得这些金融产品是有投资功能的，与中国经济增长能保持一定的相关性。第三是金融市场一定要开放，否则外面的资金进不来，那也不行。第四是法制健全、信息透明。虽然美国金融市场出了些问题，但从架构来看，中国的金融市场还是要认真学习借鉴美国的金融市场。他们的问题是，缺乏一个与过度创新相匹配的有效监管。

吸取日元国际化的教训

《经理人》：欧元和日元国际化道路也非一帆风顺，有什么经验或教训值得人民币借鉴？

吴晓求：他们的教训非常多。欧元已经国际化了，但目前碰到很大困难和问题，希腊出现问题，葡萄牙、爱尔兰和西班牙似乎情况也不好，这四个国家被戏称为 PIGS。欧元区是一个相对松散的东西，基础不是很牢靠，正处在风雨飘摇之中。日元的国际化过程中有很多教训值得我们总结。广场协议签署之后，日元快速升值，日本金融资产出现严重的泡沫化，导致资本早期的大量涌入和泡沫经济之后的大量撤离，这给日本经济带来了灾难性的影响。

《经理人》：那中国应该怎么做？

吴晓求：首先，中国一定要根据自己的经济实际发展状况，制定独立的货币政策，包括汇率政策，而不是基于某种压力。其次，头脑要清醒，不要以为我们已经是发达国家了，除了北京和上海等大城市外，中国大部分地区还是比较落后的，发展经济仍是最重要的当务之急。再次，对外资大规模的进出，要进行有效的监测和控制。最后，要防范房地产价格过快上涨，核心的目的是控制金融风险。

外贸企业应对之策

《经理人》：人民币缓慢升值，可能会给外贸企业带来一定的冲击，它们应该怎样做好准备？

吴晓求：可以做一些锁定风险的品种，比如掉期、互换等，还有就是要及时换成人民币。人民币的缓慢升值，还有一个意图，就是不断推动产业结构的调整。有些靠廉价劳动力，靠资源支撑的出口产业，是产业结构调整的对象。我们还应该做一些价格弹性的处理，如果人民币真的升值了，要不就是降低成本，要不就是适当提高价格。中国企业的产品在国外价格是相对低廉的，是有价格弹性的。原来卖5美元，现在人民币升值了，卖6美元，也是可以的。

金融对产业转型的作用

《经理人》：您提到要学美国金融架构，我们也学习美国推出创业板，助力产业升级。在全世界创业板中，为什么基本上只有纳斯达克诞生了世界级的公司？

吴晓求：纳斯达克的成功，是因为刚好顺应了那个时代，正好是产业结构变革前夜，20世纪70年代以来传统制造业在美国不再具有成本优势，纷纷转移到海外；而新兴产业，如通信技术、信息技术、网络技术开始蓬勃发展，加上美国金融市场本身也具备这样的条件。两者结合成就了纳斯达克，同时全世界未来前景很好的企业也聚集到纳斯达克。企业的成功和纳斯达克的成功是相辅相成的。

《经理人》：中国的创业板也遇到低碳、绿色环保等产业升级机会，能成为第二个纳斯达克吗？

吴晓求：中国创业板，具有帮助中小型企业融资的性质，不是一个标准的创业板。第一，中国创业板相当部分企业已进入成长期，创业期的风险已经过去了；第二，真正成为未来领袖型企业，还是少数。相当多的会原地不动，也有相当多会被淘汰。我认为这个规律是阻挡不了的。所以不要看它现在这么红火，还是要把握未来产业变革的趋势，中国哪些产业能真正实现引领变革潮流，选择什么企业去创业板上市，这需要判断。纳斯达克也只有几十家企业很成功，相当多的企业是不成功的。我们只是被那些成功企业的光环掩盖了眼光，不成功的企业人们看不见。

对资本市场研究情有独钟的
经济学家

——《经济杂志》记者的访谈

【作者题记】

  这是作者 2010 年接受《经济杂志》记者的访谈。经该刊记者陈颖和邢章萍整理后，刊于 2010 年第 5 期《经济杂志》。

  他是中国人民大学金融与证券研究所的所长，同时也是中国人民大学校长助理和中国人民大学研究生院常务副院长。人生的两次转折将他推向了对资本市场的研究：高考志愿从自己填写的哲学专业转成被父亲改写的经济学专业，工作后从对宏观经济学的研究转向对资本市场的研究。在金融界他被称之为"中国证券理论奠基人"，他就是吴晓求，本期的主人公。

实现宏观经济学向证券投资学的转变

  吴晓求可以说是我国最早从事证券市场研究的学者，也是最早教授证券课程的教师。

  1991 年，因为在宏观经济学领域的突出成绩，吴晓求被破格提升为中国人民大学的教授，并且成为这一时期我国最年轻的教授之一。如果他继续在宏观经济学做研究，也会有所建树。但是这一次他却为自己选择了另一条路。

1992 年，我国的证券投资市场刚刚起步，还未成形。与之相配套的证券投资理论也没有完整地规整出来，如何借鉴发达国家成熟的投资经验也显得尤为重要。这时，吴晓求开始与另一个老师一起研究中国的资本投资市场，并主笔写出了 300 万字的、我国最早的证券投资理论书籍《股票债券全书》，上下两册。在此基础上吴晓求又主笔写出了我国最早的有关证券投资学的教材《证券投资学》，现在这本书已成为大多数高校的通用教材，并且已经被再版了 15 次。

1993 年，我国开始策划第一场有关证券市场投资的资格考试。这时对于证券投资市场理论知识还不很熟悉的考生来说，专业的考试用书就显得尤为重要了。得知这一消息的吴晓求开始忙碌了。用了一年的时间，由他主笔编写的一套六本的完整的证券投资从业资格考试用书与广大考生见面了。也就是从这时起，吴晓求彻底地完成了从宏观经济学到证券投资和资本市场研究的转变。这一研究就是 16 年。

情有独钟的研究

面对"中国证券理论奠基人"的称号，吴晓求说："这对我的评价太高了，我只不过是我国比较早研究证券投资市场的人。"

16 年如一日的研究，吴晓求对证券投资还依然情有独钟。"证券投资市场是一个庞大的系统，又是时时刻刻充满变化的领域。"吴晓求说，"我喜欢这种充满变数的东西。它是现代金融的核心问题。对这一领域的研究，如果只是停留在证券上，只研究银行，而不研究资本市场，是远远不够的；只研究资本市场，不研究货币政策也是空洞的。"因此他的研究是充满变数和丰富的。

自从转向证券市场研究，吴晓求总能在一些资本市场的重大的问题上提出自己独到但又合乎时宜的观点。打开百度搜索引擎，你会很容易地找到他的观点，包括对国有股减持、调整印花税、发行制度重大改革的建议，客户资金的管理制度要走向第三方托管制度的观点，等等。令吴晓求欣慰的是，他提出的这些观点总是能帮助国家和企业解决一些问题。吴晓求说："这就足够了。"

从 1999 年开始，每年的第二个星期六，中国人民大学金融与证券研究所都会如期举办中国资本论坛，到 2010 年已经是第 14 期了。论坛期间，与会的专家会对可能长期影响资本市场发展的问题进行先导性的讨论。每年的会议结束后，都会由吴晓求主笔提供一个完整的论坛报告，例如 2009 年的研究报告《金融危机启示录》，系统地讲述了关于金融危机的四个问题。今年的研究报告也将在近期刊印出来。

那年起他的学习工作生活都与人大有关

1983 年，吴晓求从江西财经大学国民经济系也就是宏观经济学系毕业后，考入了人民大学，时至今日他已经在这里整整度过了 27 年，吴晓求说："从我踏进人民大学的校门后，我的学习工作生活就和这所学校紧紧地联系在了一起。"在这期间他也有很多的机会可以走上更赚钱或是名利双收的岗位，但是他都放弃了。他说："我喜欢人民大学这个学校，它有很多值得我留下的东西。"

在不了解人民大学的人的眼中，人民大学是个马列主义的大学，也就是行事作风相对保守。而吴晓求却不这样认为。在他的眼中，人民大学是一个在文化上特别包容的学校，可以容纳来自所有学校的优秀学生；它学术上是自由的；管理上也是规范严格的。吴晓求说："人民大学最大的特点是立足于中国的现实，研究中国这个具有悠久历史，同时也是非常复杂的社会的变动规律的大学，包括经济的、社会的、人文的等方面。现在很多的东西都是流行国际化，但是如果对所在国家都缺乏必要的研究和了解，那么它对国家的贡献也不是很多，那么很难说这所大学有多么了不起。"就是吴晓求眼中这样的大学在吸引他。

作为研究生学院的常务副院长，他总是事无巨细。每年的 3 月到 5 月正是招收研究生的时段，他会亲自去查看那些考生的成绩。当他发现分数高的学生没有被录取的时候，他总是会详细地询问原因，当他觉得有录取的必要的时候，他会同老师们一起商议，酌情处理。

作为教师，教书育人是他重要的工作。育人是他更看重的。他经常教育学生要努力克服学习生活中遇到的困难，不可消极，不可怨天尤人。在做出最大努力之后，无论怎样的结果，都不会再遗憾，不要把遗憾带到历史中去。他说："当然我对学生的要求还是很严的，很多学生还是比较怕我的，有种畏惧，我要求所有学生的作业都必须是自己认为最好的作品才能拿给我，更不允许抄袭。"

一位学生曾经这样评价他心中的吴晓求：吴老师思想活跃，思路清晰，关爱学生，了解学生的心理，能给学生一个很好的思维想象的空间。听他的课不仅能够汲取智慧，也是一种享受，能够陶冶情操。给他一个空间，他就可以让学生的思想飞跃。吴老师本着"师者，所以传道授业解惑也"的原则，严格要求学生。他宽厚豁达的为人为师之道深深感动了我，同时能够以自己的经历并结合现实社会让学生了解知识的重要性，激发学生学习热情，并且十分看重学生综合素质及思想道德水平，是一个能够传道授业解惑的学生导师。作为老师，也许没有比得到学生的肯定更让他欣慰的了。

保持健康和沉淀自己两不误

慢慢地吴晓求发现现在的他需要有时间来沉淀自己了。

为了使工作更有条理，他把工作分成了两部分：主业和非主业。主业就是学校的管理、科研和教学。非主业就是有节制地参加各种专业性论坛。"只在这800亩的院子里转、脱离社会实践也是不可以的。"吴晓求说。这些加起来之后他发现留给自己的时间所剩无几了。因此，他要是待在学校，就会在下午留出两个小时的时间到研究所里做研究，和同事们讨论最新的问题。他说："让我庆幸的是我的助手会帮我分担一些日常的会议和采访事宜。"

进入吴晓求的办公室，首先映入眼帘的是"宁静致远"四个大字。办公室里的陈设很简单，两张书桌，两个书架。书架放满了自己的和他人的各种书籍。书架上摆放了很多与学生的合照，还有各种证书。为了配合我们拍照，在接受采访的时候他特意换上了一套西服。做了这些年的研究，写了近千万字的著作的他，从来没有感觉到累和辛苦。走上经济学的道路是他父亲为他做的选择。"知子莫若父。"吴晓求一直感谢他的父亲为他作出的选择。和经济学打了这么多年交道后，他才发现他在一直从事自己真正喜欢和感兴趣的事情。做着自己喜欢的事情，吴晓求在幸福地工作着。正如墙上的四个字一样，我们希望吴晓求可以真正地在宁静中扬帆远航。

2009 年的访谈

资本市场构建金融强国梦

——《新经济导刊》记者的访谈

【作者题记】

这是作者 2009 年 7 月 23 日与国务院发展研究中心《新经济导刊》执行总编朱敏的对话。此次对话，由该刊执行主编朱敏主持，访谈稿由该刊记者张新华整理。

大师与匠人的分野在哪里？经济学家"一流重感悟，二流重数据，三流重模型"——吴晓求教授以此自勉，使用数据但不拘泥于数据、运用模型却不沉迷于模型，不拘一格追求理念创新，寻求新理论坐标的架构。

面对转型期中国的各种重大问题，面对滞后的经济学理论，"不能要求经济现实去适应那些已经过时的理论，也不能用已经过时的理论解释经济现实"。他尤其讲求在直觉之下基于"实证"研究，对新的经济现象进行观察、总结与判断。

因其基础扎实、学风严谨、视角敏锐，在 34 岁时，就成为中国内地最年轻的经济学教授之一。而身为中国资本市场理论的重要开拓者，他却对所带的博士生们提出"三不"原则："不津津乐道于炒股、不写拼凑之书、不写空洞无物之文章。"

吴晓求教授独到的思想和真实的情怀，在与《新经济导刊》朱敏总编的对话中深深流露。他说自己有一个梦想，希望"中国构建起一个结构精美、具有风险分散功能，又能不断孵化和创造财富的现代金融体系"。而这个现代金融体系形成所必需的基石和核心，就是一个发达的、强大的资本市场，"只有它可以使未来的中国免遭大的金融危机、大的金融波动，也是财富的有效成长机制"。为此，前些年他出的一本书，就叫《梦想之路》。

推出创业板市场，理性认知忌急功近利

朱敏： 目前，中国创业板上市的有关政策业已明朗化，但此前您却认为创业板出台为时过早，不知您持此态度的缘由是什么？

吴晓求： 我对创业板的理解经过了几个阶段。早期，从资本市场结构的角度考量，呼吁推出一个孵化中小企业的市场。之后，开始思考资本市场的风险结构设计，包括社会公众、原始股东、风险投资应该承担什么样的风险，这些是必须分清的。原来有观点认为，创业板上市能够解决中小企业急于融资的困境，我认为是不合适的。因为资本市场对融资的要求很高，实际上是一个并不便宜的融资渠道，它对股东的回报超过债务的回报。

朱敏： 就是说，如果到银行都融不到资的话，到创业板更成问题？

吴晓求： 是的。我们可以看到，创业板政策的出台非常谨慎，到创业板上市还是有条件的，上市的条件虽然比主板低，但上市后的监管则更严格。

第一，门槛不能太低。股本现在已提高到 3 000 万元，而且还必须有盈利要求，有一套财务标准，主要是为了过滤风险。

第二，企业在创业板上市之后，要对控股股东的减持行为进行严密监控。减持条件理论上讲要比主板苛刻，因为创业板主要是一些规模比较小的企业，控股股东一旦跑了，企业就完了。所以，对控股股东的减持要吸取股权分置改革的经验或教训，控股股东每年减持不能超过所持股份的 10%，按照这个标准 10 年之后才能减持完。

第三，一定要对创业板的违规违法行为进行最严厉的处罚。这中间没有警告，也没有停牌。上市公司和控股股东，一旦有严重的违规违法行为，那

就要迅速退市，而且是永久退市。创业板首先是个高风险的市场，其次才是个高成长的市场，要同投资者说清楚。

第四，要把壳资源废掉，创业板没有什么壳资源。

朱敏： 那就意味着壳资源的价值面临重估、贬值，不值钱了。

吴晓求： 是的。把以上四条做好，创业板才会有希望。如果没有这些约束，让创业板任意发展下去则会对中国资本市场带来巨大的灾难，可能会"成事不足，败事有余"。值得欣慰的是，这些观点正在被有关部门逐渐接受，在逐步落实。人性是贪婪的，没有制度约束，贪婪的人性会无节制地膨胀。

朱敏： "水至清则无鱼"？

吴晓求： 资本市场还是要有透明度的，否则市场也难以生存下去。

朱敏： 昨天（编者注：2009 年 6 月 18 日），上交所和深交所就重启 IPO 发布的有关办法已实施，停市长达 9 个月的 A 股 IPO 大门重新打开。您如何看待本次 IPO 重启？

吴晓求： IPO 重启，没有什么指数标准，甚至也没有什么最佳时机。纯粹来说，发行上市是有标准的，符合标准即可 IPO。IPO 重启不应与指数挂钩，而应该按照正常发行规则走。把 IPO 重启当作市场调控的砝码是不恰当的，不能认为指数越低，重启 IPO 的风险就越大。IPO 是中性的，在一定意义上有利于股市的发展。我认为只要是成长性的、信息透明的上市公司，资本市场都欢迎。

分析股市回暖，寄望平稳并着眼长远

朱敏： 对于上半年股市转暖的话题，您曾表示"资源和能源股价格的上涨并不是由实体经济需求引起的"，那会是什么原因导致的呢？

吴晓求： 前段时间资源股价格涨得非常快，这并不是经济回暖所带来的需求增长。实际上是投资者对美元贬值的担忧，从而带来资源配置性需求的提升。事实上，在美元贬值预期下，投资于战略资源是一种避险行为，资源配置结构调整之后，所带来的需求不是因为经济回暖，而是一种避险需求。这种上涨是不会长久的，经过一段时间后就会稳定下来。

朱敏： 可否在此对 2009 年股市走势做一个初步的预判？

吴晓求： 2009 年股市的走势，基本上是一种上升态势，当然这种上升在下半年是会有波动的，预计在 2 000 点到 4 000 点左右徘徊。现在的行情实际上就是 2008 年大幅度、非理性下跌的一个校正，使之回到一个正常的价值体系中。我认为，3 000 点左右比较符合目前的经济情况。当然，整个的经济回暖还需要一定的时期，中国的情况大概会比其他国家率先复苏。

朱敏： 基于怎样的考量？

吴晓求： 主要有两个理由。第一，中国的银行体系是健康的，信贷市场不但没有收缩，反而在大规模扩张，这样就有资金支撑并推动实体经济率先复苏。欧美国家主要是金融体系受到了严重影响，从而信贷市场大幅度收缩。第二，中国经济增长的需求结构发生了变化，内需正在扩张，而美国内需已经不可能再扩张。我们经济增长的新动力正在形成。

因此，中国的股票市场往上涨，是有经济好转预期的。应该说 2009 年的市场不会出现 2007 年疯涨的情况，应该是相对理性的上升趋势。

朱敏： 您对中国资本市场的整体现状怎么看？

吴晓求： 中国资本市场的发展已经进入了一个良性发展的过程中。过去几年，我们花大力气解决了制约中国资本市场发展的三大问题，从而为中国资本市场的发展奠定了良好基础。

一是股权分置改革。改革的成功为资本市场发展奠定了非常好的制度平台。如若不然，中国的资本市场是没有前途的。

二是资本市场的资金管理体制发生了根本性的变化。2006 年之前，证券公司都是准银行，每个人买股票都要到证券公司存钱，证券公司把客户的钱分成三部分，第一是结算，第二是自营，第三是同业存款。所以，经常会出现证券公司挪用客户保证金的情况，市场一旦大跌，证券公司便纷纷破产。但是，这次股市从6 000多点下跌到1 600多点，没有一家证券公司破产，原因是我们改革了资金管理制度，从原来的证券公司保管客户的保证金，到现在由第三方也就是银行来保管，中间有一个非常高的防火墙。以前的证券公司是市场风险的放大器，市场涨的时候，它挪用保证金助市场上涨，市场下跌的时候它又疯狂地抛售，这就加剧了市场的波动。因此，资本市场资金管理制度的改革和完善，为中国资本市场的规范提供了良好的外部环境。

三是克服了中国资本市场发展的资源约束。这指的是2006年5月之后境外蓝筹股的回归。蓝筹股的回归为中国资本市场发展注入了强大的动力。如果没有它们的回归，全是一些小公司，这样的市场还有什么价值？有了大量蓝筹股，才有大量资金通过基金等方式进入中国资本市场，这个市场才会成为财富管理的中枢。

上述三大改革，使中国资本市场走上了健康发展的道路。当然，中国资本市场目前并非没有问题，比如虚假信息披露、内幕交易、操纵市场等现象都还不同程度地存在。

朱敏：还有哪些亟待改革的地方？

吴晓求：股权分置改革给市场留下了一些值得关注的问题，例如，大股东利用减持的机会来操纵市场，有的利用他们的信息优势，在进行实质意义上的内幕交易。

最近，我发现上市公司高管们减持非常严重。在高位减持，相关部门要对此严格监控。在高管离任一年之后才能允许减持。无论是大股东还是高管一般情况下不能随意买自身的股票，只有当市场遇到重大危机，下跌得一塌糊涂时，为稳定股价，才能允许增持或上市公司回购。

如果说股权分置改革留下一些后遗症的话，那就是大小非解禁到期之后，对于减持比率和节奏没有作出相应规定，这对股市的稳定会带来一些问题。

另外，还有一个问题，即中国市场如何更好地开放，毕竟中国市场还是要做大做强。中国政府决定把上海建设成为 21 世纪的国际金融中心，这个中心的核心是资本市场，所以开放是必然的趋势。

发展资本市场，中国崛起的金融跳板

朱敏： 按照您的观察，中国的金融体系经过 10 年发展后会迎来一次革命性的变化，目前以银行为基础的金融格局将被彻底改观，未来中国的金融体系将建立在以资本市场为中心的基础上。您看好中国资本市场的缘由是什么？

吴晓求： 中国金融体系的转型是必然的，因为这涉及金融功能的结构设计问题。我早前就曾说过，中国的金融体系应该从原来的以商业银行为主体转变为以资本市场为平台的结构状态。但是金融危机发生之后，有人对这种改革的战略目标开始出现动摇。因为危机发源地美国的金融体系就是以资本市场为核心的，所以这种担忧可以理解。但美国如果没有这样的金融体系，也不会有后来的成就，反而会遇到更大的问题，现今的金融体系分散了风险。虽然美国的金融体系遭受到沉重打击，但是它通过良好的金融结构设计还是能够生存下去。

可以说，以资本市场为平台的金融体系还是十分重要的。因为现代金融体系的功能正在由资源配置转向风险配置，即金融体系如何使风险流动起来，把风险分散开来，这是其首先必须考虑的，这是现代金融体系中非常重要的功能和目标。

以前总是忽略这个问题，人们只知道是配置资源，而没有想到把全社会的资产通过证券化的方式流动起来，以分散风险。所以，中国金融体系除了需要有一个比较高的资源配置效率外，还需要有分散风险的功能。

朱敏： 国务院批准上海建设国际金融中心，也是出于发展资本市场的战略考量。

吴晓求：是的，因为没有资本市场，很多改革难以找到平台。比如工商银行无法上市，商业银行的改革永远会是一个自我循环的改革，老百姓就买不到它的股票，也就难以获得工商银行的分红，更获得不了工商银行资产的增值。同时，工商银行也难以建立一个现代商业银行体系，正常的业务就会受到许多干扰。

一旦有了资本市场，现代金融体系就慢慢会构建起来，即使是在金融危机比较严重的时候。我本人确信这个战略目标。

国内的一些学者，总是觉得中国金融体系应该以商业银行为核心，因为银行体系占据了金融资源的80%。殊不知这正是我们需要改革的地方，也是中国金融体系落后的表现。我相信，再过20年，通过金融市场配置资源的比例一定会超过50%，这是金融结构发展的必然规律，那时，人们收入盈余之后，第一选择的将不再是银行，而一定是选择资本市场上的资产配置，以获得一个比较好的收益。

朱敏：就是说，我们以储蓄为主的方式慢慢转变为投资为主。当然，这也同人们的生活水平的提高息息相关。

吴晓求：生活水平高了，吃饭问题解决了，人们就会关注自身存量财富的增长。

强国金融战略，民主法治建设的根基

朱敏：关于中国经济的崛起，您提出需要一种具有变革精神并顺应现代金融发展趋势的强国金融战略。没有推动金融结构变革的货币政策，就不可能形成强国的金融战略。那么，您认为当前的货币政策应该作何调整？

吴晓求：中国货币政策的主要问题是目标比较实物化，关注CPI。有时候物价的变动和资本与货币关系不太大，比如说物价涨5%，它是由通货太多引起的，还是因为经济结构调整引起的？这就需要研究。比如说，2007年石油价格的大幅度上涨，的确会引起物价总水平的上升，但这可能与货币没有太多关系。它是一种战略资源，也是相对稀缺品。所以我认为，中国的货

币政策除了要关注 CPI，还必须关注金融体系结构性变化，要推动金融体系的结构性变革，要关注资产价格的变化，这是一个非常重大的转型。强国金融战略最核心的问题是要有一个发达的资本市场和本币的国际化。

朱敏：为什么需要这样的强国金融战略？

吴晓求：因为这种金融体系在开放条件下，可以将全球资源为我所用。如果既开放，流动性又好，中国的资本市场就可以吸纳大量外部资金，显然可以以此来推动中国经济的增长。

美国的发达离不开其强国的金融战略。为什么中国一直买美国国债，就是以美元为中心的全球货币机制，加上美国有一个流动性比较好的金融市场，让你不得不去拥有美元，不得不去投资美国市场。这就是强国金融战略。当一个经济体系越来越大，要想维持持续稳定增长，仅仅依赖本国的资源是难以维系的，必须通过强大的开放的金融体系去吸纳他国资源。

像韩国和日本的金融体系就没这个功能，基本上是通过非金融因素来维持 15 年的增长从而成为发达国家。但是现在这两个国家的经济增长总体上看似乎进入停滞阶段，这是因为没有强大的金融体系。

美国为什么能保持一个世纪的增长？因为它后面有一个非常强大的资源配置机制——金融体系。再看中国，仅仅是人口资源、制度释放，就足以维持 15 年的高速强增长。但我们要思考的是如何保持 100 年的持续稳定增长？显而易见，这就要在金融体系结构设计上有别于其他国家，要向美国学习。

这就是我呼吁构建一个强国金融战略的深层原因。

朱敏：对中国而言，现在是不是推进强国金融战略的有利时机？

吴晓求：这次国际金融危机削弱了美国金融体系的竞争力，美国自身的政策也正在削弱了美元的长期信用。这就意味着原来的金融和货币体系出现了裂缝，裂缝给了新的货币、新的金融力量以成长的空间。中国恰恰可运用这个巨大的裂痕，来推动人民币的国际化，来推动金融市场的大发展。

朱敏：人民币国际化是中国经济新一轮发展强有力的保障。

吴晓求：对，是强有力的先头部队，资本市场发展是中国金融崛起的主力部队。

在实施强国金融战略的过程中，资本市场的风险将日趋国际化，市场波动会加大，这一点要有足够认识。中国金融的崛起将要求我们加快推进民主法制化进程，绝不能出现某人一句话就改变规则的事情。当全球的投资者都跑到中国来投资，拿着你的股票、国债，这个时候你想随意改变规则，那是不可能的！必须要按法律程序进行，必须按国际规范进行而且信息还要透明。我始终认为，金融的开放和发展与民主法治社会的建设是相辅相成的。金融市场的发展和国际化可能是中国社会民主法制不断完善的重要推动力。这也许是中国金融体系的民主化过程。我们不就是要建立这样一个社会吗？

如果说我与其他学者有什么不同观点，那就是我是从战略的角度意识到：金融市场的发展，特别是资本市场的发展，是中国经济崛起的强大动力，同时还是中国民主法治建设的根基。

朱敏：这也是开放市场的一个好处。但也要看到改革开放以来垄断的积累，这种财务杠杆化的市场会不会变成垄断集团的工具？

吴晓求：现在中国经济有两个完全截然不同的领域，一种领域是比较市场化，一种领域集中垄断化。

国美电器创始人黄光裕是资本市场的一个典型的反面案例，确切说是一个"资本家＋官僚主义＋权力腐败"的典型的结合。假设没有资本市场，没有权力腐败，黄光裕怎么可能在这么短短的几年中搞到1 000多亿元？因为资本市场有一个几十倍的从利润到财富的乘数过程，所以很多人开始并不明白资本市场的威力，现在突然明白原来有这么大的财富魅力，难怪许多受到腐蚀的权力开始向资本市场伸手。

传统的腐败案件，无非是组一个公司，搞一个矿产，一年挣一亿元。现在的上市公司腐败，一旦操纵市场，就不仅仅是一亿元，而是一下变作几十亿元，它是这样一个乘数化的过程。所以资本市场的发展，金融体系的现代化，要从制度上防范来自腐蚀的权力。

也如刚才所说，在制度上要对三大违法行为严厉打击，第一是虚假信息披露，第二是操纵市场，第三是内幕交易。当然，如果从法律上把这些控制住，也就控制住了被腐蚀的权力向资本市场的转移。

朱敏：资本市场肯定还存在一些漏洞，到滥权者手里面很容易被腐蚀伪装成一个正常的冠冕堂皇的东西。

吴晓求：有人是不想识破它，有人是识破不了它。资本市场发展初期，腐败群体对资本市场并不感兴趣，因为他们不理解资本市场的造富功能。但是慢慢他们发现实体经济牟利太过缓慢，而资本市场很迅速，所以大量的被腐蚀的权力开始往资本市场转移，因为资本市场上存在一个乘数化的暴富机制，这是非常可怕的。

外汇储备缩水，金融落后的一记鞭笞

朱敏：持续增长的高额外汇储备让中国亦喜亦忧。记得您曾表示，完全不认同"投资美国国债是中国外汇储备资产结构最优选择"的说法，称是被迫的选择。为什么这样讲？

吴晓求：中国的外汇储备之所以这么多，是和长期的贸易顺差、外商直接投资（FDI）联系在一起的，是目前外汇管理制度的必然结果。

第一，中国无论是贸易顺差越来越大，还是外汇储备越来越多，我始终认为是全球贸易和投资保护主义的结果。实际上全球贸易和投资保护主义已经非常严重。本来中国的产品价廉物美，利用我们自身非常廉价的劳动力和廉价的资源，使得中国制造的日用消费品占据全世界消费品的80%。出现巨大的贸易顺差之后，我们想买一些中国经济发展所需要的战略资源，或者是目前还不具备优势的一些高科技产品，以此平衡我们的贸易收支，相互弥补、共同发展。一个国家不可能包打天下，它有自己的优势，也有自己的劣势。比如说美国，显而易见它的高科技产品是贸易优势，中国需要的就是用消费品交换它的高科技产品。后来发现美国人不卖高科技产品给我们，这样中国就产生巨大的贸易顺差了，这就是贸易保护主义带来的无奈。

第二，中国的外汇储备这么多，也是投资保护主义的结果。中国逐渐富裕之后，我们的企业想去国外投资，却发现国外投资是难以想象的艰难。中国自改革开放以来，成为世界上最开放的国家，有的地方不惜省长出动带队踏出国门招商引资。一旦我们的企业要去欧美投资，人家就觉得你有什么动机似的，像要来颠覆这个国家一样，对你严加防范，相当排斥。

朱敏：中国企业出国投资很不容易。反观自己，我们在某些方面是不是对外有点过于开放了？

吴晓求：对的，媒体经常报道，国内的很多矿产莫名其妙地就被外国人买走了！基于此，我建议政府相关部门应当制定相应的法律法规：所有的地下战略资源严格禁止外资进入。你看这次收购力拓公司，我们用185亿美元人家都不同意，他们不就是这样做的吗？

本来跨国投资可以减少中国的外汇储备，但是阻力重重，投资不成就只能换成美元了，而美元一直不断贬值，无奈的出路就是买进美国国债。所以，购买美国国债是被迫的选择，是贸易保护和投资保护主义的牺牲品，一个受害的结果，绝不是最优的选择。源头出在目前全球是单一的货币体系。

朱敏：单一美元货币体系确实有很大问题，它没有约束，全球的金融体系很容易被美国绑架。在应对金融危机中，美国政府除了通过刺激财政，剩下的方法就是通过大量发行美元来刺激需求，但大量发行美元就意味着持有美元及美元资产的国家资产贬值，中国首当其冲。

吴晓求：我们担忧的就是这个问题。现在中国已经是受害者，所以我们必须改革，推动全球金融结构和货币体系的改革，反对各种形式的贸易和投资保护主义。

要改变目前的情况，首先必须改革国际货币体系，也就是说国际货币体系结构上要有制衡，要有多样化选择。对中国来说，就是要推动人民币国际化的进程。其次，还必须调整全球金融市场结构。现在美国是全世界最重要的资产市场，但是一个不够，应该出现几个同等重要的资产市场，比如中国。因此，要改革现行的国际货币体系，构造新的金融秩序，就要建设新的金融中心，就要让人民币逐步成为新的国际货币体系中的重要一员，才能够改变目前的状况。这是一个宏大的战略。

以资本市场支撑人民币国际化

朱敏：中国政府 2009 年屡次出台新政策，在五大城市开展跨境贸易人民币结算试点，并力推上海建设国际金融中心的规划。这些举措，力度和意义都不可谓不大，但还是存在一种最基本的疑问：人民币到底能否国际化？

吴晓求：我还是相信人民币能国际化。一个国家的货币要成为一个国际性的货币，它的产业必须具备特性和不可复制性。中国的产业目前虽然还不完全具备这一点，但是整个经济发展形势良好，加上人民币具有较好的国际信用，同时美元的长期信用现在受到某种程度上的削弱，也就是说全球货币体系里面已经出现缝隙，此时如果有新的稳定货币出现，就会慢慢被人们所接受。

朱敏：经过此次国际金融危机，随着世界经济重心的调整，未来的世界货币会呈现什么局面？

吴晓求：我们可以看到，这一次的国际金融危机引发了各国对以美元为核心的货币体系多种弊端的深刻反思。鉴于这种单极国际货币体系的利己性、缺乏约束制衡机制、权利义务不对称等内在缺陷，各国在不断比较与衡量的基础上，希望改革现行的国际货币体系。当打破现有货币体系的收益大于成本成为一种持续预期，美元将无法再维持唯一国际货币地位。世界贸易呈现出的多元化开放格局，以及世界金融储备体系和世界贸易结算体系的变化趋势，促使全球货币体系必将做根本性调整。

从单极向多元的国际货币体系改革，将会全面提升欧元、人民币和日元等货币地位。人民币虽然目前不是国际储备货币，甚至还不是国际可交易的货币，但中国具有日益增强的综合国力且是美国最大的债权国，具有不容忽视的力量。在重建国际货币体系中，中国一方面要积极参与国际货币体系改革进程，整合新兴经济体和广大发展中国家的力量，争取更多的话语权。另一方面，应该积极创造有利条件，加快推动人民币的国际化步伐，成为多元国际货币体系之重要一员。

朱敏： 路径呢？

吴晓求： 这次国际金融危机对中国的对外贸易不可避免形成负面影响。但就贸易结构来看，中国出口主要集中在劳动密集型产品及中低价产品，收入弹性相对较小，在经济不景气和居民收入下降时对这些商品的需求可能不降反升。同时，中国通过采取上调部分行业产品出口退税率、改善对外贸易环境等系列措施，部分缓解了国际经济形势变化对中国进出口的影响。因此，国际金融危机之下的中国对外贸易，面临严峻挑战的同时也不乏有利因素。此外，国际金融危机倒逼中国贸易结构升级，提高产品竞争力和科技含量，这将增强贸易支付的选择权和货币影响力，有利于人民币国际化进程的推进。

朱敏： 具体来说，中国怎样才能抓住此次机遇？

吴晓求： 中国要实现从大国向强国的转变，必须解决贸易大国与金融小国的矛盾，这需要依托金融的崛起，而金融崛起则要求拥有国际化的货币环境。在目前国际金融危机下各国综合实力此消彼长的较量中，总体而言，人民币国际化机遇大于挑战。

如果要想牢牢抓住历史机遇，贸易将是一个突破口。这要求我们必须进一步扩大人民币在周边国家和地区结算、投资使用范围。政府近期公布的人民币跨境贸易结算措施，从短期来看，主要是为国内的外贸企业规避汇率风险所采取的重要措施；长期来看，它是人民币国际化迈出的关键一步。

此外，中国还要积极稳妥推进亚洲区域货币合作，使人民币在周边国家和地区包括整个亚洲率先实现区域化。最后，不仅在周边国家和地区还要在世界范围内，不仅在实体贸易上还要在金融投资上，逐步放松对人民币兑换、交易的限制，最终使之成为完全可交易的货币和重要的国际储备货币。

朱敏：区域化是人民币发展当前的首要任务吗？

吴晓求：区域化只是人民币国际化进程中非常短期的目标。我认为，到 2020 年，人民币将成为全球第二大货币，目标也就是超过欧元。这一目标非常重要，中国在相当长时间不要成为老大，一定是美元在前面，中国排在第二。因为，美国虽然遭受 2008 年国际金融危机重创，但它毕竟是全球金融体系 100 多年的霸主，世界经济格局短期之内难以撼动，中国若与之竞争，还为时过早。短期内的工作重点应该放在与美元共同发展上。

不过，国际货币体系在未来一段时期有可能出现欧元和美元争夺主导权，日元和人民币伺机出击的局面。最终能否出现多强鼎立的局面，仍将取决于博弈各方的力量消长。但从单极到多元的国际货币体系改革是必然发展趋势。

朱敏：支撑人民币国际化的核心点在哪里？

吴晓求：需要一个具有足够广度、深度的金融市场尤其是资本市场来支撑人民币的国际化。发展资本市场，首先，要通过持续加强制度建设和完善法制体系来实现规范发展，以有效解决资本市场下的"逆向选择"和"道德风险"问题，从而增强对市场主体和资金的吸引力，实现资本的可持续流动，保持资本市场的健康稳定；其次，要完善结构，不仅注重股市，还要注重债市与金融衍生产品及市场的发展培育，在产品创新上把握尺度，加强产品设计各环节风险控制和风险管理；最后，树立全球化发展战略，要树立起大国心志、大国视野和大国责任意识，把中国资本市场培育成 21 世纪国际金融中心、全球重要的资产配置中心和财富管理中心。

如何评价 2009 年 G20 峰会

——《新浪财经》记者的访谈

【作者题记】

　　这是作者 2009 年 4 月 3 日接受《新浪财经》记者的访谈，访谈稿由记者王雪婷整理。

　　主持人：各位新浪网友大家上午好，欢迎大家收看本期的《财经会客厅》，我是主持人雪婷。在刚刚结束的 G20 峰会上，美国推出了一项价值 1.1 万亿美元的财政刺激计划，并且在国际金融监管和加强国际合作方面达成了一定程度的共识。今天我们非常荣幸地请到了中国人民大学金融与证券研究所所长吴晓求老师，来跟大家共同探讨 G20 峰会上大家比较关注的问题。请吴老师跟大家打个招呼。

　　吴晓求：大家好。

　　主持人：吴老师，我们其实非常关注在刚刚闭幕的 G20 峰会上我们达成了很多共识，这些共识有时候是出乎我们意料的。您认为这次峰会可以算是一届比较成功的峰会吗？

　　吴晓求：这次 G20 峰会总体上看应该给予一个比较高的评价，因为它在六个方面都达成了共识。第一个就是如何恢复经济，在保持经济的复苏和增长方面达成了共识，其中包括经济刺激计划；第二个就是在如何完善现行的金融体系方面也达成了共识，觉得非常的重要；第三个就是如何加强对金融市场的监管，重新塑造金融机构的信心，这个也达成了共识；第四个就是如何改革现行的国际金融制度，国际金融组织，包括 IMF 的改革，包括注资等都有一定共同的看法；第五个方面也是非常重要的，就是要进一步推进全球贸易和投资的开放，就是反对各种形式的保护主义，因为这是未来经济增长的基础；第六个就是要保持经济全面的、绿色的增长。我想这六个方面公报里面都做了详细的阐释。

主持人：在这六个方面确实取得一定实质性的进展。我想在这么多方案里面您最关注哪个？您认为本次峰会取得的最大亮点是什么？

吴晓求：这次峰会当然这六个方面都是非常重要的，但是在国际金融危机发生的过程中，作为 G20 峰会我想要就一些重大问题达成共识，尤其是对过去已经比较落后的金融制度要进行改革，我认为这是 G20 峰会应该系统讨论的。所以从这个意义上来说我更加关注两点，第一个就是要加强对全球金融市场、金融机构和金融中介组织的监管，以及这个监管的合作要制定一个统一的适合于全球金融机构的监管标准和监管准则。虽然在这次 G20 峰会共同的宣言里面没有明确提出，但是可以看得出来有这方面的意识，我想这是非常重要的。如果未来全球的金融监管缺乏一个统一的标准，我想未来我们还会再重犯现在的错误，这是第一个关注点。第二个，我更加关注的就是我们强调要反对各种贸易保护主义和投资保护主义，以及形形色色的保护主义。因为保护主义只要一抬头，对金融危机的克服是无力的，只会加剧金融危机严重的程度。所以为了未来经济的复苏，全球建立一个更加开放的、自由的贸易和投资制度和体系，这是至关重要的。我想在这两个方面是我非常关注的，因为它涉及我们的规则和制度的改革，也涉及如何克服当前的金融危机，更为重要的是为未来的经济增长提供一种很好的制度基础。

当然了，在这次 G20 峰会所发表的公告里面也有遗憾。就我本人来说觉得有个遗憾，就是没有讨论或者很少讨论如何改革现行的国际货币体系，如何加强对现在的国际储备货币发行体的宏观经济政策的协调和监督，事实上这是非常重要的，就是说构建一个有制衡力的多元国际货币体系，是我们 20 国集团领导人应该讨论的。胡锦涛主席在峰会上发表了一个非常重要的讲话，其中专门提到了应该构建国际货币体系的多元化，尤其是要对国际储备货币发行体的宏观经济政策给予一个必要的监督，我认为这是非常重要的声音，也是非常重要的建议。

所以在 20 国集团领导最后的文本里面没有充分体现这点，我个人认为是有遗憾和不足的。

主持人：其实您刚才说到的这点，在这次 G20 峰会一开始的时候大家就已经非常关注了，包括得到了一些新兴市场国家的一些认同，但是为什么这个议案没有拿到这个会议上去充分的讨论？您觉得最大的原因是什么？

吴晓求：也许这个议案讨论了，但是可能难以达成一个共识。这涉及既定利益的调整，比如说周小川行长在这之前也发表了文章，表示要建立一个新兴的货币，超主权的货币，目的实际上就是两个，一是对当前的这种单一的国际货币体系的担忧，因为它没有制衡，对宏观经济政策也没有任何约束，它可以随意发行，就意味着风险将有非常大的可能性外溢，也就是让别人承担他们的风险。二是表达了对未来国际货币体系重构的一个理念，一个方向。之所以没达成，后来美国财长也说现在美元还是可以作为国际储备货币存在的，所以这样一来你说要国际货币体系进行改革，他们还是有所顾忌，因为共同宣言一般都是要有共识的，有共识才会出现。但是这表明这样一个最重大的改革路还很长。

如果仅仅是认识到这是金融危机的根源，是监管不足的话，我想还是不够的。虽然监管不足是这次金融危机的一个非常重要的原因，但不是它的最深刻的制度原因，最深刻的制度原因就是两个，一是已经盛行了 60 多年的单极货币体系，我认为这是构成这次金融危机最重大的根源，因为它会带来全球经济的极度不平衡；二是越来越严重的贸易和投资保护主义的抬头，这个也加剧了全球经济的不平衡。所以现在我们认识到后面的原因，没有意识到前面的原因，前面那个原因从某种意义上说更加重要。因为当美元成为一个国际性的主要的储备货币和主要的贸易结算货币的话，实际上全球对美元的需求将会非常大，这也加剧了美国经济的不平衡，从而也会使以美元作为主要国际储备货币国，像中国这样的国家，也会出现不平衡。所以为了达成全球经济未来长期的平衡，必须改革现行的这样一个使得全球经济长期不平衡的原因，以美元为核心的国际货币体系当然应该进行改革。

所以我想很多人可能还没有意识到这次金融危机真正的根源在哪里，可能跟这个也有关系。

主持人：改革是非常必要的，但是要推出它的路还很长。

吴晓求：对，这个方向是毋庸置疑的，因为这种货币体系走到了尽头。很多人为了维护原有的利益格局，还是不愿意改革。

主持人：吴老师，刚才您还提到一点就是关于反对贸易保护主义，我觉得反对贸易保护主义好像是一个老生常谈，您认为这次会不会再次成为一个空谈？

吴晓求：我认为，中国在经济上是最开放的国家，2008 年国际金融危机之后有一些经济体反而变得越来越保守。有些时候刺激经济也好，或者说拯救金融体系也好，或者是本国的经济能够从金融危机中走出来也好，如果是过度地看重自己的产业，想通过一个贸易保护主义来实现本国的所谓经济的复苏，所谓就业的增加，我认为这肯定不现实。如果全世界每个国家都搞贸易保护主义那就与世隔绝了，那每一个都是完全隔绝的经济体，当然我们不可能回到这个时代。

但是有很多国家的经济政策越来越体现出保守的倾向。中国加入 WTO之后，从 2001 年变得越来越开放了，这个开放为不同的经济体都带来了利益，而且它对克服各国经济之间的不平衡有很重要的作用。比如说现在以美元为国际的主要储备货币，它的贸易赤字每年都很大，所以它也有很大的财政赤字，同时它的消费也非常超前，所以这种经济结构就很麻烦，就意味着有很多国家一定会出现巨大的贸易顺差，也意味着很多国家有很多的美元储备。如果贸易和投资是相对制约的话，我们可以通过贸易和投资的，就是国际资本的流动来克服各国经济的不平衡，但是它又是每个环节都设置障碍，比如说我们国家有近两万亿美元的外汇储备，同时我们也有比较大的贸易顺差，实际上我个人认为像这些情况主要是贸易保护主义和投资保护主义带来的：因为我有钱，我想改变一下这种贸易结构，我想买我所需要的产品，那你不卖给我，或者说以某种什么核心技术为借口，你说要我怎么去实现贸易的平衡呢？就很难了。

我们有了优势的产品，不可能再买你的产品，我不可能大规模进口什么彩电、冰箱，因为我们中国价格又低廉，性能又非常好；比如说美国对中国有巨大的贸易逆差，为了改变这种情况，那你卖东西给我吧，你不能卖那些没有优势的东西，你只能卖有优势的东西，他又不卖，所以这就是贸易保护主义了。还有一个投资，我们本来可以经过投资，通过资本市场的流动来改善一下这种状况，但可能投资也受到限制。为了使全球的经济能够走出失衡的状态，能够走出金融危机，我想建立一个更加开放、自由的贸易制度是非常重要的。

主持人：吴老师，现在有很多网友在评论，问到的话题最多的是大家都非常担心这 1.1 万亿美元的计划，说会不会让美国又开始不断地印钞票，那中国外汇储备怎么办？中国的外汇储备是不是必须买美国的国债呢？

吴晓求：这 1.1 万亿美元还不完全是像 3 月中旬美联储说购买美国长期国债那样一种货币的发行，这是有差别的，这是对 IMF 的注资。另外也是对多边发展银行的一个额外的贷款，当然还有对一些贫穷国家、欠发达国家的援助。从这个意义上说，它实际上是通过对国际金融组织，特别是对 IMF 的注资来完成对 IMF 的一个规模的扩大，功能的提升，以及它治理的一种完善。我想主要是想达到这样一个目标，同时也要扩大 IMF，也就是 IMF 它的防御或者说对冲金融危机的能力。所以它和 3 月 15 日、16 日美联储的那个行为还是有些差别，它不是一个单纯的印钞票的过程。

另外，中国的外汇储备，当然这是一个热的话题，也是一个很老的话题。在目前情况下，我们当然不能手上拿有现金，比如有了外汇，这个外汇的存在形态是什么，是美元？是英镑还是欧元、日元？你首先是要选择的，因为现在一般的贸易结算都是美元比较多一些，如果你觉得美元多了，当然我们可以改变一下货币种类，因为中国的外汇储备都是一揽子的结构。其实改完以后这个外汇储备也不能存在现金形态，它还得变成资产，比如变成金融资产，目前来看可能国债是相对稳定的，所以通常情况下就会买美国国债。一般来说我们说的风险不是我买了美国的国债，美国政府到期不支付给我钱，这个信用美国政府还是有的。我们说的风险是它的内在价值，一旦美元的发行量太多，从飞机上撒钱，钱越来越多，就意味着美元自身的价值在下跌，自身价值一下跌当然会引起美元资产，特别是美元金融资产的下跌，它内在价值的下跌。当然全球其他的货币也会因为主要的货币贬值了，也会跟着贬值，所以这就会出现一个恶性的货币竞相贬值，这是非常有害的。

所以说胡锦涛主席专门提到，国际储备货币的汇率应该保持相对的稳定，我认为这是非常正确的，特别是对中国来说我认为是非常重要的。我们希望全球的金融环境、金融市场是相对稳定的，相对稳定的一个基础是你的汇率，你的主要的货币必须相对稳定，这就要求你所在国，国际主要储备货币的发行国要担负起一种责任。我们也可以不买国债，我们也可以进行一些战略性的投资，包括买一些战略性的资源，我认为我们现在需要认真思考这个问题了，就是对我们的外汇储备，第一个是它的资产结构要进行调整，它的投向要进行调整。现在又出现一个问题，就是投资保护主义，比如说我要对一些战略资源的上市公司进行投资，有些国家会设置很多的障碍，所以有时候并不是说我改变一下外汇储备结构就会实现的，所以这就必须建立一个更加开放的贸易和投资制度，它是一个非常大的金融环境的最后结果。

主持人：吴老师，随着这次 G20 峰会的结束，全球股市现在都在大涨，您觉得这是不是代表投资者开始对金融市场恢复了一定的信心？您认为会持续很长时间吗？

吴晓求：全球市场上涨的话，当然是对这次 G20 峰会的一种期待。当然了，这次 G20 峰会的确也有很多积极的信号。但是说全球的市场就开始变好了，我觉得还是为时尚早，因为我们整个经济的基本面，无论是全球经济的基本面还是我们国内经济的基本面，实际上都还是在一个恢复之中。全球的经济由于国际金融危机所引起的经济衰退或者经济危机，是不是已经到底了？事实上还是有不同的看法。

主持人：您怎么认为？

吴晓求：因为一旦经济危机来了以后绝不会只是几个月的时间，那就不称为经济危机了，经济的复苏不可能是几个月就可以复苏的，所以我们要做好长期的准备。当然你可以对一些重要的会议给予一定期待，等到它发挥作用，等到它有一个全新配套的政策还要有相当长的过程。至于说整个经济的基本面好起来，我想没有一两年的时间应该说还是比较难的，就像一个人得了一场大病一样，想指望一两天就好也不太现实。

主持人：现在是一个逐步恢复的过程吗？

吴晓求：我不认为这是一个恢复的过程，我只是说在一个不断探底的过程，究竟最后危机到什么程度，比如说我们当年的汽车制造业的标杆企业通用汽车，这是个典型，它的未来究竟怎么样，还有待于判断，这是一个标志。所以说如果把经济看得过于乐观，通过一两次会议就觉得它能够变好，我觉得这是没有依据的。

主持人：美国总统奥巴马在这次 G20 峰会结束后答记者问的时候，他说这次峰会会给未来的经济带来重大的转折。那您觉得这个转折是指什么？您觉得目前的这个方案到底能在多大程度上影响以后的世界经济增速？经济是不是会比预计的早一点复苏？

吴晓求：当然现在政府的作用远远比 70 年前的那场大的金融危机要大得多，因为现在各国政府都变得比较强大，都变得比较有钱，所以它会通过财政政策和货币政策的手段去干预市场，减少市场波动的幅度。所以现在如果和 1929 年、1933 年的金融危机相比较，我想这是一个重要的特征。至于说这次 G20 峰会能不能给未来的经济带来重大的转折，这个还有待于判断。当然如果各国都能够恪守承诺，建立一个更加开放的、有效的投资和保护制度的话，我想这会是有价值的，对我们尽快走出金融危机，尽快实现经济复苏应该说是有重要的价值的。但问题的关键是这样一种承诺它怎么变成各国具体的政策，事实上有些国家当然在会上说得很好，回去他很多的东西都是变得更加的保护，因为他回去后受到很多压力，包括就业的压力。

主持人：各国选民的压力。

吴晓求：对，选民的压力。所以如何把它变成一个实实在在的政策，而且这个政策是体现了建立更加开放的投资和贸易的市场，这个还是有待于观察的，如果真能这么做当然很好。第二个，如果金融体系能够不断地稳定下来，能够为未来经济增长提供信心，包括加快金融的监管这块，包括注重金融体系的稳定，我想对未来经济走出目前的这种阴影也是非常重要的，因为金融毕竟是经济的一个发动机。

主持人：刚才我们谈了世界经济的局势，现在把话题转回到中国来，您来谈谈中国。有人说中国的经济会是一枝独秀，会率先走出这次国际金融危机，您同意这种观点吗？

吴晓求：这次国际金融危机虽然各个国家受到的危害都比较大，中国也不能独善其身，但是相比较来说，因为中国毕竟不是这次国际金融危机的旋涡中心，只是在旋涡的外围，中国的金融体系本身没有根本性的变坏，虽然会受到某种间接的影响，但这种影响还是非常小的，也就是说中国金融体系总体上看是健康的。以工商银行为例，工商银行 2008 年的利润是 1 113 亿元人民币，应该说这是全球最赚钱的银行，像花旗银行都亏损几百亿美元，而中国工商银行赚了 1 000 多亿元人民币，所以从这个意义上说我们整个金融体系是稳健的。当然也有人说你这个银行利差太大，是不合理的，整个经济衰退你银行还赚钱？我们需要重新审视在危机时期的这种政策利弊，这是另外一个问题。但中国的金融体系应该说总体上是安全的。

当然中国的经济和中国的金融体系相比较，中国的经济比金融体系问题要大一些，主要是中国的经济主要受到外围的影响太大，也就是说中国经济的开放度比中国金融体系的开放度要大，中国金融体系开放是比较晚的，事实上也就是从 2004 年以后才有比较大规模的开放，但中国经济早就开放了，当然它受到国际金融危机的影响更大一些，我们大家都知道就是外部需求的大幅度下降，这当然成为中国经济大幅度减速的一个重要原因。因为中国经济有三个发动机，这三个发动机都非常重要，都不可缺少：第一个是消费，就是居民的消费，这当然是很重要的；第二个是投资；第三个是出口，就是外部需求。这三部分是中国经济的三驾马车，三个发动机。

这三个发动机维持了中国经济，因为这三个发动机的功率都差不多，它维持中国经济在一段比较长的时间里都增速非常快。所以从这个意义上说，中国经济的确感受到金融危机的这种压力，我们现在正在加大经济刺激计划，像提高这个发动机的功率，也采取必要的措施来保持经济持续稳定的增长，当然更重要的政策还是放在消费需求上。所以目前说中国经济率先走出复苏，应该说还是有一定道理的，再加上中国的经济是处在一个高速起飞的周期之中，2001 年开始中国经济实际上已经进入了一个经济高速增长的阶段，我们称为经济起飞的阶段，这也是一个不太发达的国家走向发达时候的一个必经阶段，一般这种经济起飞按照经验来看是需要维持 15 年到 20 年的，所以我们整个经济体正处在一个爬坡的阶段，飞机起飞还不断地往上升，不可能硬着陆的。所以说它率先走出复苏应该说有道理。

第三个原因就是中国的消费市场非常巨大，消费市场扩充以后也能够部分地克服金融危机所带来的影响。所以从这三个方面来看，我们说中国的经济率先走出复苏的可能性是很大的。

主持人：您觉得什么时候走出复苏？

吴晓求：这个不好做非常好的判断，但是一般来说危机非常严重的时期应该是第二季度，第一季度、第二季度，到了第三季度也许会有所好转，有相当多的经济学者都这么看待。所以第三季度以后会逐步好转，但是也别指望它一下子就很健康，不会的，它是不断修复的过程，也许到了 2010 年中国经济会进入一个相当稳定的状态。当然这里面还取决于外部需求，就是国际金融危机什么时候结束，这是非常重要的，对中国经济进入一个正常增长的周期还是至关重要的。

主持人：您刚才说过可能是一到两年？
吴晓求：我认为一年半的样子。

主持人：好的，谢谢吴老师的精彩点评。

求解金融危机之惑（上）

——《中国财经报》记者的访谈

【作者题记】

这是作者 2009 年 2 月接受《中国财经报》记者的访谈。访谈稿分为上下两部分，上半部分刊于 2009 年 2 月 17 日《中国财经报》第八版。

中国金融改革虽然进行了 20 多年，但中国金融体系的全面开放则刚刚起步，市场化、国际化无疑是中国金融改革未来必须坚持的基本方向。此时，2008 年国际金融危机的爆发既给我们深刻的警示，更给我们巨大的机遇。正在崛起的中国经济和正在变革的中国金融业能从中吸取什么经验教训，得到怎样的理论启示，需要我们进行认真的思索和总结。

中国人民大学金融与证券研究所所长吴晓求从 2008 年国际金融危机形成的原因、过程和目前呈现出的特征，从各国政府救市或救经济的政策的角度出发，对有关金融危机的 10 个方面的问题进行了深入的思考。本文将分上下两期对此次访谈予以摘登。

问题 1　2008 年国际金融危机：是必然，还是偶然？

2008 年国际金融危机产生的原因，比较多见的解释有"制度说""政策说"和"市场说"。"制度说"认为，高度自由、过度竞争的经济制度和金融体系是国际金融危机产生的制度原因。"政策说"则认为，长期的低利率和宽松的货币政策是国际金融危机形成的政策基础。"市场说"则从更加微观的角度分析金融危机产生的原因，认为金融的过度创新和监管的相对滞后，金融工具的结构化、衍生性和高杠杆趋势，导致了金融市场过度的流动性，加剧了金融体系的不稳定性，是这次国际金融危机产生的直接原因。

上述三种解释无疑都有一定道理，但笔者更倾向于"周期说"，即认为这次国际金融危机是全球经济长周期的一种反映，是 20 世纪 30 年代大危机以来全球经济结构、贸易结构、金融结构大调整在金融体系上的一种必然反映，是对国际经济金融体系中实体经济与虚拟经济（现代金融或资本市场）在不同经济体之间严重的结构性失衡的一次重大调整，以实现资本市场、金融资产在规模和结构上与其赖以存在的实体经济相匹配。从这个意义上说，"百年一遇"的全球性金融危机只会发源于美国、发端于华尔街。因为，在那里，实体经济与虚拟经济（现代金融）无论在规模上还是在结构上都已严重失衡，华尔街的极端利己主义行为把这种失衡推向了极端，从而使金融危机一触即发。雷曼兄弟的破产，捅破了金融危机最后一道窗户纸。

问题 2　实体经济与虚拟经济（现代金融）：谁主沉浮？

2008 年国际金融危机发生后，大家首先想到的是金融市场是否存在过度的扩张。有人认为，20 世纪 90 年代美国新自由主义经济政策主导下的低利率和放松管制所带来的金融市场的大规模扩张，导致了金融资产特别是证券化金融资产的迅速膨胀，从而使金融市场特别是资本市场的快速发展开始脱离实体经济。这种金融资产的膨胀导致的虚拟经济游离实体经济基础的现象，使金融危机的出现成为某种必然。

实际上，"现代金融"比"虚拟经济"更能表达与实体经济相对应的概念。"虚拟经济"这个词缺乏一个非常准确的含义，不同使用者有不同的理解。而"现代金融"一般是指以发达金融市场为基础的金融体系。"谁主沉浮"这个提法包含了两方面的含义：一方面是指金融、资本市场的发展从最终意义上说必须受制于实体经济，没有实体经济的增长，金融的快速发展就会失去基石，如果这种快速发展到了"泡沫化"程度时，则势必对金融体系和实体经济产生严重损害。另一方面，以资本市场为核心的现代金融，并不完全依附于实体经济，并不是实体经济的附庸。金融发展到今天，实体经济与现代金融并不是一个主宰与附庸的关系，它们之间实际上是相互推动、相互促进。从一定意义上说，现代金融对实体经济正在起着主动的推动作用。我们常说的金融是现代经济的核心，道理就在这里。我们不能因这次国际金融危机的出现就否认了现代金融对实体经济的积极推动作用，否认金融是现代经济的核心和发动机的地位。虽然从根本上说，金融业（虚拟经济）的发展，最终要取决于实体经济，但同时又绝不能看轻现代金融对实体经济的积极推动作用。

在金融结构和金融功能发生巨大变化的今天，我们既不能陷入实体经济决定一切的境地，由此而否认现代金融对经济发展的巨大推动作用，也不能得出虚拟经济（现代金融）的发展可以天马行空、无所约束，从而忽视实体经济的最终制约作用。可谓"道在中庸两字间"。

问题 3　国际货币体系改革：是恪守单一还是走向多元？

改革现有的单极（以美元为核心的）国际货币体系是现在人们最关注的话题之一，也可能是这次国际金融危机之后最重要的金融制度变革。

自从布雷顿森林体系建立以来，国际货币体系发生了一系列重要变化。从美元金本位的确立、形成到崩溃的过程，本质上是美元作为国际通用货币不断强化的过程。这种强化的过程，是各国政府和投资者市场选择的结果，在一定时期，它推动了全球经济的增长和贸易的活跃。随着全球经济格局的变化和贸易结构的重大调整，这种以美元为核心的单极货币体系的效率在不断减弱，其结构的不稳定性也日益凸显。建立具有制衡机制的多元国际货币体系是半个世纪以来全球经济格局发生重大调整的内在要求。在重构多元国际货币体系的过程中，中国应发挥与自身经济地位相适应的作用。当前，人民币的国际地位与中国经济规模和实际财富水平是不相称的。按现行汇率计算，2008 年中国经济规模（GDP）已跃至全球第三位，进出口贸易规模全球第三，外汇储备全球第一。作为全球重要经济体和负责任的大国，中国理应积极参与多元国际货币体系的重建工作。胡锦涛主席在 20 国集团领导人会议上的讲话中提出，要改善国际货币体系，稳步推进国际货币体系多元化，共同支撑国际货币体系的稳定，表明了中国政府改革现行国际货币体系的基本态度。

未来多元国际货币体系会是一个什么样的结构呢？可能是三元结构：美元、人民币和欧元三足鼎立的体系，也可能是四边结构：美元、人民币、欧元和日元所形成的四边货币体系。无论是"三足"还是"四边"，从未来战略目标看，人民币显然要成为多元国际货币体系中的一元。

问题 4　国际金融新秩序：如何重建？

重建国际金融新秩序，是各国政府在应对这次国际金融危机时所考虑的核心内容。大乱之时必有大治，大治之后必有大制，这个大制就是一种新理论、新制度和新秩序的出现。建立多元国际货币体系是重建国际金融新秩序基础层面的重要元素，除此之外，重建国际金融新秩序，还应考虑以下三个问题：

1. 加强国际金融监管合作，改革和完善国际监管体系，建立评级机构的行为准则，形成覆盖全球市场统一的财务监管标准，加大全球资本流动的监测力度，特别关注各类金融机构和中介组织的风险揭示，增强金融市场和金融产品的透明度。

2. 要启动对现行国际金融组织（如 IMF 和世界银行等）的改革，提高发展中国家在国际金融组织中的代表性和发言权，改善国际金融组织内部治理结构，建立国际金融危机救助体系，提高国际金融组织履行职责的能力。

3. 促进国际金融市场体系的变革与格局调整。随着新型经济体的兴起，新的国际金融中心正在形成，中国成为 21 世纪新的国际金融中心的可能性越来越大。全球金融中心的格局在这次危机之后将会发生重大变化。美国（纽约）、中国（上海）、欧洲（伦敦）将成为 21 世纪三大国际金融中心，各司其职，各尽其能。新的金融中心的出现，是全球金融新秩序重建的核心内容之一。

问题 5 政府干预和市场原则：度在哪里？

现在不少人存在理论上的误解，认为各国政府为应对国际金融危机采取包括收购部分金融企业股权的形式干预市场是国有化的过程，以此过分夸大政府的作用，这就如同在危机出现之前很长时期里，有人过分夸大市场的作用一样。实际上，在现代经济活动中，政府和市场都不是万能的。政府无论以何种形式干预，一定是金融市场和实体经济出现了系统性危机之后的行为，是一种对市场功能缺失的校正。

危机时期的政府干预如对大型金融机构的托管、增资和股权收购，其实并非真正意义上的国有化的过程，更不是未来企业制度变革的方向，而是一种利用政府信用稳定市场预期、恢复投资者信心的行为。金融危机之后，还是要回归本源，还是要让市场发挥配置资源的基础性作用。不过，危机之后的回归，更多了一份理性，多了一些监管和约束。要知道，市场和政府各有各的角色，谁也替代不了谁。

求解金融危机之惑（下）

——《中国财经报》记者的访谈

【作者题记】

这是作者 2009 年 2 月接受《中国财经报》记者访谈的下部分内容，刊于 2009 年 2 月 24 日《中国财经报》第八版。

问题 6　金融创新与市场监管：如何匹配？

有人把 2008 年国际金融危机发生的直接原因简单地归结于金融创新或者说金融创新过度。这种认识过于肤浅，也过于武断。创新是金融生命力的体现。金融的发展过程本质上也就是金融创新的过程。经济发展的原动力来自科学技术的进步，经济发展加速度的动力源则来自不断创新、具有杠杆功能的现代金融。

在金融创新的过程中，不断完善并实时改进风险管理是一个永恒的话题，就如同金融创新是一个不会停息的过程一样。脱离监管的金融创新就如同没有法治的社会一样，恶性横流，是非颠倒。所以，金融创新推动经济社会进步的前提是，与创新同步的风险监管。

现阶段，金融创新既有制度、规则层面的，也有机构、产品层面的。所有的金融创新，最后都会归结到产品创新上。因为，金融创新的最终目标是尽可能地满足客户不断变化的金融需求，以提升其在同业中的竞争力，而最终满足客户金融需求的是不同功能的多样化的金融产品。

不断创新的金融产品具有高流动性、结构性和衍生性等市场特点。这种金融产品由于不断远离基础资产而使风险结构变得越来越模糊。充分揭示处在不断创新之中的金融产品的风险来源，合理评估风险程度，提高市场透明度，是风险监管的核心要素。为此，我们必须改进信用评级机制，完善风险评估体系，建立与金融创新相适应的风险定价模型。所有这些，势必推动现代金融理论的不断向前发展。

问题 7　投资银行：拿什么拯救你？

雷曼兄弟这家拥有 7 000 亿美元资产、具有 158 年历史的美国第四大投行的破产，是一个划时代的事件。它既引爆了 2008 年国际金融危机，又预示投资银行这个在功能、盈利模式和风险结构上完全不同于商业银行的金融机构遇到了空前的劫难，面临着生存的危机。在国际金融危机爆发之前的相当长时期里，在资本市场蓬勃发展的年代，有人也包括我们曾预言，传统商业银行模式将会失去竞争力，最终难逃"恐龙"一样的厄运。而现在，"恐龙"不但没有灭绝，投资银行似乎反而成了匆匆过客，真的是这样的吗？原因又在哪里？

投资银行作为一个整体，在其 100 多年的发展历史中，大部分时间是合伙制。合伙制产生的强大激励功能与无限风险责任是相匹配的。强大的激励功能激发出人们的创造精神，而无限的风险约束则使这种创造精神受到了内在的约束。在这种制度框架下，激情得到了释放，欲望受到了约束，因而，理性繁荣是那个时代投资银行的基本特征。

进入 20 世纪 90 年代，投资银行纷纷走上了上市之路。一方面，投资银行通过上市以期最大限度地利用公众资本来补充和壮大自身的资本实力；另一方面也试图将潜在的不确定性分散开来。这时，无限的风险责任被有限的风险约束所取代，但与此同时，功能强大的激励机制丝毫没有改变，对利润的追求甚至变得更加贪婪更加无度，利润的风险权重越来越大。从这个角度去审视，我们很容易发现，投资银行（当然还有其他金融机构）的 CEO 们，董事、总经理们的高收入是多么不合情理、多么荒谬无度，他们少则千万，多则上亿美元的收入，既是对公众资本风险的叠加，更是对社会财富的潜在侵蚀。所以，从制度设计角度看，这时的投资银行已使巨大的市场风险内生化了，崩溃只是时间问题。

由此可以得出一个结论，包括投资银行在内的所有金融机构都必须建立一个收益与风险相匹配、相制衡的机制，这是其存续下去的制度基础。风险约束过度而激励功能不足则会损害金融的效率，从而丧失竞争力。而风险约束不足、激励功能过度，又必将使风险急剧加大，从而可能丧失存续的能力。美国五大投资银行的集体迷失，本质上是一种制度的迷失。

问题 8 金融高杠杆：何去何从？

有研究认为，从技术和市场角度看，这次国际金融危机之所以对金融体系和实体经济的影响如此强烈，与金融的高杠杆率有密切关系。为了阻止国际金融危机的进一步恶化，防范更大规模金融危机的到来，在全球特别是在美国，金融的去杠杆化成为危机时期重要的防御性措施。去杠杆化的实质是降低杠杆率，其特点主要表现在金融机构要么减持风险资产的规模，要么增加资本金，要么双管齐下，以降低风险资产与资本金的比例，增强其对金融风险的对冲能力。去杠杆化的另一个重点是，降低金融产品特别是衍生品的风险杠杆率，提高交易保证金，减少市场因此带来的波动和风险。金融的去杠杆化，一方面可以提高金融机构的风险对冲能力，另一方面也会对市场流动性带来深刻的影响，最突出的表现就是缩减高流动性的可供交易的金融资产的规模。金融结构越来越市场化，越来越证券化，导致信用货币的创造并不局限于商业银行体系，资本市场甚至衍生品市场也开始具备某种准信用货币的创造功能。不同的是，它们是通过证券化金融资产规模的扩张来实现的。资本市场以及衍生品市场的发展，客观上会增大流动性金融资产规模，进而有可能拉长信用货币结构的链条。如果这种分析的逻辑可以成立，那么在美国，金融的去杠杆化势必影响美元在全球的供求关系。在金融危机爆发的今天，即使美国政府存在大规模注资行为，美元也会因为金融的去杠杆化而升值。因为去杠杆化对信用货币的收缩是一种乘数效应。这就是处在危机旋涡中心的美元为什么还会升值的重要机理。

在中国，不存在美国式的金融高杠杆，因而也不存在去杠杆化的问题。中国金融体系的市场化程度仍然很低，改革开放和创新仍然是我们面临的主要任务。

问题9　资产证券化：是制造危机还是分散风险？

资产证券化与这次国际金融危机的形成，究竟是一种什么关系，人们还可做深入的研究，但有两点在笔者看来似乎已经清楚：一是资产证券化并不是金融危机产生的根源；二是资产证券化改变了风险的生存状态，使风险存量化变成了流量化。

风险从存量化到流量化的转变是金融创新的巨大成就，是金融体系由传统迈向现代的重要标志。金融开始具有分散风险的功能，意味着金融功能的升级，由此完成了从资源配置到风险配置的转型。所以，资产证券化不是制造风险，而是在分散风险。

证券化是金融创新的基石。没有证券化，就没有金融体系的市场化改革，更谈不上大力发展资本市场。证券化是推动金融结构变革的重要途径。问题的关键不在证券化，而在证券化背后的资产是什么，以及如何评估这种资产的价值，如何充分揭示证券化资产的风险。

问题10　货币政策目标：是单一目标还是均衡目标？

美联储前主席格林斯潘（Alan Greenspan）是现代货币政策的倡导者和最重要的实践者。他率先将货币政策关注的目标从CPI的变化转向资产价格的变化，并以此来调节经济增长。这种转向符合美国经济金融结构的变化，反映了金融市场特别是资本市场在美国经济活动中的主导地位。这种转向意味着现代货币政策时代的到来。

中国的货币政策十分关注实体经济某些信号的变化如CPI的变化，这本身并无不当，但当这种关注到达了置其他而不顾的极端状态时，就可能走向目标的反面。要知道，经济的金融化和金融的市场化仍是一种基本趋势，基于金融市场特别是资本市场不断发展的金融，已经成为现代经济的核心，成为现代经济活动的主导力量。货币政策既不能漠视这种变化，更不能成为这种变革的阻碍力量。中国经济的崛起需要一种具有变革精神并顺应现代金融发展趋势的强国金融战略。没有推动金融结构变革的货币政策，就不可能形成强国的金融战略。所以，在今天，中国的货币政策，既要关注 CPI 的变化，还要关注金融体系的结构性变革和资本市场的持续稳定发展，资产价格的变化理应纳入其关注的视野之内。只有这样，中国经济的持续稳定增长才会具有更殷实的基础。

中国下一个 30 年

——《网易财经》记者的访谈

【作者题记】

这是作者在做客"网易财经百名经济学家会诊中国下一个 30 年"时的访谈。作者认为，中国经济正处在一个调整期，前期的从紧货币政策是原因之一，而目前宽松的货币政策可能会引起滞胀现象。2009 年再次"双降"的可能性非常大，人民币却不会出现太大的波动。作者还对创业板、个税调整、外汇储备、资本市场和金融市场等热点问题发表了自己的见解。

从紧的货币政策副作用太大

《网易财经》：您对宏观经济的预测一向比较准确。在改革开放 30 年和国际金融危机的关键时刻，您认为目前中国整体经济形势正处于什么状况？

吴晓求：中国整个宏观经济现在出现了一个调整期，2007 年初发生的美国次贷危机后来演化成国际金融危机，我个人认为，是我们自身设计方面并没有进行非常系统的考虑，出现之后才有临时的措施，这就使得中国经济现在处在一个比较严峻的状态。具体来说原因有两个。第一，我们实行从紧的货币政策有一年多时间了，而且从紧政策的力度太大，总体来看，它对抑制

355

当时的通胀起到了一定作用，但它的确力度太大，而且没有实质效果，更重要的是，没有考虑当时通胀的原因是什么，也没有考虑到后来出现的金融危机的影响。第二，中国经济在过去六七年中，特别是从加入 WTO 之后过度依赖出口，国际金融危机使外部需求大幅度下降，因此出口出现大幅度的下滑。因此中国经济在双重挤压下，也就是前期紧缩政策和金融危机导致外部需求大幅度下降，使得我们的经济出现了比较大的下滑。

滞胀是有可能的

《网易财经》：目前财政和货币政策又有所转变。有人担心，宽松的货币政策会不会导致通缩之后的通胀，而且造成高通胀低增长的滞胀现象呢？

吴晓求：这种担忧是有一定道理的，实际这种担忧的背后是在提醒我们的宏观经济政策应该相对平稳地推行，无论是紧缩的还是扩张性的，都应该相对平稳，应该注重它的均衡性，宏观经济不要出现大幅度的摇摆、波动，这对整个经济带来的影响是非常大的。这就涉及心态要平稳，不要着急，很多政策的出台对经济的影响不会马上见效，事实上它有三个月到半年的时滞。

存款准备金和存贷利率还可以再调整

《网易财经》：目前银行存贷款利率和存款准备金率进行了多次下调，业内人士预测下调空间仍然充足，还应大幅下调。您认为还有多少下调的空间？

吴晓求：2009 年的货币政策还是应该采取适当宽松的货币政策，主要的工具运作排在第一位的是调整存款准备金，因为的确有很大的空间，至少还有 5 个百分点左右的空间可以往下调，我觉得存款准备金率在 10% 大体上是恰当的。其次是调低存贷款利率，存贷款利率的空间幅度已经是非常有限了，我认为中国现在还不具备完全实现零利率的条件。

《网易财经》：为什么呢？

吴晓求：中国维持银行体系的稳定以及正常的资金流量还是非常重要

的，再加上居民储蓄存款在今天仍然占据着一定比重。在这样的条件下，可以采取比较低的利率，接近 1 个百分点的，最近已经非常非常低了。从这个角度来看，我们利率下调的空间，我个人认为大概就是 3 次左右，每次大概 0.27 个百分点。如果太低了却不行，如果对人民币升值的预期也减弱，这会带来我们整个经济的波动。从这个意义上说，息差收窄会给商业银行的利润带来一定影响，但如果在息差收窄的同时，存款准备金率又往下调，在一定程度上它可以对冲掉息差收窄对商业银行的影响。

汇率要开放，人民币又要稳定

《网易财经》：预测完利率和存款准备金率，能不能再预测一下人民币未来的走势？人民币会是升值还是贬值？为什么？

吴晓求：我觉得人民币汇率保持目前的水准可能是恰当的，在 6.8 ~ 7 左右波动，今年也许还会维持这个窄幅波动，我想中国人民币不会出现大幅度的贬值，也没有贬值的必要，当然我们也不会出现像以前那样比较大幅度升值的过程，会维持一个比较窄的波动。对汇率来说，我们还要加快汇率形成机制市场化的改革，这仍然是我们改革的目标。如果人民币最终的目标是成为在国际金融市场上完全可交易、可自由兑换的货币，要实现这个目标，当然要加快汇率形成机制市场化的改革。

《网易财经》：一方面我们要保持汇率的相对稳定，但是另一方面我们要加快汇率的改革和开放，会不会引起汇率不稳定？

吴晓求：这倒不会，我们不能得出开放就会不稳定、封闭就会稳定的结论，它还是有弹性的。当然，开放之后会加大不确定因素，但中国作为一个经济大国，它的人民币成为国际金融市场上可交易、可兑换家族的一个成员，我想这是一个方向，而且也是基本趋势，否则很难推进中国金融体系市场化和国际化。

个税门槛应该为 3 000 元人民币

《网易财经》：吴老师，我们再来谈一谈财政政策，您一直觉得财政政策有点太"不作为"了。那您觉得在未来继续改革的路上，财政政策怎样才能变得有作为？

吴晓求：我们的财政政策长期不作为，因为它长期以来只起到了收税的功能，当然，最近为了避免金融危机似乎是有所作为了，但也要注意"作为"的方式。实际上财政政策的调整是通过税收和支出结构的方式来体现它的"作为"的，从这个意义上说，我们要根据经济周期的变化来调整我们的税收政策，而不是说税收政策就一定要多少年不变，不是这样的。当经济进入衰退时当然就应该减税，要使投资者、企业获得税收的优惠，刺激投资和消费的积极性。同时也要扩大财政支出，扩大内需。所以财政政策应该成为我们调节宏观经济周期的一个非常有效的政策。

《网易财经》：所以您认为，针对目前的情况应该减税？

吴晓求：应该减税。

《网易财经》：而且我看到您还提出要大幅提高个人所得税的门槛？

吴晓求：对，虽然现在金融危机来了，经济出现了某种衰退，收入水平有一定影响，个税起征点要提高，提高到 3 000 元、4 000 元、5 000 元，这是一个趋势。

《网易财经》：您认为大概多少合适？

吴晓求：我看 3 000 元目前比较恰当。

《网易财经》：我看您对支出结构也提出了争议，像汽油，您就提出是在用穷人的钱补贴富人。现在进行了燃油税改革，您怎么看待这项改革？

吴晓求：以前我们的大宗商品对石油价格是管制的，而且采取低成本的销售。显而易见，使用汽车和使用汽油的人都是比较有钱的人，想当然就是拿国家财政的钱去补贴这些相对富裕的人，这是不太符合财政政策的功能的。现在我们正在对大宗商品，特别是石油、汽油的价格做调整，把燃油税加收了上来。我想价格在一般情况下还是在反映市场状况，除了在特别时期，比如在战争或特别危机的时期，我们可以对价格进行冻结，一般情况下价格还是要由市场来决定，否则就无法反映背后的成本，定得太低，国家要补贴，定得太高也不行，还是要有一个波动。前段时间说我们的汽油价格是美国的两倍，显然这也是离谱了，所以还是要反映市场的状况。

《网易财经》：但是也有人认为中国人很难承受这个非常大的波动，比如前段时间是 150 美元的高价，现在最低又到 30 多美元，确实很难承受。您觉得目前中国市场有能力让石油价格和市场挂钩吗？

吴晓求：销售价格倒不是和期货市场的价格完全一致，毕竟还有一个交割期，但可以保证大体上、趋势上的一致性，我想这也是没有问题的。如果石油的期货价格到了 100 美元，销售价格还在 50 美元的水平上，这当然是有问题的，也许可以体现在 70 美元、80 美元上，但趋势是要保持一致的，虽然没有必要保持完全同步。

刺激消费不能靠鼓励别人"花钱"

《网易财经》：目前刺激内需，把汽车产业放在了很重要位置。如果燃油税非常高，像您说的，不要再拿穷人的钱来补贴富人了，汽车产业会不会进入衰退阶段，无法有效刺激内需了，对于汽车产业您怎么看？

吴晓求：中国汽车的产业倒是不会进入衰退，因为中国汽车产业还处在一个快速上升的时期，现在还是大型城市开汽车，以后到了中等城市，居民也会都开上汽车，现在我们正在往这方面走，还没有到农村居民都开汽车的程度。但中国汽车产业从产业发展角度来看，未来还是很有希望的。现在说刺激内需，要不就买汽车，要不就买房子，要不就买衣服，反正就是这些消费品。我想，刺激内需非常重要的还是一个经济发展的过程、是一个收入分配调整的过程，首先要经济发展，人们收入水平提高了，其次是你的收入分配政策要调整，新增部分要不断增加到居民的收入上，同时给社会居民建立一个比较好的社会保障体系，这些都是刺激内需非常重要的前提。

《网易财经》：我发现现在的老百姓有点不大敢花钱。

吴晓求：因为我们还不具备敢花钱的条件。

《网易财经》：您觉得是因为基础保障制度做得还不够完善？

吴晓求：对啊，另外收入水平也还是有限的。

农民要转入城镇

《网易财经》：提到农民的问题时我看到您说，不要指望粮食是农民致富的重要途径，那您觉得农民应该靠什么致富呢？

吴晓求：粮食是我们国家稳定的、重要的战略资源，中国这样的国家如果粮食出现问题那可不得了，所以从国家战略的角度来看，的确很重要，是要摆在头等重要的位置。但这并不意味着农民就可以靠种粮食富裕起来，这是两个概念。实际上就是说，光靠种粮食，农民是富不起来的，农民要想富起来必须要找其他途径：一方面，不要荒芜土地，要采取适合现在的方式来经营农村的土地；另一方面，未来在中国，农村的富裕之路就是农民有条不紊地转入城镇，这是非常重要的趋势。

《网易财经》：城市化进程。

吴晓求：对，城市化进程。城市化之后，中国的经营模式就会在那个时候发生一些微妙的变化，那是一个非常重要的过程。

地方政府要把土地收益真正还给农民

《网易财经》：这个微妙的变化是什么呢？

吴晓求：第一，农民向城镇转移之后，对土地的经营方式会发生变化，包括"土地流转权"的形成，我想这也是未来适应微妙变化和结构性变化的重要法律制度、法律保障。第二，农民赖以生存拥有的资产，非常重要的是它的土地，我们要采取各种办法保护农民在这块土地上拥有的收益权。在过去一段时期里，应该说我们的地方政府把这部分收益权转移成地方的财政收入了，事实上这是有问题的。当然了，地方政府也说，如果这块不形成财政收入我就难以为继。解决这个问题无非是两个途径，你说你难以生存，首先，地方政府必须要改革，你弄那么多人，当然难以为继；其次，也许要适当调整地方的税收，当然这是非常复杂的，但思路肯定是有的。

老百姓有钱存银行的时代应该过去

《网易财经》：您的文章里说到中国应该建设市场主导型的金融体系，我有点不大理解"市场主导型"和"银行主导型"表现上有什么区别？

吴晓求：有区别，市场主导型，这个金融体系是非常庞大、非常完善的金融市场，金融市场在金融体系中占据着主导的作用，几乎所有的金融活动、投资活动、融资活动，都是以金融市场为平台，特别是以资本市场为平台展开的，所以我们把这个金融体系称之为市场主导型的金融体系。这个金融体系有分散风险的功能，又能优化资源的配置，又能对资产进行合理的定价，所以叫做"市场主导型"金融体系。

银行主导型，就是指所有的金融活动、投资活动都围绕银行来展开，有了钱就存到银行，银行成为了全社会投融资活动的基本平台，我认为这需要改变。也许我们在相当时期里到银行存款、找银行贷款仍然是我们重要的生活方式和经济方式，但比重要逐步下降，要慢慢过渡到老百姓有了钱越来越多地用来投资的模式，去买一些市场化的金融产品，享受比较高的收益，但同时也承担相应的风险。与此同时，企业向市场融资、发行融资债、发行股票。

金融机构要彻底地市场化

《网易财经》：我想这一定和我们金融逐步的改革和开放是分不开的，您也说过中国金融体系应该有一个未来的目标，这个目标是什么？

吴晓求： 在我看来中国应建立一个市场主导型的金融体系，不要因为金融危机的出现使我们整个金融改革的战略、目标发生了转移。我们的金融体系，第一要进行市场的培育，大力发展资本市场，也要大力发展其他的金融市场，同时也要对我们的金融机构进行比较彻底的市场化改革，要让它们成为市场的主体，这就是我们金融体系市场化改革的内容。这方面的内容非常多，包括权益的证券化、资产证券化和债务证券化，这都是我们需要推进的。要把金融市场做得又大又宽又厚，这样整个中国金融体系才可以在未来世界的金融体系中有发言权，如果不是这样，我们未来是没有发言权的。第二要推动它的国际化进程。所谓国际化，就是我们市场的投资者，国际投资的比重要越来越大，同时我们的资金也要走出国门，走出海外。我想这个市场化的改革和国际化的进程是未来中国金融体系改革的主要任务。

《网易财经》： 其实我觉得现在不是大家没有这种需求、没有这种欲望，而是政策方面的限制太多。我们的胆子有了，步子却因为束缚而无法更大一点。

吴晓求： 我想只要我们的目标清楚，稳步推进也许是非常重要的，我们不见得要在一夜之间完成这个目标。但我们要看清楚这个目标，我们所有的政策都要朝着这个目标政策和方向推进，步子可以稳一点，甚至可以小一点，但不能停顿，更不能向相反的方向走。

我对创业板持谨慎态度

《网易财经》： 说到停顿，我想入市的朋友肯定会记得融资融券、创业板已经喊了很久了，迟迟也推不出来。

吴晓求： 融资融券有它一定的意义，可以活跃市场，对市场价格的发现和定价功能的确定应该说是非常重要的，同时也对活跃市场非常重要。现在，在这么大的金融背景下，推行各种措施都要非常小心，这是可以理解的。我很少对创业板发表看法，从我的逻辑体系里，我不知道创业板有多大的价值。如果属于中小企业上中小企业板，是有价值的；如果是创业板，上市的门槛很低，认为它能造就很多大企业，这是不现实的。我想，也许能造就一两个，但它同时带来的市场波动是非常大的。也就是说，我对创业板持非常谨慎的态度，我不认为它是当前资本市场发展中最重要的。

《网易财经》：但刚才您也提出，我们的金融体系应该是市场主导型的，您现在又觉得创业板并不是非常重要，让我有点不能理解，创业板难道不是很好的市场融资方式吗？

吴晓求：不是的，这里有一个基本的问题，资本市场在整个金融体系的发展过程中处在什么位置，也就是说，资本市场可以忍受的风险是什么。我们不可以把企业初期成长过程中的风险通过创业板转移给社会、推向后来的社会公众投资者，社会公众投资者是不能承担企业成长初期的风险的，企业成长初期的风险应该由最早的股东来承担，企业一定要到相对稳定时才能走向市场，这时候社会公众投资者才可以承受这些风险、享受这些收益。也就是说，公众投资者只能承担成长后期或者成长过程中的风险，不能说这个企业连一个基本形态都没有就把它推向市场，这样，未来整个资本市场的风险结构会出现很大的问题。这里涉及一个非常核心的命题，资本市场应该承担什么样的风险？它不应该承担企业在初创时期的风险，那是原投资者、创业者和风险资本应该承担的，创业者不应该把这个本应该由自己承担的风险推向社会。一旦成功之后他们会享受巨大的成功和财富增值，一旦失败则由社会众投资者埋单，这在本质上违背了资本市场风险和收益匹配的原则。

《网易财经》：您也提出未来的资本市场应该发展，但是应该发展成什么样子、它的未来目标是什么？

吴晓求：从一个战略的角度来判断，股票市场、公司债市场要得到一个平衡的发展。目前，我国资本市场的结构是有严重缺陷的，不利于企业融资结构、资本结构的优化。因为有些企业并不一定要增加资本金，不是一定要通过股份的增加去募集资金，比如这个项目非常好，我需要融资，融资经营三年之后我赚钱了，然后我还钱，中间赚取一个非常大的利润，这个利润是股东享有的，他不想增加股东，但他想增加资金投入。有很多企业都有这种需求，不需要有新的股东进来，目前的股东就可以了，但如果没有公司债市场，他就只能发股票了，这样对公司调整资本结构，使公司资本结构调整到最优状态是不利的。

小非有卖股票的权利，不赞同价格锁定

《网易财经》：买股票的人都知道，公司债比公司股票更加稳健，而因为我们现在一条腿走路，所以慢慢的大家就传说股票市场是一个圈钱的工具。提到股票市场，吴老师也是颇有研究，对股票市场的几次预测也都挺准。提到股改，我想您比较有话语权，一开始您是非常非常赞同股改的，现在您却说股改有一些后遗症。

吴晓求：直到今天我也仍然是赞同股改的。没有股权分置改革，就没有中国资本市场未来的发展，不要把目前市场出现的下跌归结于股改，这是毫无逻辑的。股改是非常必要、非常重要的，随着时间的推移，我们越来越能理解股权分置改革有多么重要，但在肯定的同时我们不要去掩盖它的某种缺陷，任何制度设计都会有一定的缺陷。

今天我们看起来它的问题就是大小非，以及大小限的问题。大小非、大小限，这两类股份给中国未来的市场发展带来了很大的压力，这一点是不可否认的。这个压力在一定程度上说是心理层面的，我们需要对大小非、大小限，特别是大限大非未来的出路做安排。当然我们不可以做制度安排，因为我们已经做了股权分置改革，国家做新的制度安排等于就是否定了股权分置改革，但我们实际上可以给那些属于国家股的，比如国资委、汇金公司、财政部持有的股份，这部分股份的比例非常大，是大非中的大非、大限中的大限。作为股东他们承诺说我可以进一步延长卖出股票的期限，或者说，我可以承诺我每年卖出部分绝不超过多少。换句话说，在中国的市场结构下，如果大非，特别是国家股一下卖出去，这个市场肯定会崩溃的，你就是不想做这个承诺，事实上也是需要做这个承诺的。

《网易财经》：但从事实来看，大非卖出的还不是特别多，主要是这些小非。

吴晓求：小非没有关系，解禁期一过，卖出股份是他们的权利。

《网易财经》：现在很多人提出是不是要来个价格锁定，二次股改？

吴晓求：不能这样，我都是不赞成的，因为这样就违背了当初所承认的对价协议，不能这样做了。小非完全具有可自由买卖的权利。当年已经付了对价的大非，为什么需要做一个承诺呢？这种建议都是一厢情愿的，都是不对的，甚至一般的大非都是可以自由买卖的，这是他的权利。但大非因为是国家股，当然你可以做出额外的承诺，我们鼓励大非中的大非，大限中的大限做某种额外的承诺，当然他不做也没关系，不做的话，市场就会在相当长时间处在一个比较低的水平上，这对我们整个资本市场的发展也是不利的，对他自身也是不利的。这只能鼓励，像三一重工的大股东说自动延迟，这不是哪个规则对他有要求，而是他单方面的行为，这个单方面的行为，我想其他股东都是同意的，所以我们鼓励这种承诺，但不要强行推行。

《网易财经》：吴老师，我们看到前段时间包括您在内有一个十教授上书的事件。

吴晓求：这里面体现出了这样一种想法，我们提倡"大非"中的"大非"承担一些额外义务，包括禁售期的延长，包括解禁比例的承诺，也包括价格的承诺。这是鼓励，而不是国家制定一个政策，至少从我的角度看，我们是要鼓励他，但不能强制，就是这个意思。

2009 年和 2010 年股市调整，2010 年股市新发展

《网易财经》：导致股市一直调整的原因我们找到了，大家预期究竟在什么时候股市才能重新上涨，让大家看到希望？

吴晓求：2009 年还是有一定的调整，但会明显好于 2008 年，说 2009 年会有大幅度的上涨我觉得不太现实，就像在 2008 年 12 月 31 日我写了一个稿

子一样，我说，2009 年的市场不会太坏，但是也不会太好，说不会太坏是说它绝不会比 2008 年更坏。

《网易财经》： 不会再跌 70%。

吴晓求： 当然不会。所谓不会太好是说它不会像 2007 年那么好，大概就是在这两者之间。

《网易财经》： 再涨 20%~30% ？

吴晓求： 不知道。

《网易财经》： 但我看您提出，您觉得在 2010 年会进入一个新的发展周期？

吴晓求： 对。2008 年、2009 年调整了两年多时间，而且这种调整，2008 年相当于过去三四年的调整。从周期角度来看，经济周期也走出了衰退，在 2010 年我们相信经济会慢慢复苏起来、活跃起来，这个市场也会反映出这个周期的变化。

《网易财经》： 会像我们经常说的"晴雨表"一样提前半年体现，您觉得股市能提前半年体现实体经济吗？

吴晓求： 会提前一定时间。

《网易财经》： 大概是多久？

吴晓求： 这个不太清楚，有时候是两个月、三个月，还是会提前一些。

《网易财经》： 有时候我们提前看到宏观数据转好，实际也是股市会转好的迹象？

吴晓求： 是重要的基础。

要推进人民币可自由兑换

《网易财经》：最后一个问题，老师您说过"大危机之后要有大战略"，我们未来金融的战略是什么？

吴晓求：金融方面大的战略，要借助于改革。完善全球金融体系、金融秩序，完善全球货币体系的需求进一步推进中国金融的改革，最后的目标就是让整个金融体系在未来全球的金融体系中也要有与它经济实力相匹配的发言权，同时要推进人民币可自由兑换，人民币慢慢成为全球最重要的国际货币之一，成为完全可兑换的货币，而且未来可能还会成为国际储备货币之一。

《网易财经》：会取代美元吗？

吴晓求：至少在可预见到的 20 年之内不会，它最好的方式还是和美元并驾齐驱，是比较恰当的。

外汇和对外投资的一一梳理

《网易财经》：您曾说我们未来要把外汇的问题和对外投资的问题"一一梳理"，如何梳理？

吴晓求：主要要对外汇投资进行结构性的梳理和调整。到那个时候，我想我们现在外汇资产的结构绝大多数都是美元资产，包括美元国债资产等，我想在未来应该做一些战略性的调整，不单是金融投资也包括大宗商品战略性资源的一些投资。

《网易财经》：说到美国国债的投资，大家也是颇有微词，但也发现，如果我们不投资国债，好像也没有太好的投资方式。

吴晓求：我想要看情况来说，有这么大的外汇储备，首先它必须是投资的。投资于谁？放眼望去，美国的经济体是最大的，这就是为什么我们在全球的外汇投资里投资美元占了最大的比重，这也是没有办法的，美元占比太大。

《网易财经》：但我们的外汇储备是不是太多了一点？

吴晓求：这就涉及外汇储备的规模究竟多大更合适的问题。这涉及一个非常重要的命题，还是外汇管理制度的改革，现在还是没有实现完全的可自由兑换的市场，本来在一般情况下央行是不参与交易的，都是企业和企业、个人和个人在外汇市场上进行交易，但现在是央行和其他方进行交易，等到央行退出交易市场，是企业和个人进行交易，央行只是在必要的时候进行交易。这是一个大问题。

《网易财经》：在对外投资方面您说我们也要进行梳理，这个梳理主要是指哪方面？

吴晓求：对外投资主要是结构性调整的问题，未来中国对外投资是一个基本趋势，等中国人民币成为国际上的储备性货币之一，它的对外投资肯定是比较大的，否则大家就拿不到人民币了。

《网易财经》：我看现在有很多企业走出去并购。

吴晓求：但中国企业面临一个很大的任务，就是对国际市场充足的了解。

《网易财经》：最后给我们未来 30 年一句寄语吧。

吴晓求：如同已经过去的 30 年一样。如果说过去的 30 年是为中国迈向现代化打基础的 30 年的话，我想未来 30 年，就是中国实现现代化的 30 年。

附录 《中国资本市场的理论逻辑》其他各卷目录

第一卷"吴晓求论文集"目录

第二卷"吴晓求评论集"目录

第三卷"吴晓求演讲集"（Ⅰ）目录

如何发展好中国的资本市场
　　——在清华大学五道口金融学院的演讲

金融的普惠性重点在"普"不在"惠"
　　——在"2019 中国普惠金融国际论坛"上的开幕演讲

中国从贫穷到小康的经验
　　——在津巴布韦大学的演讲

这个时代更需要敢想、敢干、敢闯的改革者和实干家
　　——在中国驻埃及机构的演讲

尊重经济学常识，把握金融发展规律
　　——在"中国人民大学财政金融学院 2019 级研究生
　　新生第一堂课"上的演讲

忧虑与期待
　　——在"共享社会价值"论坛上的演讲

金融理论研究为什么重要
　　——在"2019 年广州金融发展定位与服务实体经济理论务虚会"上的
　　演讲

中国金融的历史机遇
　　——在"普惠金融乡村振兴大会"上的演讲

中国金融的变革与战略目标
　　——在中央国家机关司局级干部专题研修班上的学术讲座

继续坚持改革开放，是解决一切问题的总钥匙
　　——在"全媒体时代的智库建设与战略传播"论坛上的主题演讲

从改革、创新和技术突破理解金融供给侧结构性改革
　　——在"货币金融圆桌会议·2019 春暨金融供给侧结构性改革
　　闭门研讨会"上的演讲

中国经济稳定增长的重要因素
　　——在"2019 年国际货币基金组织（IMF）
　　《亚太区域经济展望报告》发布会"上的演讲

2018 年的演讲

第四卷"吴晓求演讲集"（Ⅱ）目录

2017 年的演讲

中国银行业面临哪些挑战？

　　——在"2016年中国银行家论坛"上的演讲

大学的情怀与责任

　　——在江西财经大学的演讲

如何构建新型全球关系

　　——在"2016年G20全球智库峰会"上的主旨演讲

影响中国金融未来变化的五大因素

　　——在"江西财经大学第三届金融论坛"上的演讲

大国金融与中国资本市场

　　——在"中国保险业协会"上的专题讲座（摘要）

未来影响金融变革的四个"不能小看"

　　——在"中国工商银行发展战略研讨会"上的发言

我们的大学为什么如此功利而信仰失守？

　　——在中国人民公安大学的演讲

对2015年中国股市危机的反思

　　——在"第二十届（2016年度）中国资本市场论坛"上的
　　主题演讲

2015年的演讲

"十三五"期间，如何构建大国金融

　　——在"长江中游城市群首届金融峰会"上的主题演讲

股市危机之后的反思

　　——在"中国与世界经济论坛第25期讨论会"上的演讲

2014年的演讲

深化改革，扩大开放，促进中国证券市场的健康发展

　　——在第十二届全国人大常委会第十二次会议上的专题讲座

中国金融的现状、问题及深化改革的基本思路

　　——在国务院经济形势座谈会上的发言

第五卷"吴晓求演讲集"（Ⅲ）目录

关于我国金融专业学位（金融硕士）培养的若干思考

　　——在"全国金融专业学位研究生教育指导委员会"上的主题演讲

中国创业板市场：现状与未来

　　——在"第十五届（2011 年度）中国资本市场论坛"上的主题演讲

2010 年的演讲

中国资本市场二十年

　　——在凤凰卫视《世纪大讲堂》上的演讲

中国创业板的隐忧与希望

　　——在深圳"中国国际高新技术成果交易会"上的演讲

全球金融变革中的中国金融与资本市场

　　——在"中组部司局级干部选学班"上的学术讲座

2009 年的演讲

金融危机正在改变世界

　　——在"第十三届（2009 年度）中国资本市场论坛"上的演讲

2008 年的演讲

金融危机及其对中国的影响

　　——在"广州讲坛"的演讲

当前宏观经济形势与宏观经济政策

　　——在清华大学世界与中国经济研究中心举行的"宏观经济形势"

　　论坛上的演讲

宏观经济、金融改革与资本市场

　　——在江西省鹰潭市领导干部学习会上的学术报告

全球视野下的中国资本市场

　　——在"第十二届（2008 年度）中国资本市场论坛"上的主题演讲

2007 年的演讲

股权分置改革的制度效应

　　——在"中国虚拟经济研讨会"上的主题演讲（摘要）

后　记

在这部多卷本文集《中国资本市场的理论逻辑》(六卷)(以下简称《理论逻辑》)编辑出版之前，我曾分别出版过四部文集和一部演讲访谈录。这四部文集分别是：《经济学的沉思——我的社会经济观》(经济科学出版社，1998)、《资本市场解释》(中国金融出版社，2002)、《梦想之路——吴晓求资本市场研究文集》(中国金融出版社，2007)、《思与辩——中国资本市场论坛20年主题研究集》(中国人民大学出版社，2016)，一部演讲访谈录《处在十字路口的中国资本市场——吴晓求演讲访谈录》(中国金融出版社，2002)。它们分别记录了我不同时期研究和思考资本市场、金融、宏观经济以及高等教育等问题的心路历程，也可能是这一时期中国资本市场研究的一个微小缩影。除《思与辩》与其他文集有一些交叉和重叠外，其他三部文集和《处在十字路口的中国资本市场》的演讲访谈录与这部多卷本文集《理论逻辑》则没有任何重叠，是纯粹的时间延续。

正如本文集"编选说明"所言，几经筛选，《理论逻辑》收录的是我在2007年1月至2020年3月期间发表的学术论文、评论性文章、演讲、访谈，是从400多篇原稿中选录的。未收录的文稿要么内容重复，要么不合时宜。

《理论逻辑》收入的文稿时间跨度长达13年。这13年，中国经济、金融和资本市场发生了巨大变化和一些重要事件，包括科技金融(互联网金融)的兴起、2015年股市危机、创业板和科创板推出、注册制的试点、金融监管体制改革、中美贸易摩擦、新冠疫情的暴发及对经济和市场的巨大冲击等。

全球经济金融更是经历了惊涛骇浪，如 2008 年国际金融危机、2020 年全球金融市场大动荡、新冠疫情在全球的蔓延等。《理论逻辑》中的学术论文、评论性文章、演讲、访谈对上述重要问题均有所涉及。

这 13 年，是我学术生命最为旺盛的 13 年。这期间，虽有行政管理之责（2016 年 7 月任中国人民大学副校长，之前任校长助理长达 10 年），但我仍十分重视学术研究。白天行政管理，晚上研究思考，成了一种生活状态。

这 13 年的后半段即从 2016 年 5 月开始，生活发生了一些变化，给我的学术研究带来了新的挑战。母亲得了一种罕见的肺病，长期住院，我每周至少要看望母亲两三次。最近一年病情加重，几乎每天都要去看望母亲，往返于居所、学校和医院。母亲每次看到我，都会露出发自内心的快乐和微笑。记得新冠疫情期间，我向她说，疫情防控形势严峻，母亲说，经济不能停，吃饭要保证。寥寥数句，道出了深刻道理。企盼母亲健康如初。我谨以此文集献给我的母亲。

这 13 年，是中国金融改革、开放和发展的 13 年。在 2000 年之后，我在学术论文和演讲访谈中，就中国金融改革和资本市场发展的战略目标，作过系统阐释并多次明确提出，到 2020 年，人民币应完成自由化改革，以此为基础，中国资本市场将成为全球新的国际金融中心。这个新的国际金融中心，是人民币计价资产全球交易和配置的中心，是新的具有成长性的全球财富管理中心。对这个问题的早期（2007 年之前）研究已收录在《资本市场解释》《梦想之路》《处在十字路口的中国资本市场》等文集和演讲录中，2007 年之后的研究则收进本文集。

我始终坚定地认为，中国金融必须走开放之路，人民币必须完成自由化改革，并以此为起点成为国际货币体系中的重要一员；国际金融中心即全球新的财富管理中心，是中国资本市场开放的战略目标。因为，从历史轨迹看，全球性大国的金融一定是开放性金融，核心基点是货币的国际化，资本市场成为国际金融中心。我对中国金融的这一目标从未动摇过。

然而，现实的情况与我在《理论逻辑》等文集中的论文、文章、演讲和访谈所论述的目标有相当大的差距。2020 年已经到来，但人民币并未完成自由化改革，中国资本市场并未完全开放，更没有成为全球新的国际金融中心。这或许是本文集也是我理论研究上的一大缺憾。

历史的车轮滚滚向前。我仍然坚信，中国金融和资本市场国际化的战略目标，在不久的未来仍会实现。因为，这是中国金融改革和资本市场发展的一种理论逻辑。

吴晓求

2020 年 5 月 18 日

于北京郊区